"十三五"高职院校财经精品系列教材

税务会计

主　编◎王洁莉　殷建玲
副主编◎周　磊　刘少平　罗　艾

西南财经大学出版社
Southwestern University of Finance & Economics Press
中国·成都

图书在版编目(CIP)数据

税务会计/王洁莉,殷建玲主编.—成都:西南财经大学出版社,2019.1

ISBN 978-7-5504-3541-4

Ⅰ.①税… Ⅱ.①王…②殷… Ⅲ.①税务会计 Ⅳ.①F810.42

中国版本图书馆 CIP 数据核字(2018)第 136616 号

税务会计

主　编　王洁莉　殷建玲

副主编　周　磊　刘少平　罗　艾

责任编辑:李晓嵩　杨婧颖

封面设计:何东琳设计工作室

责任印制:朱曼丽

出版发行	西南财经大学出版社(四川省成都市光华村街 55 号)
网　　址	http://www.bookcj.com
电子邮件	bookcj@foxmail.com
邮政编码	610074
电　　话	028-87353785　87352368
照　　排	四川胜翔数码印务设计有限公司
印　　刷	郫县犀浦印刷厂
成品尺寸	185mm×260mm
印　　张	20.25
字　　数	440 千字
版　　次	2019 年 1 月第 1 版
印　　次	2019 年 1 月第 1 次印刷
印　　数	1—2000 册
书　　号	ISBN 978-7-5504-3541-4
定　　价	39.80 元

总序

ZONGXU

为全面贯彻习近平新时代中国特色社会主义思想和党的十九大精神，落实《教育部2018年工作要点》《职业教育与继续教育2018年工作要点》，推进高等职业教育高质量发展，完善职业教育和培训体系，深化产教融合、校企合作，2018年高等职业教育创新发展行动计划工作会在北京召开。会议指出：改革开放40年是我国职业教育从曾经的筚路蓝缕到内涵式发展、与经济建设和社会发展同频共振的40年，特别是党的十八大以来，以习近平同志为核心的党中央把职业教育摆在了突出位置。习近平总书记对职业教育做出一系列重要指示和批示，明确了“高度重视、加快发展”的要求，科学回答了职业教育怎么看、谁来办、怎么办、为谁办等一系列重大问题，为职业教育创新发展指明了方向。李克强总理多次对办好职业教育做出重要批示，指出加快发展现代职业教育，对于发挥我国人力和人才资源巨大优势、提升实体经济综合竞争力具有重要意义。在党和政府的高度重视下，我国职业教育和继续教育快速发展、不断壮大，实现了新跨越，站上了新起点。

对于高等职业教育来说，教材建设历来是高职院校重要的基本建设任务之一。高质量的教材是专业教学实施方案最主要的载体，是培养高质量的职业人才的基本保证，更是实现高等职业教育培养目标的重要手段。大力发展高等职业教育，培养和造就适应社会生产、建设、管理、服务和技术一线的高技术、应用型人才，需要我们高度重视高等职业教育的教材改革和建设，编写和出版体现高等职业教育特色的优秀教材。

“十三五”高职院校财经精品系列教材编写的指导思想是在适度的基础知识与理论体系覆盖下，针对高职院校学生的特点，夯实基础，强化训练。本系列规划教材在编写时，一是注重教材的科学性和前沿性，二是注重教材的基础性，三是注重教材的实践性，力争使本系列规划教材做到“教师易教，学生乐学，技能实用”。

在“十三五”高职院校财经精品系列教材编委会的组织协调下，本系列规划教材由各院校具有丰富教学经验并有高级职称的教师担任主编，由各书主编拟定大纲，经编委会审核后组织编写。同时，每种教材均吸收多所院校的教师参与编写，以集众家之长。本系列规划教材首批规划了《基础会计》《会计实训》《出纳实务》《税务会计》《财务会计》《成本会计》《管理会计》《金融企业会计》《财务管理》《EXCEL在财务中的应用》《税法实务》《个人理财》《资产评估》《金融学基础》《经济学基础》《物流基础》《供应链管理实务》《新编统计基础》《新编统计基础同步训练》《经济数学基础》《商务秘书实务》等教材，下一步将根据各院校的教学需要，组织规划第二批教材，以补充、完善本系列规划教材。我们希望把每种教材都打造成精品教材，力争让多种教材能成为省级精品课程教材，部分教材成为国家级精品课程教材及规划教材。

我们希望通过编委会、编写教师以及使用教材的师生共同努力，将本系列规划教材打造成适应新时期普通高职院校发展需求的高水平、高质量的系列精品规划教材。在此，我们对各高职院校领导的大力支持、各位作者的辛勤奉献以及西南财经大学出版社、广东新华发行集团的鼎力相助表示衷心的感谢！

“十三五”高职院校财经精品系列教材编委会

2018年6月

前言

QIANYAN

近几年，我国的税收体制及税收法律法规和政策一直在不断地变化，涉税会计事项的日常处理也要随之变化。教材编辑出版的滞后性使得近期出版的教材难以适应教学需要。在西南财经大学出版社、广东新华发行集团的联合推动下，在各高职院校领导的支持下，本书被列为广东高职院校财经系列精品教材。在参编教师的辛苦努力下，本书终于得以按计划付梓。

本书具有新颖性、丰富性和便利性的特点。另外，本书是在营改增尘埃落定、税率调低、消费税及资源税修订完成、环境保护税即将开征等一系列税收法规变化的情况下推出的，是按照2018年财政部税务总局最新颁布的相关税收的法律法规和政策的基础上编写的，知识新颖，内容丰富，各章都配有丰富的数字资源（电子书、课件、课后基本训练习题及答案、知识拓展、重大税务案例分析、税收法律法规及相关网址链接等）便于学生随时延伸阅读，是目前市场上最新的一本适合高职高专层次的财经类专业教材，并且，本书对于从事税务会计核算的专业人士也具有一定的参考价值。

本书由广州华商职业学院王洁莉、殷建玲、周磊、李宇媛、杨玉珍、广东亚视演艺职业学院刘少平和四川财经职业学院的罗艾等老师共同编写。王洁莉、殷建玲任主编，提出编写大纲，周磊、刘少平、罗艾任副主编，对教材大纲进行讨论修改，确定编写框架。具体分工如下：王洁莉编写第一、二、三、七章和第十章的第八节，罗艾编写第四章，刘少平编写第五章，杨玉珍编写第六章和第八章，殷建玲编写第九章，周磊编写第十章，李宇媛编写第十一章，最后由王洁莉统稿，殷建玲审核，周磊、刘少平和罗艾审核。

在编写过程中，编写组成员参阅了大量相关专家、学者的著作及相关网站的资料，得到了西南财经大学出版社李晓嵩、王琳老师和广东新华发行集团的陈文东经理的大力支持和帮助，在此一并感谢！由于时间仓促，加之水平有限，书中错误之处在所难免，欢迎广大师生批评指正。

王洁莉

2018年10月于广州

目录

MULU

第一章 税务会计概述

【学习目标】

知识目标

1. 了解税务会计相关的概念。
2. 掌握税收制度的构成要素。

技能目标

1. 了解企业注册登记的程序。
2. 了解发票的领购程序。

第一节 税务会计的有关概念

一、税务会计的概念

税务会计是纳税人以国家现行税收法规为依据，以货币计量为基本形式，运用会计学的专门理论和核算方法，连续、系统、全面地对纳税人应纳税额的形成、计算和交纳，即税务活动所引起的资金运动进行核算和监督，以保障国家利益和纳税人合法权益的一种专业会计。税务会计是会计学的一个重要分支，它是一门涉及会计学、税收学和经济学等多学科，专门研究税务信息确认、计量的一个重要分支学科，是进行税务筹划、税金核算和纳税申报的一种会计系统。在一些发达国家，它与财务会计、管理会计组成企业会计的三大重要支柱。

税务会计核算主要解决的问题

二、税务会计与财务会计的联系与区别

税务会计是以财务会计为基础的，税务会计资料大多来源于财务会计，它对财务会计中与现行税法不相符合的会计事项，或出于税务筹划的目的需要调整的事项，按税法规定要求计算、调整，并作调整会计分录，再融于会计账簿和会计报告之中。二者相互补充，

相互配合，共同对纳税人的生产经营活动进行核算和监督。其联系在于：一方面，税收通过法律，引导企业及其会计“怎样做”，从而影响企业及其会计的具体行为，这种影响是调节性的；另一方面，税务会计是以财务会计为基础的，其会计主体、记账基础、核算方法等具有相同之处。

但二者也有区别：

首先，核算目的不同。财务会计核算的目的在于真实、完整地反映企业的财务状况、经营业绩以及财务状况变动的全貌，通过会计报表向投资者、债权人、企业管理者以及其他会计报表使用者提供有用的财务信息，以利于不同信息使用者进行合理、有效的决策，其核算目的具有多元性。税务会计则侧重于提供税收计算缴纳方面的会计信息，其目的是使企业按照现行税法规定，正确计算应纳税款，履行纳税义务，其核算目的具有单一性。

其次，核算范围不同。财务会计的核算范围涵盖企业生产经营活动中能够用货币计量的各个方面，以全面反映企业的财务状况、经营成果和库存现金流量。对企业可以用货币计量的经济活动，无论是否涉及纳税事宜，均需通过财务会计进行核算与监督，以满足不同会计信息使用者的需要，其核算范围具有广泛性。税务会计核算的范围仅限于企业生产经营活动中的涉税业务，以全面反映企业各项税款的应缴、已缴、欠缴等情况，而对纳税人与税收无关的业务不予核算，其核算范围具有特定性。

再次，核算的依据不同。财务会计必须遵循会计准则和财务会计制度，规范企业的会计行为，处理经济业务，当对某些业务的处理出现税法的规定与会计准则的规定不一致时，可以不考虑税法的规定，而只依据会计准则进行核算，其核算依据具有单一性。税务会计必须依据国家税法和会计准则，规范企业的会计行为，严格按照税法规定处理经济业务，当会计准则与国家税法对某些业务处理的规定不一致时，必须按照税法的规定进行调整，以保证应纳税款的准确性，其核算依据具有双重性。

最后，会计计量属性不同。税务会计坚持历史成本原则，不考虑货币时间价值以及币值的变动情况，更重视可以预见的未来事项；而财务会计却可以有所不同，可以适当考虑物价变动因素的影响，局部地或全局地推行通货膨胀会计。

税务会计的类型

三、税务会计的对象与目标

（一）税务会计的对象

税务会计的对象就是税务会计特殊的专门会计管理活动的客体，它是纳税人方面因纳税所引起的资金运动，即应纳税款的形成、计算、缴纳、退补和罚款等经济活动的货币表现。具体包括：

1. 经营收入

它是指企业在经营过程中，销售产品、提供应税劳务所得的收入。它是计算应纳税款的重要依据。因此，正确核算和监督企业的经营收入，是税务会计的重要内容。

2. 成本费用

是企业在生产经营过程中的消耗和支出。它包括生产过程的生产费用和流通过程的流通费用。成本费用主要反映企业资金的垫支和耗费，是企业资金补偿的尺度。一定会计期间的成本、费用总额与同期经营收入总额相比，可以反映企业的生产经营成果。财务会计记录的成本、费用、支出额，按税法规定允许在税前扣除的部分是计算应纳税所得额的基础。

3. 经营成果

是指企业一定会计期间实现的利润，它包括营业利润和营业外收支净额。财务会计核算的利润和营业外收支净额，都需要按税法规定调整、确认为应税利润和应税收益，这是正确计税的基础。

4. 税款的计算与核算

不同类别的税种，其计算依据、计算方法、征收办法等内容各不相同，同一种税种，对不同行业、不同性质的企业的会计处理办法也有所不同，因此，各种应纳税款的计算、缴纳方法也不尽一致。企业按税法规定的计税依据和征收方法正确计算应纳税款并正确进行税款缴纳的核算。

5. 税收减免

税收减免是国家为了鼓励和扶持某些特殊行业，而专门制定的税收优惠政策。是国家运用税收杠杆进行宏观调控的一种手段。因此必须严格按照税法规定的管辖权限、减免范围和减免幅度进行计算和审批。企业对减免税款应按国家规定进行会计核算和正确使用。

（二）税务会计的目标

税务会计的目标是向税务会计信息使用者提供有助于税务决策的会计信息。税务会计信息的使用者首先是各级税务机关，可以据以进行税款征收、检查、监督，并作为税收立法的主要依据；其次是企业的经营者、投资人、债权人等，可以从中了解企业纳税义务的履行情况和税收负担，并可以根据这些税务会计信息做出更为科学的经营决策、投融资决策等，这些信息是企业进行税务筹划不可缺少的依据；再次是社会公众，他们通过企业提供的税务会计报告，了解企业纳税义务的履行情况，以及对社会的贡献额、诚信度和社会责任感。

第二节　税收制度及其构成要素

一、税收的概念

税收是国家为实现其职能，凭借政治权力，按照法律规定，通过税收工具强制地、无偿地参与国民收入和社会产品的分配和再分配取得财政收入的一种形式。其本质体现的是一种分配关系，目的是满足社会公共需要。

【知识拓展】

取得财政收入的手段有多种多样，如税收、发行货币、发行国债、收费、罚没，等等。而税收则由政府征收，取自于民、用之于民。

税收与其他分配方式相比，具有强制性、无偿性和固定性的特征，习惯上称为税收的“三性”。

(1) 强制性。税收的强制性是指税收是国家以社会管理者的身份，凭借政权力量，依据政治权力，通过颁布法律或政令来进行强制征收。纳税人必须依法纳税，否则就要受到法律的制裁。

【知识拓展】

强制性特征体现在两个方面：一方面税收分配关系的建立具有强制性，即税收征收完全是凭借国家拥有的政治权力；另一方面是税收的征收过程具有强制性，即如果出现了税务违法行为，国家可以依法进行处罚。

(2) 无偿性。税收的无偿性是指通过征税，纳税人的一部分收入转归国家所有，国家不向纳税人支付任何报酬或代价。税收的这种无偿性是与国家凭借政治权力进行收入分配的本质相联系的。无偿性体现在两个方面：一方面是指政府获得税收收入后无需向纳税人直接支付任何报酬；另一方面是指政府征得的税收收入不再直接返还给纳税人。税收无偿性是针对具体的单个纳税人而言，而不是针对全体纳税人而言，就国家与全体纳税人的关系而言，税收又具有整体报偿性特征，即国家将税款用来提供国防、安全、公共教育、公共设施、卫生等社会事业，全体纳税人都会直接或间接地从中受益。

(3) 固定性。税收的固定性是指税收是按照国家法令规定的标准征收的，即纳税人、征税对象、税率、计税依据等，都是税收法令预先规定了的，征税和纳税双方都必须共同遵守，不得随意变动。

税收的三个基本特征是统一的整体。其中，强制性是实现税收无偿征收的强有力保证，无偿性是税收本质的体现，固定性是强制性和无偿性的必然要求。

二、税收的种类

税收分类是以一定的目的和要求出发，按照一定的标准，对各不同税种隶属税类所做的一种划分。我国的税种分类主要有：

(一) 按课税对象分类

按课税对象为标准，税收可分为流转税、所得税、财产税、行为税和资源税。

1. 流转税

流转税是以商品生产流转额和非生产流转额为课税对象征收的一类税。流转税是我国税制结构中的主体税类，目前包括增值税、消费税和关税等。

2. 所得税

所得税亦称收益税，是指以各种所得额为课税对象的一类税。所得税也是我国税制结构中的主体税类，目前包括企业所得税、个人所得税等。

3. 财产税

财产税是指以纳税人所拥有或支配的财产为课税对象的一类税。包括遗产税、房产税、契税、车辆购置税和车船使用税等。

4. 行为税

行为税是指以纳税人的某些特定行为为课税对象的一类税。我国现行税制中的城市维护建设税、固定资产投资方向调节税、印花税、屠宰税和筵席税都属于行为税。

5. 资源环境税

资源税是指对在我国境内从事资源开发的单位和个人征收的一类税。我国现行税制中资源税、土地增值税、耕地占用税和城镇土地使用税都属于资源税。环境保护税是指为了保护和改善环境，减少污染物排放，向在中华人民共和国领域和中华人民共和国管辖的其他海域，直接向环境排放应税污染物的企业事业单位和其他生产经营者征收的一种税。

（二）按税收的计算依据为标准分类

1. 从量税

从量税是指以课税对象的数量（重量、面积、污染当量、分贝、件数等）为依据，按固定税额计征的一类税。从量税实行定额税率，具有计算简便等优点。如我国现行的资源税、环境保护税、车船使用税和土地使用税等。

2. 从价税

从价税是指以课税对象的价格为依据，按一定比例计征的一类税。从价税实行比例税率和累进税率，税收负担比较合理。如我国现行的增值税、关税和各种所得税等税种。

3. 复合税

部分消费品实行的是复合计税法，即将从量计税与从价计税相结合计算应纳税额。如消费税中的白酒、卷烟等产品的消费税的计征。

（三）按税收与价格的关系为标准分类

1. 价内税

价内税是指税款在应税商品价格内，作为商品价格一个组成部分的一类税。如我国现行的消费税和关税等税种。

2. 价外税

价外税是指税款不在商品价格之内，不作为商品价格的一个组成部分的一类税。如我国现行的增值税（目前商品的价税合一并不能否认增值税的价外税性质）。

（四）按税收的管理和使用权限为标准分类

1. 中央税

中央税是指由中央政府征收和管理使用或由地方政府征收后全部划解中央政府所有并支配使用的一类税。如我国现行的关税和消费税等。这类税一般收入较大，征收范围广泛。

2. 地方税

地方税是指由地方政府征收和管理使用的一类税。如我国现行的个人所得税、城市维护建设税、城镇土地使用税等。这类税一般收入稳定，并与地方经济利益关系密切。

3. 中央与地方共享税

中央与地方共享税是指税收的管理权和使用权属中央政府和地方政府共同拥有的一类税。如我国现行的增值税和资源税、环境保护税等。这类税直接涉及中央与地方的共同利益。这种分类方法是实行分税制财政体制的基础。

（五）按税收负担能否转嫁为标准分类

1. 直接税

直接税是指纳税人本身承担税负，不发生税负转嫁关系的一类税。如所得税和财产税等。

2. 间接税

间接税是指纳税人本身不是负税人，可将税负转嫁于他人的一类税。如流转税和资源税等。

目前，按征税种类的不同，我国共有增值税、消费税、企业所得税、个人所得税、资源税、环境保护税（2018 年 1 月 1 日实施）、城镇土地使用税、房产税、城市维护建设税、耕地占用税、土地增值税、车辆购置税、车船税、印花税、契税、关税、船舶吨税等税种。其中，关税、船舶吨税及进口环节的增值税和消费税由海关征收，其他税种由税务部门征收。

【知识拓展】

不同的税种，在分配领域发挥着不同的作用。如个人所得税实行超额累进税率，具有高收入者适用高税率、低收入者适用低税率或不征税的特点，有助于调节个人收入分配，促进社会公平。消费税对特定的消费品征税，能达到调节收入分配和引导消费的目的。

三、税制要素

税制要素即税法构成要素或税收实体法要素。主要包括征税人、纳税人、征税对象、税目、计税依据、纳税环节、纳税期限、减免税、法律责任等项目。其中纳税义务人、征税对象、税率构成税制的基本要素。

（一）纳税人

纳税人即纳税主体，纳税义务人，是税法规定的直接负有纳税义务单位和个人。纳税人包括法人和自然人。纳税人的规定解决了对谁征税的问题。

与纳税人相关的概念

（二）征税对象

征税对象又称课税对象，是纳税的客体，在实际工作中也笼统称之为征税范围，它是指税收法律关系中权利义务所指向的对象，即对什么征税。征税对象包括物或行为。不同的征税对象又是区别不同税种的重要标志。征税对象按其性质不同，通常划分为流转额、所得额、财产、资源、特定行为等五大类。

（三）税率

税率是指应纳税额与计税金额（或数量单位）之间的比例，它是计算税额的尺度。其中，计税金额是指征税对象的数量乘以计税价格的数额。税率的高低直接体现国家的政策要求，直接关系到国家财政收入的多少和纳税人的负担程度，是税收法律制度中的核心要素。

我国现行税法规定的税率有：

（1）比例税率。比例税率是指对同一征税对象，不论其数额大小，均按同一个比例征税的税率。税率本身是应纳税额与计税金额之间的比例。目前采用比例税率的有增值税、企业所得税等。

（2）累进税率。累进税率是根据征税对象数额的大小，规定不同等级的税率。即征税对象数额越大，税率越高。

【知识链接】

我国现在使用的累进税率主要包括超额累进税率和超率累进税率。超额累进税率是将征税对象的数额划分为不同的部分，按不同的部分规定不同的税率，对每个等级分别计算税额。如《中华人民共和国个人所得税法》中，将工资、薪金所得划分为七个等级，并规定了3%~45%的七级超额累进税率。

超率累进税率是按征税对象的数额的某种比例来划分不同的部分，按不同部分分别规定相应的税率。如《中华人民共和国土地增值税暂行条例》中，按土地增值额和扣除项目金额的比例的不同，规定了四级超率累进税率。

（3）定额税率。又称固定税率，是指按征税对象的一定单位直接规定固定的税额，而不采取百分比的形式。目前采用定额税率的有资源税、城镇土地使用税、车船税等。

（四）税目

税目是税法中具体规定应当征税的项目，是征税对象的具体化。规定税目的目的有两个：一是为了明确征税的具体范围；二是为了对不同的征税项目加以区分，从而制定高低不同的税率。

（五）计税依据

计税依据是指计算应纳税额的依据或标准，即依据什么来计算纳税人应缴纳的税额。一般有两种：一是从价计征；二是从量计征。从价计征是以计税金额为计税依据。从量计征，是以征税对象的重量、体积、数量为计税依据。

（六）纳税环节

是指税法规定的征税对象在从生产到消费的流转过程中应当缴纳税款的环节。如流转税在生产和流通环节纳税；所得税在分配环节纳税等。

（七）纳税期限

纳税期限是指纳税人的纳税义务发生后应依法缴纳税款的期限：规定纳税期限是为了保证国家财政收入的及时实现，也是税收强制性和固定性的体现。我国现行税收制度规定的纳税期限有：按期纳税、按次纳税、按年计征分期预缴三种形式。

（八）减免税规定

减免税是指税法规定的对某些特殊情况给予减轻或免除税收负担的一种税收优惠措施。减税是指对应征税款减少征收一部分；免税是对按规定应征收的税款全部免除。

【知识拓展】

税收减免主要包括税基式减免、税率式减免和税额式减免：

（1）税基式减免，是直接通过缩小计税依据的方式实现的减税、免税。具体包括起征点、免征额、项目扣除和跨期结转等。起征点也称征税起点，是指对征税对象开始征税的数额界限。征税对象的数额没有达到规定起征点的不征税；达到或超过起征点的，就其全部数额征税。如税法规定，营业税按期限纳税的起征点为月营业额 1 000~5 000 元，按次纳税的起征点为每次（日）营业额 100 元。免征额，是指对征税对象总额中免予征税的数额。即将纳税对象中的一部分给予减免，只就减除后的剩余部分计征税款。项目扣除，是指在征税对象中扣除一定项目的数额，以剩余数额作为计税依据计算应纳税额。跨期结转，是将以前纳税年度的经营亏损等在本纳税年度经营利润中扣除，相应缩小了计税依据。

（2）税率式减免，是指通过直接降低税率的方式实现的减税、免税。包括低税率、零税率等。

（3）税额式减免，是指通过直接减少应纳税额的方式实现的减税、免税。包括全部免征、减半征收、核定减免率等。

（九）法律责任

法律责任是指对违反国家税法规定的行为人采取的处罚措施。一般包括违法行为和因违法而应承担的法律责任两部分内容。这里的违法行为是指违反税法规定的行为，包括作为和不作为。这里的法律责任包括行政责任和刑事责任。纳税人和税务人员违反税法规定，都将依法承担法律责任。

第三节 企业税务登记及发票管理

一、“五证合一”制度

近几年企业工商注册及税务登记等商事登记制度发生了很大的变化，在全面实施工商营业执照、组织机构代码证、税务登记证“三证合一”登记制度改革的基础上，再整合社会保险登记证和统计登记证，实现“五证合一、一照一码”，逐步向简单化、综合化和电子化发展。国家全面推行“五证合一”办证模式，由工商、质监、国税、地税、人力社保、统计等部门分别办理、各自发证（照），改为申请人“一表申请、一窗受理、并联审批、一份证照”的流程。由工商部门统一收件，质监、国税、地税、人力社保、统计部门并联审批，统一核发加载注册号、组织机构代码、税务登记证号（纳税人识别号）、社会保险登记证号和统计登记证号的营业执照（正副本），具体“五证”办理流程如下：

第一步：提出申请。

办证人通过工商网报系统填写“五证”联合申请书，持工商网报系统申请审核通过后打印的《新设企业五证合一登记申请表》，携带其他纸质资料，前往大厅多证合一窗口办理并核对信息。

第二步：进行审核。

登记部门审核“五证”联合申请材料。窗口办理人员将企业材料扫描，与《工商企业注册登记联办流转申请表》一并传递至质监、国税、地税、社保、统计五部门，五证登记部门审核资料无误后，分别完成后台信息录入，并将相关登记信息和办理结果共享至代码登记部门、税务登记部门、公安部门和社保部门，实现“一次审核”和“信息互认”。因审核结果产生异议或有其他问题的，由申请人到所申请证照的对应主管部门办理相关业务后再到网上提交申请。

第三步：领取证照。

经各登记部门审核通过后，将信息导入工商准入系统，生成工商注册号，并在“五证合一”打证平台生成各部门号码，最后打印出载有一个证号的营业执照，申请人即可到窗口一次领取“五证”，即：营业执照、组织机构代码证、税务登记证、社保登记证，统计证，实现“五证同发”（同时签发刻章许可证）。办证时限为 2 个工作日。

第四步：档案共享。

档案原件由各登记部门保存，档案影像共享给代码登记部门、税务登记部门、公安部门和社保部门，实现“档案共享”。

二、发票管理

发票是指在购销商品、提供或者接受劳务和其他经营活动中，开具、收取的收付款凭证。税务机关是发票的主管机关，负责发票印制、领购、开具、取得、保管、缴销的管理和监督。单位、个人在购销商品、提供或者接受经营服务以及从事其他经营活动中，应当按照规定开具、使用、取得发票。

（一）发票的基本内容

发票的基本内容包括：发票的名称、发票代码和号码、联次及用途、客户名称、开户银行及账号、商品名称或经营项目、计量单位、数量、单价、大小写金额、开票人、开票日期、开票单位（个人）名称（章）等。省级以上税务机关可根据经济活动以及发票管理需要，确定发票的具体内容。

有固定生产经营场所、财务和发票管理制度健全的纳税人，发票使用量较大或统一发票式样不能满足经营活动需要的，可以向省以上税务机关申请印有本单位名称的发票。

【知识链接】

在全国范围内统一式样的发票，由国家税务总局确定。在省、自治区、直辖市范围内统一式样的发票，由省、自治区、直辖市国家税务局、地方税务局（以下简称省税务机关）确定。

发票准印证由国家税务总局统一监制，省税务机关核发。

各省、自治区、直辖市内的单位和个人使用的发票，除增值税专用发票外，应当在本省、自治区、直辖市内印制；确有必要到外省、自治区、直辖市印制的，应当由省、自治区、直辖市税务机关商印制地省、自治区、直辖市税务机关同意，由印制地省、自治区、直辖市税务机关确定的企业印制。禁止在境外印制发票。

（二）发票的基本种类

发票的基本种类有普通发票、增值税专用发票两种。

1. 普通发票

普通发票主要由增值税一般纳税人以外的纳税人使用，如增值税小规模纳税人和营业税纳税人等。

发票的基本联次包括存根联、发票联、记账联。存根联由收款方或开票方留存备查；发票联由付款方或受票方作为付款原始凭证；记账联由收款方或开票方作为记账原始凭证。

省以上税务机关可根据发票管理情况以及纳税人经营业务需要，增减除发票联以外的其他联次，并确定其用途。

2. 增值税专用发票

增值税专用发票是由国家税务总局监制设计印制的，只限于增值税一般纳税人领购使用的，既作为纳税人反映经济活动的重要会计凭证又是兼记销货方纳税义务和购货方进项税额的合法证明；是增值税计算和管理中具有决定性作用的合法的专用发票。增值税小规模纳税人和非增值税纳税人不得领购使用。

现时的增值税专用发票基本联次是三联：分别是记账联、抵扣联和发票联①。记账联，是销货方核算销售收入和增值税销项税额的记账凭证；发票联是购货方作付款的记账凭证，也是购买方核算采购成本和增值税进项税额的记账凭证；抵扣联是购货方报送主管税务机关认证和留存备查的扣税凭证。

【知识链接】

对于增值税专用发票通常有两种称呼，以“十万元”为例，分为：“十万元版”和“限十万元版”。其中，“十万元版”不含税价款不得超过人民币一百万元，而“限十万元版”不含税价款不得超过人民币十万元。在日常工作中，要注意区分。

（三）发票领购

纳税人首次办理领购发票的，属税务行政许可范围，需依据税务机关公示的要求，向主管税务机关提交如下材料：

（1）“五证合一、一照一码”《营业执照》；

（2）财务专用章或发票专用章印模；

（3）经办人身份证原件及复印件；

（4）税务部门要求的其他材料。

相关文件：

《国家税务总局办公厅关于印发〈全国税收征管规范（1.1版）〉的通知》（税总办发〔2015〕215号）。

（四）发票的开具规定

（1）必须在发生经济业务并确认营业收入时，才能开具发票，没有发生经济业务的，一律不得开具发票。

（2）纳税人不得转借、转让发票、介绍他人转让发票、发票监制章和发票防伪专用品。

（3）纳税人不得虚开发票，未经税务机关批准，不得拆本使用发票。

（4）发票限于纳税人在本省、自治区、直辖市内范围内开具，不得自行扩大专用发票的使用范围。除国务院税务主管部门规定的特殊情形外，任何单位和个人不得跨规定的使用区域携带、邮寄、运输空白发票。禁止携带、邮寄或者运输空白发票出入境。

（5）不得以其他凭证代替发票使用。销售商品、提供服务以及从事其他经营活动的单位和个人，对外发生经营业务收取款项，收款方应向付款方开具发票；特殊情况下由付款

① 从2004年起新印制的增值税专用发票取消了存根联。

方向收款方开具发票。

【知识链接】

特殊情况下由付款方向收款方开具发票，是指下列情况：

（1）收购单位和扣缴义务人支付个人款项时；

（2）国家税务总局认为其他需要由付款方向收款方开具发票的。

（五）发票开具的技术要求

在实际填写发票时，应当按照规定的时限、顺序，逐栏、全部联次一次性如实填开，即必须做到按号码顺序填开。填写项目要齐全、内容要真实、字迹清楚、打印内容要完全一致。同时，在发票联或抵扣联加盖发票专用章。开具发票应当使用中文。民族自治地方可以同时使用当地通用的一种民族文字。

【知识链接】

任何单位和个人不得有下列虚开发票行为：

（1）为他人、为自己开具与实际经营业务情况不符的发票；

（2）让他人为自己开具与实际经营业务情况不符的发票；

（3）介绍他人开具与实际经营业务情况不符的发票。

（六）代开发票

部分小规模纳税人需要开具增值税专用发票、不具开票资格的纳税人需要开具普通发票、需要临时使用发票的单位和个人，可以凭购销商品、提供或者接受服务以及从事其他经营活动的书面证明、经办人身份证明，直接向经营地税务机关申请代开发票。依照税收法律、行政法规规定应当缴纳税款的，税务机关应当先征收税款，再开具发票。税务机关根据发票管理的需要，可以按照国务院税务主管部门的规定委托其他单位代开发票。禁止非法代开发票。

到税务机关代开普通发票必须提供的证明资料：

（1）《代开发票申请表》（表格由税务机关提供，申请人填写）；

（2）申请代开普通发票的单位经办人、个人（收款方）的合法身份证件（原件及复印件）；

（3）付款方（或接受劳务服务方）对所购物品（或接受劳务服务的项目）出具的书面确认证明（个人小额销售货物或应税劳务收入在200元以下的除外）。书面证明必须载明收款方经营行为（或劳务服务）发生的地点、货物品名（或劳务服务项目）、单价、数量、金额以及单位名称、地址、联系电话和联系人等内容，并加盖单位公章（付款方为个人的，以签章确认）。

【知识拓展】

其他情况提供的证明资料：

（1）自产自销的免税农产品，须提供农产品产地村委会（或居委会）出具的“自产自销证明”。“自产自销证明”必须载明农产品种植（养殖）的品种、面积、数量、金额等内容。

（2）申请代开普通发票金额较大的，每次在5万元以上（含5万元），应提供进货发票（原件及复印件）或当次经营活动相关的购销合同（原件和复印件）。

【知识链接】

这七类小规模纳税人可以自开专票：

1. 住宿业（2016年11月4日起试点）

《国家税务总局关于在境外提供建筑服务等有关问题的公告》（国家税务总局〔2016〕69号公告）规定：月销售额超过3万元（或季销售额超过9万元）的住宿业小规模纳税人提供住宿服务、销售货物或发生其他应税行为，需要开具增值税专用发票的，可以通过增值税发票管理新系统自行开具，主管国税机关不再为其代开。

2. 鉴证咨询业（2017年3月1日起试点）

《国家税务总局关于开展鉴证咨询业增值税小规模纳税人自开增值税专用发票试点工作有关事项的公告》（国家税务总局〔2017〕4号公告）指出：全国范围内月销售额超过3万元（或季销售额超过9万元）的鉴证咨询业增值税小规模纳税人（以下简称“试点纳税人”）提供认证服务、鉴证服务、咨询服务、销售货物或发生其他增值税应税行为，需要开具专用发票的，可以通过增值税发票管理新系统自行开具，主管国税机关不再为其代开。

3. 建筑业（2017年6月1日起试点）

《国家税务总局关于进一步明确营改增有关征管问题的公告》（国家税务总局〔2017〕11号公告）指出：月销售额超过3万元（或季销售额超过9万元）的建筑业增值税小规模纳税人（以下称“自开发票试点纳税人”）提供建筑服务、销售货物或发生其他增值税应税行为，需要开具增值税专用发票的，通过增值税发票管理新系统自行开具。

4. 工业、信息传输业、软件业、信息技术服务业（2018年2月1日起试点）

《国家税务总局关于增值税发票管理若干事项的公告》（国家税务总局〔2017〕45号公告）指出：自2018年2月1日起，月销售额超过3万元（或季销售额超过9万元）的工业以及信息传输、软件和信息技术服务业增值税小规模纳税人（以下简称试点纳税人）发生增值税应税行为，需要开具增值税专用发票的，可以通过增值税发票管理新系统自行开具。

提醒：

（1）纳税人销售其取得的不动产，需要开具增值税专用发票的，仍应当按照有关规定向地税机关申请代开。

（2）符合条件的小规模纳税人可以选择自行开具增值税专用发票或向国税机关申请代

开，并不是强制而是可选择。

(3) 已经选择自开专票的小规模纳税人发生除销售其取得的不动产以外的其他增值税应税行为，国税机关不再为其代开。

(4) 纳税人应当在规定的纳税申报期内将所开具的增值税专用发票所涉及的税款，向主管税务机关申报缴纳。在填写增值税纳税申报表时，应当将当期开具增值税专用发票的销售额，按照3%和5%的征收率，分别填写在《增值税纳税申报表》（小规模纳税人适用）第2栏和第5栏“税务机关代开的增值税专用发票不含税销售额”的“本期数”相应栏次中。

（七）其他规定

所有单位和从事生产、经营活动的个人在购买商品、接受服务以及从事其他经营活动支付款项时，应当向收款方取得发票。取得发票时，不得要求变更品名和金额。不符合规定的发票，不得作为财务报销凭证，任何单位和个人有权拒收。

向消费者个人零售小额商品或者提供零星服务的，是否可免予逐笔开具发票，由省税务机关确定。

【知识链接】

开具发票后，如发生销货退回需开红字发票的，必须收回原发票并注明“作废”字样或取得对方有效证明。

开具发票后，如发生销售折让的，必须在收回原发票并注明“作废”字样后重新开具销售发票或取得对方有效证明后开具红字发票。

增值税专用发票的最高开票限额管理

阅读资料：

1. 发票的保管

开具发票的单位和个人应当建立发票使用登记制度，设置发票登记簿，并定期向主管税务机关报告发票使用情况。开具发票的单位和个人应当在办理变更或者注销税务登记的同时，办理发票和发票领购簿的变更、缴销手续。发票的存放和保管应当按照税务机关的规定办理，不得擅自丢失和损毁。如果丢失发票，应在当日书面报告主管税务机关、办理相应的挂失手续，并通过报刊等传播媒介公告作废。已经开具的发票存根联和发票登记簿应当保存5年，保存期满，报经国税机关查验后可以销毁。

2. 发票的检查

税务机关在发票管理中可以检查企业领购、开具、取得和保管发票的情况，调出发票查验，查阅并可复制与发票有关的凭证、资料。可向当事各方询问与发票有关的问题和情况。在查处发票案件的时候，对与发票案件有关的情况和资料，可以记录、录音、录像、照相和复制。同时税务人员在进行发票检查时应出示税务检查证。印制使用发票的单位和个人，应当接受税务机关依法检查，如实反映情况，提供有关资料，不得拒绝隐瞒。

有下列情形之一的，由税务机关责令改正，可以处1万元以下的罚款；有违法所得的予以没收：

（1）应当开具而未开具发票，或者未按照规定的时限、顺序、栏目，全部联次一次性开具发票，或者未加盖发票专用章的；

（2）使用税控装置开具发票，未按期向主管税务机关报送开具发票的数据的；

（3）使用非税控电子器具开具发票，未将非税控电子器具使用的软件程序说明资料报主管税务机关备案，或者未按照规定保存、报送开具发票的数据的；

（4）拆本使用发票的；

（5）扩大发票使用范围的；

（6）以其他凭证代替发票使用的；

（7）跨规定区域开具发票的；

（8）未按照规定缴销发票的；

（9）未按照规定存放和保管发票的。

3. 发票违规的处罚

（1）跨规定的使用区域携带、邮寄、运输空白发票，以及携带、邮寄或者运输空白发票出入境的；丢失发票或者擅自损毁发票的，由税务机关责令改正，可以处1万元以下的罚款；情节严重的，处1万元以上3万元以下的罚款；有违法所得的予以没收。

（2）违反规定虚开发票的以及非法代开发票的，由税务机关没收违法所得；虚开金额在1万元以下的，可以并处5万元以下的罚款；虚开金额超过1万元的，并处5万元以上50万元以下的罚款；构成犯罪的，依法追究刑事责任。

（3）私自印制、伪造、变造发票，非法制造发票防伪专用品，伪造发票监制章的，由税务机关没收违法所得，没收、销毁作案工具和非法物品，并处1万元以上5万元以下的罚款；情节严重的，并处5万元以上50万元以下的罚款；对印制发票的企业，可以并处吊销发票准印证；构成犯罪的，依法追究刑事责任。

（4）有下列情形之一的，由税务机关处1万元以上5万元以下的罚款；情节严重的，处5万元以上50万元以下的罚款；有违法所得的予以没收：

①转借、转让、介绍他人转让发票、发票监制章和发票防伪专用品的；

②知道或者应当知道是私自印制、伪造、变造、非法取得或者废止的发票而受让、开具、存放、携带、邮寄、运输的。

（5）对违反发票管理规定2次以上或者情节严重的单位和个人，税务机关可以向社会公告。

（6）违反发票管理法规，导致其他单位或者个人未缴、少缴或者骗取税款的，由税务机关没收违法所得，可以并处未缴、少缴或者骗取的税款1倍以下的罚款。

（7）当事人对税务机关的处罚决定不服的，可以依法申请行政复议或者向人民法院提起行政诉讼。

（8）税务人员利用职权之便，故意刁难印制、使用发票的单位和个人，或者有违反发票管理法规行为的，依照国家有关规定给予处分；构成犯罪的，依法追究刑事责任。

本章小结

（1）税务会计是纳税人以国家现行税收法规为依据，以货币计量为基本形式，运用会计学的专门理论和核算方法，连续、系统、全面地对纳税人应纳税额的形成、计算和交纳，以保障国家利益和纳税人合法权益的一种专业会计。

（2）税制要素主要包括征税人、纳税人、征税对象、税目、计税依据、纳税环节、纳税期限、减免税、法律责任等项目。其中纳税人、征税对象和税率构成税制的基本要素。

（3）目前我国主要税种有增值税、消费税、关税、环境保护税、企业所得税、个人所得税、资源税、城镇土地使用税、房产税、城市维护建设税、耕地占用税、土地增值税、车辆购置税、车船税、印花税、契税、关税、船舶吨税等近 20 个税种。

（4）新设企业注册登记，从 2018 年 1 月 1 日起，采用“五证合一”办证模式，采取“一表申请、一窗受理、并联审批、一份证照”的流程。

基本训练

一、单项选择题

1. 当会计准则与国家税法对某些业务处理的规定不一致时，税务会计处理必须按照（　　）规定进行调整。

A. 会计准则　　B. 税法

C. 会计准则和税法　　D. 不必调整

2. 下列不属于流转税的是（　　）。

A. 增值税　　B. 关税

C. 消费税　　D. 赠与税

3. 下列属于直接税的是（　　）。

A. 所得税　　B. 资源税

C. 消费税　　D. 关税

4. 下列不属于行为税的是（　　）。

A. 印花税　　B. 屠宰税
C. 遗产税　　D. 车船使用税

5.（　　）是指纳税人通过各种途径将应交税金全部或部分地转给他人负担，从而造成纳税人与负税人不一致的经济现象。

A. 顺转　　B. 税负转嫁
C. 逆转　　D. 资本还原

二、多项选择题

1. 税务会计与财务会计的联系与区别有（　　）。

A. 核算目的不同　　B. 核算范围不同
C. 核算依据不同　　D. 会计计量属性不同

2.（　　）是组成企业会计的三大重要支柱。

A. 税务会计　　B. 财务会计
C. 管理会计　　D. 审计

3.（　　）是构成税制的三个基本要素。

A. 纳税义务人　　B. 征税对象
C. 税率　　D. 税目

4. 根据课税对象不同，我国税法体系中将各税种分为（　　）。

A. 流转税　　B. 所得税
C. 财产税　　D. 行为税
E. 增值税　　F. 资源税

5. 以税收与价格的关系进行分类，可以分为（　　）。

A. 直接税　　B. 价外税
C. 间接税　　D. 价内税

6. 以税收的管理权限或归属为标志可以分为（　　）。

A. 中央税　　B. 地方税
C. 国家税　　D. 中央地方共享税

7. “五证合一”“五证同发”指的是（　　）。

A. 营业执照　　B. 组织机构代码证
C. 税务登记证　　D. 刻章许可证
E. 社保登记证　　F. 统计证

三、判断题

1. 税务会计以企业会计准则为依据，以货币计量为基本形式，运用会计学的专门理

论和核算方法，连续、系统、全面地对纳税人应纳税额的形成、计算和交纳的一种专业会计。（　　）

2. 税率越高，税收收入就越大。（　　）

3. 现行的增值税实行的是价外税。（　　）

4. 开具发票应当使用中文，民族自治地方可以同时使用当地通用的一种民族文字。（　　）

5. 无论有没有没有发生经济业务都可开具发票。（　　）

6. 纳税人首次办理领购发票的，属税务行政许可范围，需依据税务机关公示的要求，向主管税务机关提交“五证合一、一照一码”《营业执照》；财务专用章或发票专用章印模；经办人身份证原件及复印件和税务部门要求的其他材料。（　　）

7. 纳税人需要发票时可以到税务机关申领，也可到市场上购买。（　　）

国务院办公厅关于加快推进“五证合一、一照一码”登记制度改革的通知

实施“三证合一、一照一码”改革以来，受到了社会积极反响

发票样本

第二章　增值税核算

【学习目标】

知识目标

1. 掌握增值税的要素、纳税期限与纳税地点等基本内容。
2. 掌握增值税进项税额、销项税额及应纳税额的计算。

技能目标

1. 掌握增值税进项税额与销项税额的会计处理。
2. 会填制企业增值税的纳税申报表并缴纳税款。

第一节　增值税基本内容

增值税是对纳税人在商品生产、流通、劳务服务中多个环节的新增价值或商品的附加值征收的一种流转税。自 2012 年 1 月 1 日至 2016 年 5 月 1 日，历时四年多的营业税改征增值税的税制改革告一段落，2017 年 7 月 1 日又对增值税部分税收项目的税率进行了调整，至此，历时 5 年多的增值税改革初步完成。改革后的增值税实现了对货物和服务的全覆盖，基本消除了重复征税，打通了增值税抵扣链条，促进了社会分工协作，有力地支持了服务业发展和制造业转型升级。

【知识链接】

《中华人民共和国增值税暂行条例》的颁布及修订

1993 年 12 月 13 日中华人民共和国国务院令第 134 号公布

2008 年 11 月 5 日国务院第 34 次常务会议修订通过

根据 2016 年 2 月 6 日《国务院关于修改部分行政法规的决定》第一次修订

根据 2017 年 11 月 19 日《国务院关于废止〈中华人民共和国营业税暂行条例〉和修改〈中华人民共和国增值税暂行条例〉的决定》第二次修订

一、增值税的概念及特点

增值税是指对在中华人民共和国境内销售货物或者加工、修理修配劳务（以下简称劳务），销售服务、无形资产、不动产以及进口货物的单位和个人，以其实现的增值额为征收对象的一种税。具有如下特点：

（1）不重复征税。只对销售额中本企业新创造的、未征过税的价值征税。在理论上不存在重复征税问题。但由于各国采用的增值税类型不同，有的尚存在部分重复征税的问题。

（2）既普遍征收，又多环节征收。

（3）增值税是价外税。

（4）同种产品的最终售价相同，税负相同。

【知识拓展】

增值税的类型

增值税以增值额为征税对象，由于理论上对增值额的理解不同，实践中对法定扣除项目的规定不同，因而形成了不同类型的增值税。

1. 生产型增值税

是指征税时不允许扣除外购固定资产价值中所含的增值税税款。

2. 收入型增值税

对外购固定资产价值中所含的税款，在购入时不允许一次性全部扣除，只允许扣除当期其折旧部分所含的增值税税款，即以销售收入额减去其耗用的外购商品或劳务金额以及固定资产折旧后余额作为计税依据。

3. 消费型增值税

是指征税时，允许将外购固定资产价值中所含的增值税税款，在购入的当期一次性全部扣除，即以销售收入减去耗用的外购商品及劳务以及本期购置的固定资产价值后为计税依据。具有刺激投资、加速设备更新，提高有机构成的作用。

我国从1994年税制改革以来，一直实行的是生产型增值税，从2009年1月1日起，我国新的增值税法进行了增值税的转型，即由生产型增值税转变为消费型增值税。

二、增值税的纳税人

（一）增值税纳税“人”的确定

增值税的纳税人是指在中华人民共和国境内销售货物或者加工、修理修配劳务（以下简称劳务），销售服务、无形资产、不动产以及进口货物的单位和个人。包括：

（1）在中华人民共和国境内销售货物或者提供加工、修理修配劳务以及进口货物的单位和个人。

（2）在中华人民共和国境内销售服务、无形资产或者不动产的单位和个人。

【知识链接】

纳税人中的“单位”是指企业、行政单位、事业单位、军事单位、社会团体及其他单位。纳税人中的“个人”是指个体工商户和其他个人。另外，还规定了扣缴义务人。境外单位或个人在境内销售货物或提供应税劳务，在境内未设有经营机构的，其应纳税款以代理人为扣缴义务人；没有代理人的以购买者为扣缴义务人。

（3）单位以承包、承租、挂靠方式经营的，承包人、承租人、挂靠人（以下统称承包人）以发包人、出租人、被挂靠人（以下统称发包人）名义对外经营并由发包人承担相关法律责任的，以该发包人为纳税人。否则，以承包人为纳税人。

（4）两个或者两个以上的纳税人，经财政部和国家税务总局批准可以视为一个纳税人合并纳税。

（二）增值税纳税人“类型”的确定

增值税的纳税人按认定标准可分为两类：一类是一般纳税人；一类是小规模纳税人。划分的基本依据是纳税人的会计核算是否健全，是否能够提供准确的税务资料以及企业规模的大小（以年应税销售额为依据）。

1. 划分的一般标准

一是纳税人年应税销售额的大小；二是会计核算水平。

自 2018 年 5 月 1 日起，小规模纳税人标准为年应征增值税销售额 500 万元及以下。

2. 划分的特殊标准

（1）年应税销售额超过规定标准的除个体工商户以外的其他个人不属于一般纳税人，按小规模纳税人纳税；

（2）年应税销售额超过规定标准但不经常提供应税行为的个体工商户可选择按照小规模纳税人纳税；

（3）非企业性单位、不经常发生应税行为的企业可选择按小规模纳税人纳税。

下列纳税人不办理一般纳税人资格认定：

（1）个体工商户以外的其他个人（指自然人）；

（2）选择按照小规模纳税人纳税的个体工商户；

（3）选择按照小规模纳税人纳税的非企业性单位（指行政单位、事业单位、军事单位、社会团体和其他单位）；

（4）选择按照小规模纳税人纳税的不经常发生应税行为的企业（指偶然发生增值税应税行为的非增值税纳税人）。

国家税务总局针对小微企业增值税问题的有关公告

已登记为增值税一般纳税人的单位和个人，在 2018 年 12 月 31 日前，可转登记为小规模纳税人，其未抵扣的进项税额做转出处理。

(三) 增值税扣缴义务人的确定

中华人民共和国境外的单位或者个人在境内产生应税行为，在境内设有经营机构的，应以其设立的经营机构为纳税义务人。如果未设经营机构的，应按照以下规定确定扣缴义务人。

(1) 在境内未设有经营机构的，以其代理人为增值税扣缴义务人；

(2) 在境内没有代理人的，以接受方为增值税扣缴义务人。

(四) 小规模纳税人的管理

小规模纳税人实行简易办法征收增值税，一般不得使用增值税专用发票。

三、征税范围

凡在中华人民共和国境内销售货物或者加工、修理修配劳务（以下简称劳务），销售服务、无形资产、不动产以及进口货物的单位和个人都应缴纳增值税。增值税的征税范围覆盖了货物与服务。

(一) 境内销售货物

境内销售货物的“境内”，是指所销售的货物起运地或所在地在中国境内。

境内销售货物的“销售”，是指有偿转让货物的所有权。即从购买方取得货币、货物或者其他经济利益。

境内销售货物的“货物”，是指有形动产，包括电力、热力和气体等。

对于某些不符合有偿转让货物所有权的移送货物行为，应视同销售货物缴纳增值税。视同销售货物的行为有以下十项：

(1) 将货物交与他人代销；

(2) 销售代销货物；

(3) 设有两个以上机构并实行统一核算的纳税人，将货物从一个机构移送其他机构用于销售，但相关机构在同一县（市）的除外；

(4) 将自产或委托加工的货物用于免征增值税项目；

(5) 将自产或委托加工的货物用于集体福利和个人消费；

(6) 将自产、委托加工或购买的货物作为投资提供给其他单位或个体户；

(7) 将自产、委托加工或购买的货物分配给股东或投资者；

(8) 将自产、委托加工或购买的货物捐赠给其他单位或个人；

(9) 单位和个体工商户向其他单位或个人无偿提供应税服务，但以公益活动为目的的或者以社会公众为对象的除外。

(10) 财政部规定的其他情形。

(二) 境内提供加工、修理修配劳务

境内提供加工、修理修配劳务中的“境内”，是指所提供的应税劳务发生在境内。

境内提供加工、修理修配劳务中的“加工”，是指受托加工货物，即由委托方提供原材料及主要材料，受托方按照委托方的要求制造货物并收取加工费的业务。

境内提供加工、修理修配劳务中的“修理修配”，是指受托对损伤或者丧失功能的货物进行修复，使其恢复原状和功能的业务。但单位或个体经营者聘用的员工为本单位或雇主提供的加工、修理修配劳务不包括在内。

（三）进口货物

进口货物是指申报进入中国关境内的货物。

（四）境内销售服务

境内销售服务中的“境内”，是指除了不动产租赁以外的服务的销售方或购买方在境内；租赁的不动产在境内。

境内销售服务中的“服务”，是指交通运输服务、邮政服务、电信服务、建筑服务、金融保险服务、现代服务（研发和技术服务、信息技术服务、文化创意服务、物流辅助服务、租赁服务、鉴证咨询服务、广播电视服务、商务辅助服务等）、生活服务（文化体育服务、教育医疗服务、旅游娱乐服务、餐饮住宿服务、居民日常服务）等。

（五）境内销售无形资产或者不动产

境内销售无形资产或不动产中的“境内”，是指除自然资源使用权以外的无形资产的销售方或者购买方在境内；销售的不动产在境内。

境内销售无形资产或者不动产中的“销售”，对无形资产而言，是指有偿转让无形资产的使用权或所有权；对于不动产而言，则是指有偿转让不动产的所有权。

境内销售无形资产或者不动产中的“无形资产”，包括专利或非专利技术、商标权、著作权、土地使用权、采矿权、海域使用权等自然资源使用权，特许经营权、肖像权、冠名权等其他权益性无形资产。

境内销售无形资产或者不动产中的“不动产”，包括建筑物和构筑物。建筑物是指住宅、商业营业用房、办公楼等可供居住、工作或者进行其他活动的场所。构筑物是指桥梁、道路、水坝等不能移动或者移动后会引起性质、形状改变的财产。

转让建筑物有限产权或永久产权，转让在建的不动产所有权以及在转让不动产时一并转让其所占土地的使用权的，按照销售不动产缴纳增值税。

无偿赠送无形资产或者不动产的行为，应视同销售，缴纳增值税。

四、增值税的税率和征收率

（一）税率

增值税一般纳税人发生应税行为，应按照适用税率计算缴纳增值税。自2017年7月1日起，增值税税率结构减并，将增值税税率由四档减至17%、11%和6%三档，取消13%这一档税率；将农产品、天然气等增值税税率从13%降至11%。2018年4月4日，财政部税务总局发布了《关于调整增值税税率的通知》（财税〔2018〕32号），从2018年5月1日起，原17%、11%的税率分别调低为16%、10%。一般纳税人的税目税率如表2-1所示。

表 2-1　　一般纳税人增值税税率表（2018 年 5 月 1 日执行）

<table>
<tr><th>类别</th><th colspan="2">应税行为</th><th>增值税税率</th></tr>
<tr><td rowspan="3">销售货物</td><td colspan="2">销售或进口货物（另有列举的货物除外）</td><td>16%</td></tr>
<tr><td colspan="2">出口货物（国务院另有规定除外）</td><td>0%</td></tr>
<tr><td colspan="2">（1）农业产品、食用植物油
（2）自来水、暖气、冷气、热水、煤气、石油液化气、天然气、沼气、居民用煤炭制品
（3）图书、报纸、杂志
（4）饲料、化肥、农药、农机、农膜
（5）国务院规定的其他货物
①音像制品②电子出版物③食用盐④二甲醚</td><td>10%</td></tr>
<tr><td colspan="3">提供加工、修理修配劳务</td><td>16%</td></tr>
<tr><td rowspan="10">销售服务</td><td>交通运输服务</td><td>陆路运输、水路运输、航空运输、管道运输等服务</td><td>10%</td></tr>
<tr><td colspan="2">邮政服务</td><td>10%</td></tr>
<tr><td rowspan="2">电信服务</td><td>基础电信服务</td><td>10%</td></tr>
<tr><td>增值电信服务</td><td>6%</td></tr>
<tr><td>建筑服务</td><td>工程、安装、修缮、装饰和其他服务</td><td>10%</td></tr>
<tr><td>金融服务</td><td>贷款、直接收费、保险、金融商品转让服务</td><td>6%</td></tr>
<tr><td rowspan="3">现代服务</td><td>研发和技术、信息技术服务、文化创意服务、物流辅助服务、鉴证咨询服务、广播影视服务、商务辅助服务、其他现代服务</td><td>6%</td></tr>
<tr><td>有形动产（融资、经营）租赁服务</td><td>16%</td></tr>
<tr><td>不动产（融资、经营）租赁服务</td><td>10%</td></tr>
<tr><td>生活服务</td><td>文化体育服务、教育医疗服务、旅游娱乐服务、餐饮住宿服务、居民日常服务、其他生活服务</td><td rowspan="12">6%</td></tr>
<tr><td rowspan="12">销售无形资产</td><td rowspan="2">技术</td><td>专利技术</td></tr>
<tr><td>非专利技术</td></tr>
<tr><td colspan="2">商标权</td></tr>
<tr><td colspan="2">著作权</td></tr>
<tr><td colspan="2">商誉</td></tr>
<tr><td>其他权益性无形资产</td><td>基础设施资产经营权、公共事业特许权、配额、经营权（特许、连锁、其他）、经销权、分销权、代理权、会员权、席位权、网络游戏虚拟道具、域名、名称权、肖像权、冠名权、转会费等</td></tr>
<tr><td rowspan="6">自然资源使用权</td><td>海域使用权</td></tr>
<tr><td>探矿权</td></tr>
<tr><td>采矿权</td></tr>
<tr><td>取水权</td></tr>
<tr><td>其他自然资源使用权</td></tr>
<tr><td>土地使用权</td><td>10%</td></tr>
<tr><td rowspan="2">销售不动产</td><td colspan="2">建筑物</td><td rowspan="2">10%</td></tr>
<tr><td colspan="2">构筑物</td></tr>
</table>

一般纳税人增值税适用扣除表如表 2-2 所示：

表 2-2　　一般纳税人增值税适用扣除率表

序号	税目	增值税扣除率
1	购进农产品（除以下两项外）	10%的扣除率计算进项税额
2	购进用于生产销售或委托加工 16%税率货物的农产品	12%的扣除率计算进项税额

（二）征收率

小规模纳税人增值税征收率为 3%，但以下情况适用 5%的征收率（具体情况请参照表 2-3）：小规模纳税人销售不动产，提供不动产租赁服务，转让其取得的不动产；个人转让其购买的住房；房地产开发企业中的小规模纳税人销售自行开发的房地产项目，房地产开发企业中的一般纳税人销售自行开发的房地产老项目、选择适用简易计税方法的；房地产开发企业中的一般纳税人选择适用简易计税方法的出租不动产；单位和个体工商户及其他个人（出租住房减按 1.5%计算应纳税额）出租不动产；一般纳税人转让 2016 年 4 月 30 日前取得的不动产，选择适用简易方法计税的；财政部税务总局另有规定的除外。使用征收率计税或纳税人采用简易征税办法缴税，不能抵扣该项目相关的进项税额。采用征收率计算的税额，不能称其为销项税额，是应纳税额。

表 2-3　　小规模纳税人征收率的其他规定表

<table>
<tr><th colspan="2">特殊征收率</th><th>计算公式及适用情况</th><th>注意事项</th></tr>
<tr><td rowspan="3">小规模纳税人或个人适用</td><td>减按2%征收率征收</td><td>计税公式：
销售额=含税销售额/（1+3%）
应纳税额=销售额×2%
适用于：
（1）小规模纳税人（除其他个人外，下同）销售自己使用过的固定资产
（2）小规模纳税人销售旧货
所称旧货，是指进入二次流通的具有部分使用价值的货物（含旧汽车、旧摩托车和旧游艇），但不包括自己使用过的物品</td><td>小规模纳税人销售自己使用过的除固定资产以外的物品，应按 3%的征收率征收增值税</td></tr>
<tr><td rowspan="2">征收率5%</td><td>（1）销售不动产
（2）销售其自建的不动产。房地产开发企业中的小规模纳税人，销售自行开发的房地产项目
（3）出租不动产
（4）个人转让其购买的住房</td><td>小规模纳税人销售其取得（不含自建）的不动产（不含个体工商户销售购买的住房和其他个人销售不动产），应以取得的全部价款和价外费用减去该项不动产购置原价或者取得不动产时的作价后的余额为销售额，按照 5%的征收率计算应纳税额</td></tr>
<tr><td>劳务派遣服务（含安保服务）。小规模纳税人提供劳务派遣服务，可以按照差额纳税，以取得的全部价款和价外费用，扣除代用工单位支付给劳务派遣员工的工资、福利和为其办理社会保险及住房公积金后的余额为销售额，按照简易计税方法依 5%的征收率计算缴纳增值税</td><td>选择差额纳税的纳税人，向用工单位收取用于支付给劳务派遣员工工资、福利和为其办理社会保险及住房公积金的费用，不得开具增值税专用发票，可以开具普通发票</td></tr>
</table>

表2-3(续)

特殊征收率		计算公式及适用情况	注意事项
一般纳税人适用	4%征收率减半征收	计税公式： 销售额=含税销售额/（1+4%） 应纳税额=销售额×4%/2 适用情况： （1）一般纳税人销售自己使用过的按规定不得抵扣且未抵扣进项税额的固定资产 （2）一般纳税人销售旧货	应开具普通发票，不得开具增值税专用发票
	4%征收率计税	一般纳税人销售货物属于下列情形之一的，暂按简易办法依照4%征收率计算缴纳增值税： （1）寄售商店代销寄售物品（包括居民个人寄售的物品在内） （2）典当业销售死当物品 （3）经国务院或国务院授权机关批准的免税商店零售的免税品	可自行开具增值税专用发票
	可选择按照6%征收率计税	一般纳税人销售自产的下列货物，可选择按照简易办法依照6%的征收率计算缴纳增值税： （1）县级及县级以下小型水力发电单位生产的电力。小型水力发电单位，是指各类投资主体建设的装机容量为5万千瓦以下（含5万千瓦）的小型水力发电单位 （2）建筑用和生产建筑材料所用的砂、土、石料 （3）以自己采掘的砂、土、石料或其他矿物连续生产的砖、瓦、石灰（不含黏土实心砖、瓦） （4）用微生物、微生物代谢产物、动物毒素、人或动物的血液或组织制成的生物制品 （5）自来水 （6）商品混凝土（仅限于以水泥为原料生产的水泥混凝土）	（1）可自行开具增值税专用发票 （2）一般纳税人选择简易办法计算缴纳增值税后，36个月内不得变更

五、纳税义务发生时间

纳税人发生应税销售行为，为收讫销售款项或者取得索取销售款项凭据的当天；先开具发票的，为开具发票的当天。收讫销售款项，是指纳税人销售或进口货物，提供加工、修理修配劳务以及销售服务、无形资产、不动产的过程中或完成后收到的款项。取得索取销售款项凭据的当天，是指书面合同确定的付款日期；未签订书面合同或书面合同未确定付款日期的，为应税行为完成的当天或权属变更的当天。纳税义务发生时间中针对一些特殊的应税行为，有特殊的规定。

（1）视同销售货物行为的纳税义务方式的发生时间见表 2-4。

表 2-4　视同销售货物行为与纳税义务的发生时间

视同销售货物行为	纳税义务发生时间
（1）将货物交与他人代销	收到代销清单的当天
（2）销售代销货物	收到代销款或取得索取销售款凭证的当天
（3）设有两个以上机构并实行统一核算的纳税人，将货物从一个机构移送其他机构用于销售，但相关机构在同一县（市）的除外	货物移送的当天
（4）将自产或委托加工的货物用于非应税项目 （5）将自产或委托加工的货物用于集体福利和个人消费 （6）将自产、委托加工或购买的货物作为投资提供给其他单位或个体户 （7）将自产、委托加工或购买的货物分配给股东或投资者 （8）将自产、委托加工或购买的货物捐赠给其他单位或个人	货物移送的当天

（2）采取预收款方式提供建筑服务、租赁服务。纳税人提建筑服务、租赁服务采取预收款方式的，其纳税义务发生的时间为收到预收的当天。除提供建筑服务、租赁服务采取预收款方式外，在发生应税行为之前收到的款项，不能按该收到款项的时间作为纳税义务发生时间。

（3）转让金融商品。纳税人从事金融商品转让的，其纳税义务发生时间为金融商品所有权转移的当天。

（4）无偿提供服务或无偿转让无形资产、不动产。单位或者个人向其他单位或者个人无偿提供服务或者无偿转让无形资产或者不动产，但用于公益事业或者以社会公众为对象的除外，其纳税义务发生时间为服务、无形资产转让完成的当天或者不动产权属变更的当天。

（5）进口货物，为报关进口的当天。

（6）增值税扣缴义务发生时间为纳税人增值税纳税义务发生的当天。

六、增值税的优惠政策

（一）免税规定

免税是指对货物或应税劳务在本生产环节的应纳税额全部免缴增值税。免税只是免征本环节的应纳税额。对货物在以前生产流通环节所缴纳的税款不予退还，因此，免税货物仍然负担一定的增值税，即进项税额。按规定，下列项目免征增值税：

农业生产者销售的自产农业产品；古旧图书；直接用于科学研究、科学试验和教学的进口仪器、设备；由残疾人组织直接进口残疾人专用的物品；销售自己使用过的物品；外国政府、国际组织无偿援助的进口物资与设备；来料加工、来件装配和补偿贸易所需进口的设备等。

【例 2-1】下列货物销售中，免征增值税的是（　　）。

A. 烟叶　　B. 古旧图书

C. 图书　　D. 中药饮片

【答案】B

此外，纳税人销售下列自产货物免征增值税：再生水，以废旧轮胎生产的胶粉，轮胎翻新，用不低于 30%的废渣生产的特定建筑产品，污水处理劳务等。

对于销售再生资源实现的增值税，实行先征后退办法。从 2010 年起，按 50%的比例退回给纳税人。按季申请退税，数额较大的，也可按月申请。

境外捐赠人无偿向受赠人（经国务院主管部门批准成立的以人道、扶贫、慈善事业为宗旨的社会团体，国务院有关部门、省级政府）捐赠的直接用于扶贫、慈善事业的物资，免缴进口环节的增值税和关税。

纳税人发生应税行为适用免税、减税规定的，可以放弃免税、减税。放弃免税、减税后，36 个月内不得再申请免税、减税。

纳税人发生应税行为同时适用免税和零税率规定的，优先适用零税率。

纳税人兼营免税、减税项目的，应当分别核算免税、减税项目的销售额；未分别核算销售额的，不得免税、减税。

（二）起征点（适用范围限于个人）

个人发生应税行为的销售额未达到起征点的，免缴增值税，达到起征点的，全额计算缴纳增值税。起征点不适用于登记为一般纳税人的个体工商户。起征点的幅度规定如下：

（1）按期纳税的，为月销售额 5 000~20 000 元（含本数）；

（2）按次纳税的，为每次（日）销售额 300~500 元（含本数）；

小规模纳税人中月销售额未达到 2 万元的，免征增值税。2017 年 12 月 31 日之前，对月销售额在 20 000 元至 30 000 元的小规模纳税人，免征增值税。

七、增值税的纳税期限和纳税地点

（一）纳税期限

增值税的纳税期限分别为 1 日、3 日、5 日、10 日、15 日、1 个月或 1 个季度。其中，以一季度为纳税期限的规定，适用于小规模纳税人、银行、财务公司、信托投资公司、信用社以及财政部和国家税务总局规定的其他纳税人。以日为纳税期限的，自期满之日起 5 日内预缴税款，于次月 1 日起 15 日内申报缴纳并结清上月应纳税款；以月（季）为纳税期限的，自期满之日起 15 日内申报缴纳。进口货物以海关填发缴款书之日起 15 日内缴纳。不能按照固定期限纳税的，可以按次纳税。

（二）纳税地点

增值税因纳税人不同，其纳税地点也不同。

（1）固定业户，向其机构所在地或居住地的主管税务机关申报纳税。总机构和分支机构不在同一县（市）的，应当分别向各自所在地的主管税务机关申报纳税；经财政部和国家税务总局或者其授权的财政和税务机关批准，可以由总机构汇总向总机构所在地的主管税务机关申报纳税。

（2）非固定业户，向应税行为发生地的主管税务机关申报纳税；未向销售地或者劳务发生地的主管税务机关申报纳税的，由其机构所在地或者居住地的主管税务机关补征税款。

（3）其他个人提供建筑服务，销售或者租赁不动产，转让自然资源使用权，应向建筑服务发生地、不动产所在地、自然资源所在地主管税务机关申报纳税。

（4）进口货物，向报关地海关申报纳税。

（5）扣缴义务人，向其机构所在地或者居住地的主管税务机关申报缴纳其扣缴的税款。

第二节　一般纳税人应纳税额的计算

一、增值税销项税额的计算

一般纳税人发生应税行为适用一般计税方法计税。一般纳税人发生财政部和国家税务总局规定的特定应税行为，可以选择适用简易计税方法计税，但一经选择，36 个月内不得变更。一般计税方法的应纳税额，是指当期销项税额抵扣当期进项税额后的余额。应纳税额的计算公式：

应纳税额=当期销项税额-当期进项税额

当期销项税额小于当期进项税额不足抵扣时，其不足部分可以结转下期继续抵扣。

销项税额，是指纳税人发生应税行为按照销售额和增值税税率计算的增值税额。销项税额的计算公式：

销项税额=销售额×税率

销售额是指纳税人发生应税行为向购买方收取的全部价款和价外费用，购买价款是指购货发票账单上列明的价款，但不包括收取的销项税额。

【知识拓展】

向购买方收取的价外费用，包括销售方在价外向购买方收取的手续费、补贴、基金、集资费、返还利润、奖励费、违约金、滞纳金、延期付款利息、赔偿金、代收款项、代垫款项、包装费、包装物租金、储备费、优质费、运输装卸费以及其他各种性质的价外收费。

同时符合条件的代垫运输费用是指：

(1) 承运部门的运输费用发票开具给购买方的；

(2) 纳税人将该项发票转交给购买方的。

(一) 一般方法计算销项税额

销售额包括的项目，一般规定如表2-5所示。

表2-5 销售额的一般规定表

销售额包含的项目	销售额中不包含的项目
(1) 包括向购买方收取的全部价款 (2) 向购买方收取的价外费用 (3) 消费税等价内税金（自身应缴的消费税）	(1) 向购买方收取的销项税 (2) 特殊的往来款 ①受托加工应征消费税的消费品所代收代缴的消费税（代缴） ②符合条件的代垫运输费用 ③符合条件代为收取的政府性基金和行政事业性收费 ④销货同时代办保险收取的保险费、代购买方缴纳的车辆购置税、车辆牌照费

【例2-2】广发公司为一般纳税人，核定税率16%，主要生产A种系列产品，每件不含税售价分别为1 000元。6月采用直接收款方式销售给其他商场（一般纳税人）A种产品200件，货已发出，货款已收，计算当月的销项税额。

【解】当月的销售额=1 000×200=200 000（元）

销项税额=200 000×16%=32 000（元）

(二) 用含税销售额计算销项税额

增值税是一种价外税，计税时以不含增值税的销售额作为计税依据。但实际工作中，特别对于销售应税劳务的纳税人，一般不会将价税分开收取，对于这种价税合一的销售额，需要进行调整计算，应先将其销售额换算为不含税销售额，再按一定的比率计算销项税额。计算公式如下：

销售额=含增值税销售额÷（1+税率）

【例2-3】某一般纳税人企业向某一小规模纳税人企业销售商品，开具普通发票，发票上采用价税合并的计价方法开出，注明商品售价金额为1 000元。计算该一般纳税人应纳税额。

【解】不含税销售额=1 000÷（1+16%）=862.07（元）

销项税额=862.07×16%=137.93（元）

【知识拓展】

在下面情况下一般为含税销售额，需要换算为不含税销售额：

（1）商业企业零售价；

（2）普通发票上注明的销售额；

（3）价税合并收取的金额；

（4）价外费用一般为含税收入；

（5）包装物的押金一般为含税收入；

（6）建筑安装合同上的货物金额（主要涉及销售自产货物并提供建筑业劳务的合同）。

（三）用核定销售额计算销项税额

如果纳税人发生应税行为的价格明显偏低且没有正当理由的，或者发生了视同销售行为而无销售额的，应由主管税务机关按下列顺序核定其销售额。

（1）按纳税人最近时期同类货物的平均销售价格确定；

（2）按其他纳税人最近时期同类货物的平均销售价格确定；

（3）按组成计税价格确定。组成计税价格的计算公式为：

组成计税价格＝成本×（1+成本利润率）

属于应征消费税的货物，其组成价格中还应加计消费税额。计算公式为：

组成计税价格＝成本×（1+成本利润率）+消费税税额

公式中的“成本”，若企业是销售自产货物的，应为实际生产成本，销售外购货物的，应为实际采购成本。成本利润率由国家税务总局统一确定为10%，但同时属于从价定率征收消费税的货物，其成本利润率为应按消费税中规定的成本利润率计算。

【例2-4】某一般纳税人企业将自产的两种产品作为福利发给本厂职工，共发放A产品100件，销售价每件100元（不含税）；发放B产品100件，无销售价，已知制作B产品的总成本为24 000元。

A产品销售额＝100×100＝10 000（元）。

B产品计税销售额＝24 000×（1+10%）＝26 400（元）

销项税额＝（10 000+26 400）×16%＝5 824（元）

（四）特殊销售方式计算销项税额

1. 采取折扣方式销售货物

商业折扣中，销售额和折扣额在同一张发票上分别注明的，可按折扣后的余额计算销项税。未在同一张发票“金额”栏注明折扣额，而仅在发票的“备注”栏注明折扣额的，折扣额不得从销售额中扣除。现金折扣中，折扣额不得从销售额中减除。

【知识链接】

销售过程中的折扣是销货方根据购货方的购货数量和支付货款的时间给予购货方的一种价格优惠。这种折扣有两种方式：一是商业折扣，是指由于购货方购买的数量大等原因，而给予购货方的价格优惠，即购买数量越多，价格越低；另一种是现金折扣，是指销货方为鼓励购货方及时支付货款，按协议许诺给予购货方的一种价格优惠。

【例2-5】新飞冰箱向各大商场销售某型号冰箱1 000台，每台不含税售3 000元，当这些大商场在当月20天内付清1 000台手机购货款时均给予了5%的销售折扣，计算销项税额。

销售1 000台手机给予5%的现金折扣，不应减少销售额和销项税额，账务处理时这笔折扣额一般应作为财务费用处理。

销项税额＝3 000×1 000×16%＝ 480 000（元）

2. 包装物押金

纳税人为销售货物而出租、出借包装物收取的押金，分以下几种情况：

（1）除酒类产品的包装物押金，单独核算的，一年以内且未超过企业规定期限，不做销售处理；一年以内但超过企业规定期限，做销售处理。

（2）除酒类产品的包装物押金，一年以上，一般做销售处理（特殊放宽期限的要经税务机关批准）。

3. 酒类包装物押金，收到就做销售处理（黄酒、啤酒除外）

【例2-6】某生产企业（增值税一般纳税人），某年5月销售化工产品取得含税销售额793. 26万元，为销售货物出借包装物收取押金15. 21万元，约定3个月内返还；当月没收逾期未退还包装物的押金1. 3万元。计算该企业5月上述业务计的销项税额。

计税销售额＝（793. 26+1. 3）÷（1+16%）＝684. 965 5（万元）

销项税额＝684. 965 5×16%＝109. 594 5（万元）

【例2-7】某酒厂为一般纳税人，本月向一小规模纳税人销售白酒，并开具普通发票上注明金额113 600元；同时收取单独核算的包装物押金2 000元（尚未逾期），计算此业务酒厂应计算的销项税额。

白酒的包装物押金，收到时就应计税。

销项税额＝［113 600÷（1+16%）+2 000÷（1+16%）］×16%＝15 944. 83（元）

【例2-8】某酒厂为一般纳税人，本月取得啤酒的逾期包装物押金5万元，白酒的逾期包装物押金3万元，计算该酒厂当月销项税额。

因白酒的包装物押金，收到时已计税，所以逾期时不再计税，因此，本例只对啤酒的逾期的包装物押金进行会计处理。

销项税额＝50 000÷（1+16%）×16%＝6 986. 55（元）

二、计算增值税进项税额

进项税额是纳税人发生应税行为时所支付或者负担的增值税。增值税一般纳税人以其收取的销项税额抵扣其支付的进项税额后的余额，就是其应缴纳的增值税额。这样纳税人支付的进项税额是否可以抵扣以及抵扣多少，直接涉及一般纳税人的税收负担和政府的税收收入。因此，实际工作中对于进项税额的抵扣，其规定如图 2-1 所示。

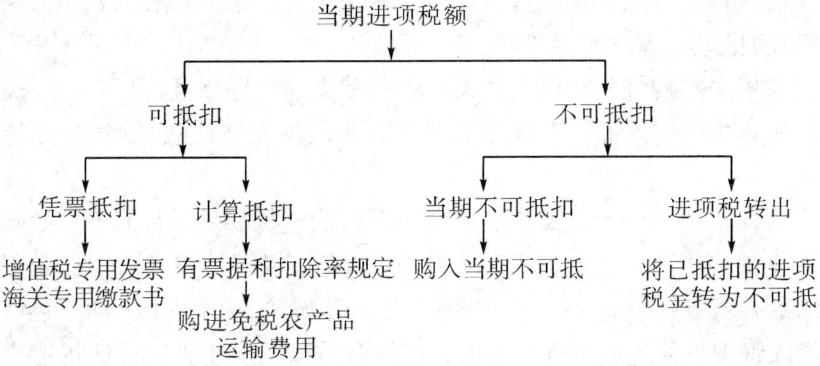

图 2-1

（一）计算可以从销项税额中抵扣的进项税额

可以从销项税额中抵扣的进项税额分以下两类情况：

（1）在一般情况下凭票据抵扣。即凭增值税专用发票和海关进口增值税专用缴款书抵扣。如果海关专用缴款书上采用了两个单位名称，既有代理进口单位名称，又有委托进口单位名称，只允许其中取得专用缴款书原件的一个单位申请抵扣进项税。

（2）在特殊情况下进行计算抵扣。购进免税农产品，在没有取得增值税专用发票、海关专用缴款书的情况下，符合以下规定的，可按照农产品收购发票或者销售发票上注明的农产品买价和 10%的扣除率计算的进项税额予以抵扣。

①购进农业生产者销售的农产品；

②购进小规模纳税人销售的农产品。

【例 2-9】某纺织品一般纳税人，2018 年 8 月份购买小规模纳税人销售的棉花，取得增值税普通发票，发票上注明销售价格 200 000 元，计算进项税额。

进项税额＝200 000×10%＝20 000 元

（二）计算不得从销项税额中抵扣的进项税额

纳税人取得增值税专用发票、海关专用缴款书，但其进项税额不得从销项税额中进行抵扣的情形有以下几种。

（1）纳税人购进货物或应税劳务，取得的增值税扣税凭证不符合法律、行政法规或国务院主管部门有关规定的，其进项税额不得从销项税额中抵扣。

（2）有下列情况之一者，按照销售额依据增值税税率计算应纳税额，不得抵扣进项税额，也不得使用增值税专用发票：

①一般纳税人会计核算不健全，或者不能提供准确税务资料的。

②除另有规定外，纳税人销售额超过小规模纳税人标准，未申请办理增值税一般纳税

人认定手续的。

（3）用于简易计税方法计税项目、免征增值税项目、集体福利或者个人消费的购进货物、加工修理修配劳务、服务、无形资产、不动产。

（4）非正常损失的购进货物以及相关的劳务和交通运输服务。

（5）非正常损失的在产品、产成品所耗用的购进货物（不包括固定资产）、劳务和交通运输服务。

（6）非正常损失的不动产以及该不动产耗用的购进货物、设计服务、建筑服务。

（7）非正常损失不动产再建工程及所耗用的购进货物、设计服务、建筑服务。

说明：纳税人新建、改建、扩建、修缮、装饰不动产，均属于不动产再建工程。非正常损失，是指因管理不善造成被盗、丢失、霉烂变质以及因违反法律法规造成货物或者不动产被依法没收、销毁、拆除的情形。（注意：不包括自然灾害损失）。

（8）购进的旅客运输服务、贷款服务、餐饮服务、居民日常服务和娱乐服务，进项税额不得抵扣。

【知识链接】

不得从销项税额中抵扣的进项税额可以分为四类：

①不属于增值税领域的采购对应的进项税；②失去或者已经不存在计税价值的货物的进项税；③消费者自己承担税款的；④扣税凭证不符合规定的。

（9）纳税人购进贷款服务支付的利息及利息性质的支出，其进项税额不得抵扣。

纳税人接受贷款服务向贷款方支付的与该笔贷款直接相关的投资顾问费、手续费、咨询费等，其进项税额不得抵扣。

（10）国务院财政、税务主管部门规定的纳税人自用消费品。

纳税人自用的应征消费税的摩托车、汽车、游艇，其进项税额不得从销项税额中抵扣。

（11）一般纳税人采取邮寄方式销售、购买货物支付的邮寄费，不允许计算进项税额抵扣。

一般纳税人兼营免税项目而无法划分不得抵扣的进项税额的，一般按照销售额比例划分。可按下列公式计算不得抵扣的进项税额：

不得抵扣的进项税额=当月无法划分的全部进项税额×当月免税项目销售额、非增值税应税劳务营业额合计÷当月全部销售额、营业额合计

【例 2-10】某制药厂为增值税一般纳税人，某年 7 月销售免税药品取得价款 20 000 元，销售非免税药品取得含税价款 92 800 元。当月购进原材料、水、电等取得的增值税专用发票（已通过税务机关认证）上的税款合计为 10 000 元，其中有 2 000 元进项税额对应的原材料用于免税药品的生产；5 000 元进项税额对应的原材料用于非免税药品的生产；对于其他的进项税额对应的购进部分，企业无法划分清楚其用途。计算该企业本月应缴纳

增值税。

非免税销售的不含税销售额＝92 800÷（1+16%）＝80 000（元）

非免税销售的销项税额＝80 000×16%＝12 800（元）

不含税进项税额分摊比例＝80 000÷（20 000+80 000）＝0.8

可抵扣的进项税额＝5 000+（10 000−5 000−2 000）×0.8＝5 000+2 400＝7 400（元）

应纳增值税＝12 800−7 400＝5 400（元）

三、增值税应纳税额的计算

增值税一般纳税人销售货物或者应税劳务，应纳税额为当期销项税额抵扣当期进项税额。其计算公式为：

应纳税额＝当期销项税额−当期进项税额

计算公式及涉及项目见下图 2-2：

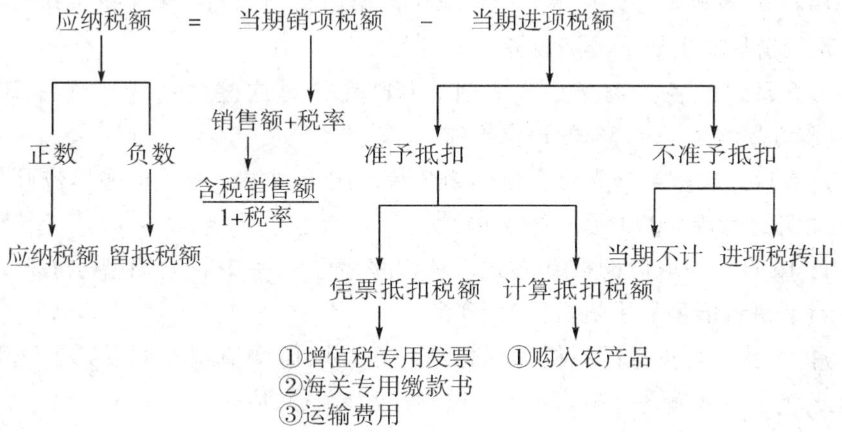

图 2-2

【例 2-11】某商贸企业为增值税一般纳税人，某年 4 月发生如下业务：购进商品取得增值税专用发票，注明价款 87 000 元，增值税额 13 920 元；购进农民自产的农产品，农产品收购发票注明价款 30 000 元；购进和销售货物支付运费取得货物运输业增值税专用发票 5 份，总金额 5 000 元。取得的增值税专用发票均在当月通过认证并在当月抵扣。计算 4 月应抵扣的进项税额。

应抵扣的增值税进项税额＝13 920+30 000×10%+5 000×10%＝17 420（元）

【例 2-12】某厂为一般纳税人，某年 8 月销售产品，开出增值税专用发票，销售额 120 000 元，销项税额 19 200 元；销售给小规模纳税人产品，开普通发票，销售额 40 000 元（含税）；将一批成本 100 000 元的产品对外投资。当月购料（已入库）取得增值税专用发票，价款 60 000 元，税额 9 600 元；购进免税农产品 25 000 元；当月用水 27 600 元，增值税专用发票注明税额1 656元（27 600×6%）；购进生产用设备一台，价款55 000元，增值税专用发票注明税款8 800元。计算该企业当月应交增值税。

销售给小规模纳税人的销项税额=40 000÷（1+16%）×16%=5 517.24（元）

投资产品销项税额=100 000（1+10%）×16%=17 600（元）

销项税额合计=19 200+5 517.24+17 600=42 317.24（元）

允许抵扣的进项税额合计=9 600+25 000×10%+1 656+8 800=22 556（元）

当月应纳增值税额=42 317.24-22 556=19 761.24（元）

【例2-13】某制药厂（增值税一般纳税人）6月份销售A药品116万元（含税，税率为16%），销售免税B药品20万元（不含税），当月购入生产用原材料一批，取得增值税专用发票上注明税款12万元，A药品与免税B药品无法划分耗料情况，计算该制药厂当月应纳增值税。

应纳税额应纳税额=116÷1.16×16%-［12-12×20÷（100+20）］=14（万元）

【例2-14】2018年8月，小米生产厂家生产出最新型号的小米手机，每台不含税销售单价2 000元。当月发生如下经济业务：

（1）8月5日，向各大商场销售手机2 000台，对这些大商场在当月20天内付清2 000台手机购货款均给予了5%的销售折扣。

（2）8月8日，发货给外省分支机构200台，用于销售，取得运输单位开具的增值税专用发票上注明的运费1 000元，税金100元。

（3）8月10日，采取以旧换新方式，从消费者个人手中收购旧型号手机，销售新型号手机100台，每台旧型号手机折价为50元。

（4）8月15日，购进生产手机用原材料一批，取得增值税专用发票上注明的价款为2 000 000元，增值税税额为320 000元，材料已经验收入库。

（5）8月23日，从国外购进两台手机检测设备，取得的海关开具的完税凭证上注明的增值税税额为180 000元。

计算该企业8月份应纳增值税税额。

【解】（1）销项税额=2 000×2 000×16%=640 000（元）

（2）发货给外省分支机构的200台手机用于销售，应视同销售计算销项税额。销项税额=200×2 000×16%=64 000（元）

所支付的运费允许抵扣的进项税额=1 000×10%=100（元）。

（3）销项税额为=100×2 000×16%=32 000（元）

特别注意的是，采取以旧换新方式销售货物，应以新货物的同期销售价格确定销售额计算销项税额，不得扣减旧货物的收购价格。同时还应注意，收购的旧手机不能计算进项税额进行抵扣。

（4）进项税额为320 000元，因为所购材料已经验收入库，所以允许在当期全部抵扣。这里直接以取得专用发票为准，与所购之物是否入库或是否付款无关。

（5）进项税额为 180 000 元。

该企业 8 月份应纳增值税税额为：

当期应纳税额＝640 000+64 000+32 000－100－320 000－180 000＝235 900（元）

第三节 一般纳税人增值税账务处理

增值税的纳税人分为一般纳税人和小规模纳税人两种，二者计税方法不同，因此其账户设置和会计核算方法也有所不同。

一、一般纳税人增值税应设置的账户

根据企业会计制度规定，一般纳税人应在“应交税费”账户下设置“应交增值税”“未交增值税”“待抵扣进项税额”“增值税检查调整”四个二级明细账户。

1. “应交税费——应交增值税”

“应交税费——应交增值税”二级明细账户可使用多栏式明细账页。“应交税费——应交增值税”明细账户的借方发生额，反映企业购进货物或接受应税劳务支付的进项税额、实际已缴纳的增值税额、减免税款、出口抵减内销产品应纳税额和月终转出的当月应缴未缴的增值税额；贷方发生额，反映企业销售货物或提供应税劳务收取的销项税额、出口企业收到的出口退税以及进项税额转出数和转出多缴增值税。期末借方余额，反映企业尚未抵扣的增值税。

为了准确、完整地反映企业应纳增值税的计算、解缴和抵扣等情况，企业应在“应交增值税”明细账户下设置“进项税额”“已交税金”“出口抵减内销产品应纳税额”“销项税额”“出口退税”“进项税额转出”等专栏。其多栏式明细账户的示范格式如表 2-6 所示。

表 2-6 应交税费——应交增值税

略	借方				贷方				余额
	合计	进项税额	已交税金	出口抵减内销产品应纳税额	合计	销项税额	出口退税	进项税额转出	

在“应交税费——应交增值税”二级账户下，可设置以下主要专栏：

（1）“进项税额”专栏。记录纳税人购进货物、接受应税劳务而支付的，并准予从销项税额中抵扣的增值税额；若发生购货退回或折让，应以红字记入，冲销进项税额。

（2）“已交税金”专栏。记录纳税人当月上缴应缴增值税额；收到退回的当月多缴增值税额时，以红字记入。

（3）“销项税额”账户。记录纳税人销售货物、提供应税劳务应收取的增值税。若发生销货退回或销售折让，应以红字记入，冲减销项税额。

（4）“进项税额转出”专栏。记录纳税人的购进货物、在产品、库存商品等发生非正常损失及其他情况时，不应从销项税额中抵扣，而应按规定转出进项税额。

【知识拓展】

对于有进出口业务的一般纳税人企业，还须在“应交税费——应交增值税”账户下设置以下明细账户：

“出口抵减内销产品应纳税额”账户。记录出口纳税人按规定退税率计算的当期应予抵扣的税额。

“出口退税”账户。记录纳税人向海关办理报关出口手续后，凭出口报关等有关单证，到主管出口退税的税务机关申报办理出口退税而确认的应予退回的税款及应免抵税款。

“进项税额转出”账户，在出口退税业务中，记录转出不予抵扣或退税的税额；对进口料件不得抵扣税额的抵减额，用红字反映；退税凭证不全，不能退税，需结转到出口货物成本的部分。

另外，需要进行增值税调整的企业，还可以设置“应交税费——增值税检查调整”二级账户。

2. “应交税费——未交增值税”

“应交税费——未交增值税”账户的借方发生额，反映企业上缴以前月份未交增值税和月末自“应交税费——应交增值税”账户转入的当月多缴的增值税额；贷方发生额，反映企业自“应交税费——应交增值税”账户转入的当月未缴的增值税额；期末借方余额反映企业多交的增值税额，期末贷方余额反映企业未缴的增值税额。

二、应交增值税账户处理

1. 企业采购物资等，按可抵扣的增值税额

借：材料采购/在途物资/原材料/库存商品（按应计入采购成本的金额）

　　应交税费——应交增值税（进项税额）

　贷：应付账款/应付票据/银行存款（按应付或实际支付的金额）

购入物资发生的退货，做相反分录。

2. 销售货物或提供应税劳务，按营业收入和应收取的增值税额

借：应收账款/应收票据/银行存款

　贷：主营业务收入/其他业务收入（按实现的营业收入）

　　应交税费——应交增值税（销项税额）（按专用发票上注明的增值税额）

发生的销售退回，做相反的账务处理。

3. 企业缴纳的增值税

借：应交税费——应交增值税（已交税金）

　贷：银行存款

4. 不能取得增值税发票的

小规模纳税人以及购入材料不能取得增值税专用发票的，发生的增值税计入材料采购成本。

借：材料采购/在途物资

　贷：应付账款/银行存款/库存现金

【知识拓展】

实行“免、抵、退”的企业，按应收的出口退税额，借记“其他应收款”账户；按规定退税率计算的当期应予抵扣的税额，借记“出口抵减内销产品应纳税额”账户，贷记“应交税费——应交增值税（出口退税）”账户。

三、增值税进项税额的会计处理

（一）外购货物进项税额的会计处理

1. 一般方式外购货物

企业一般外购应税货物，应按货物的实际采购成本做如下会计处理：

借：材料采购/原材料/库存商品等

　　应交税费——应交增值税（进项税额）

　贷：银行存款/应付票据/应付账款等

【例 2-15】华强公司购入甲材料 1 000 千克，购入价 6 元/千克，增值税进项税额为 960 元，已通过银行付款，材料验收入库。进行会计处理。

借：原材料　　6 000

　　应交税费——应交增值税（进项税额）　　960

　贷：银行存款　　6 960

对于发票、结算凭证等单据已到，已经支付货款或开出、承兑商业汇票，但货物还在运输途中，或虽已到达但尚未入库的情况下，实际工作中，为简化核算手续，可暂不做处理，待货物到达后再记账。若是月末，则必须按发票作相应处理。

【例 2-16】华强公司 5 月 6 日收到银行转来的购买光明工厂丙材料的“托收承付结算凭证”及发票，数量为 5 000 千克，购入价 11 元/千克，增值税进项税额为 8 800 元，采用验单付款。

付款时：

借：材料采购/在途材料（光明工厂）　　55 000

应交税费——应交增值税（进项税额）　8 800
贷：银行存款　63 800

材料验收入库时：

借：原材料 ——丙材料　55 000
贷：材料采购/在途材料（光明工厂）　55 000

企业外购的货物已入库，发票、结算单据等已到，但款项尚未支付，形成了企业债务。

【例 2-17】华强公司 5 月份从光明厂购进乙材料 10 千克，不含税单价 2 000 元/千克，取得的增值税专用发票上注明价款 20 000 元，增值税 3 200 元，材料已验收入库，款项尚未支付。会计分录为：

借：原材料　20 000
应交税费——应交增值税（进项税额）　3 200
贷：应付账款——光明厂　23 200

若货物已验收入库，发票、结算凭证等单据未到（料到，单未到）这种情况，一般在月份内不做处理，月末参照上述情况处理。

2. 采用预付款方式购入货物

采用预付款方式采购货物，因采购业务尚未成立，货物的所有权并未发生转移。企业按合同规定预付货款时，按实际预付的金额，借记“预付账款”，贷记“银行存款”“其他货币资金”等科目；当企业收到货物并验收入库时，按发票账单等结算凭证所确定的成本，借记“原材料”“库存商品”等科目，按增值税专用发票上注明的增值税额，借记“应交税费——应交增值税（进项税额）”科目，按购货成本与增值税进项税额之和，贷记“预付账款”。

【例 2-18】华强公司某所 6 月 2 日，向联华公司预付货款 50 000 元，采购一批材料，联华公司于 7 月 6 日交付所购材料，华强公司收到材料，已验收入库，并收到联华开来的增值税专用发票，价款 45 000 元，增值税 7 200 元，7 月 8 日，华强公司将应补付的货款 2 200 元通过银行转账支付。

6 月 2 日预付货款时，账务处理如下：

借：预付账款——联华公司　50 000
贷：银行存款　50 000

7 月 6 日，材料验收入库时，账务处理如下：

借：原材料　45 000
应交税费——应交增值税（进项税额）　7 200
贷：预付账款　52 200

7 月 8 日，补付货款时，账务处理如下：

借：预付账款　　2 200

　贷：银行存款　　2 200

3. 采用赊购方式购入货物

在采用赊购方式购入货物的情况下，企业应于货物验收入库后，按发票账单等凭证确定的货物成本，借记“原材料”“库存商品”等科目，按增值税专用发票上注明的金额，借记“应交税费——应交增值税（进项税额）”科目，按应付未付的货款，贷记“应付账款”科目；待支付款项或开出商业汇票后，再根据实际支付的货款金额或应付票据面值，借记“应付账款”科目，贷记“银行存款”“应付票据”等科目。

【例 2-19】6 月 10 日，华强公司从联华公司赊购一批原材料，增值税专用发票上注明的原材料价款为 50 000 元，增值税税额为 8 000 元。根据购货合同规定，华强公司应于 6 月 30 日之前支付货款。

6 月 10 日，赊购原材料：

借：原材料　　50 000

　　应交税费——应交增值税（进项税额）　　8 000

　贷：应付账款　　58 000

6 月 30 日，支付货款时：

借：应付账款　　58 000

　贷：银行存款　　58 000

【例 2-20】华强公司购入甲材料 1 000 千克，购入价 6 元/千克，增值税进项税额为 960 元，支付运费 700 元，增值税 70 元，已开出商业承兑汇票，材料验收入库。

借：原材料　　6 700

　　应交税费——应交增值税（进项税额）　　1 030

　贷：应付票据　　7 730

4. 材料短缺或毁损

企业购入材料在验收入库时，可能会出现短缺或毁损，对此应分析原因，分不同的情况进行处理。因其具体原因不同，损失的承担者不同，所以毁损或短缺材料中所含的进项税额的核算办法也不尽相同。

【例 2-21】华强公司 6 月 21 日购入材料，取得专用发票上注明价款 30 000 元，增值税款 4 800 元。发票等单据已收到，并已开出银行转账支票付讫款项。月终材料尚未到达。

6 月 30 日，会计处理如下：

借：在途物资　　30 000

　　应交税费——应交增值税（进项税额）　　4 800

　贷：银行存款　　34 800

7 月 5 日，材料到达，在验收入库时，发现短缺 40 千克（单价 20 元/千克），计 800

元，原因待查，会计处理如下：

借：原材料　　29 200

　　待处理财产损溢　　800

　贷：在途物资　　30 000

若查明原因，属于供货方责任，由供货方退赔短缺材料款及相应的增值税时，账务处理如下：

借：银行存款　　928

　　应交税费——应交增值税（进项税额）　　128

　贷：待处理财产损溢　　800

5. 购入免税农产品

企业收购农业产品，按购入农产品的买价和规定的扣除率（向农业生产者购买的免税农产品扣除率为13%）。按实际支付的价款，借记“材料采购”科目，贷记“银行存款”或“库存现金”科目；农业产品验收入库，按收购价款乘以13%的扣除率计算的抵扣额，借记“应交税费——应交增值税（进项税额）”科目；按收购价款减去抵扣税额，借记“库存商品”科目，贷记“材料采购”科目。

【例2-22】某经营农业产品收购的商业企业，由采购员到某地收购干果，共计货款184 000元。

支付收购货款时，账务处理如下：

借：材料采购　　184 000

　贷：库存现金　　184 000

验收入库时，账务处理如下：

计算应扣除的增值税 = 184 000×10% = 18 400（元）

干果不含增值税成本 = 184 000−18 400 = 165 600（元）

借：库存商品——干果　　165 600

　　应交税费——应交增值税（进项税额）　　18 400

　贷：材料采购　　184 000

6. 购买办公用品、支付房屋租赁费、会议培训费等日常经济业务报销费用

营改增后，企业日常经济业务的报销问题，取得增值税专用发票，可以抵扣的项目有以下几种：

（1）购买办公用品、电子耗材，按取得的专用发票上的增值税进项税额可以抵扣。

（2）租车费用，按16%缴纳的增值税进项税额可以抵扣。

（3）自有汽车的汽油费、停车费，按取得增值税专用发票，进项税额可以抵扣。

（4）租房费用，取得增值税专用发票，按10%缴纳的增值税进项税额可以抵扣。

（5）支付的物业管理费，取得增值税专用发票，按6%缴纳的增值税进项税额可以抵扣。

（6）支付的邮政、电信、银行手续费用，取得增值税专用发票，按10%或6%缴纳的增值税进项税额可以抵扣。

（7）支付的会议、培训、咨询费用，取得增值税专用发票，按6%缴纳的增值税进项税额可以抵扣。

（8）差旅费中，属于员工因公出差支付的住宿费，取得增值税专用发票，按6%缴纳的增值税进项税额可以抵扣。

企业日常发生的报销业务中，即使取得增值税专用发票，也不能抵扣的项目有以下几种：

（1）支付的餐费，无论是业务招待还是差旅费，餐费都是用于个人的，所以一律不得抵扣进项税额。

（2）职工福利支出，同样是用于个人的，所以一律不得抵扣进项税额。

（3）除住宿费以外的其他差旅费，不得抵扣进项税额。

【例2-23】某公司是增值税一般纳税人，6月份支付如下费用，均取得增值税专用发票。

（1）员工培训费报销10 000元，增值税600元。

（2）业务招待费报销4 000元，增值税240元。

（3）单位员工差旅费报销，住宿费5 000元，增值税300元；餐费2 000元，增值税120元；火车票等交通费1 000元，增值税100元。

（4）支付办公楼的租金费用10 000元，增值税1 000元。

（5）支付电信费用3 000元，增值税180元。

要求：计算当月可以抵扣的增值税进项税额，并进行账务处理。

（1）支付员工培训费的进项税额可以抵扣：

借：管理费用——培训费	10 000	
应交税费——应交增值税（进项税额）	600	
贷：银行存款		10 600

（2）支付业务招待费的进项税额不得抵扣：

借：管理费用——业务招待费	4 240	
贷：银行存款		4 240

（3）支付差旅费中只有住宿费的进项税额可以抵扣，交通费、餐费属于购进的旅客运输服务、贷款服务、餐饮服务、居民日常服务和娱乐服务，进项税额不得抵扣。

借：管理费用——差旅费	8 220	
应交税费——应交增值税（进项税额）	300	

贷：银行存款 8 520

（4）支付办公楼租金的进项税额可以抵扣：

借：管理费用——租赁费 10 000

借：应交税费——应交增值税（进项税额） 1 000

贷：银行存款 11 000

（5）支付的电信费用的进项税额可以抵扣：

借：管理费用——电信费用 3 000

借：应交税费——应交增值税（进项税额） 180

贷：银行存款 3 180

二、特殊进货形式进项税额的会计处理

（一）接受投资转入货物

企业接受投资转入的货物，按照投资合同确认的价值（不含增值税），借记“原材料”“库存商品”等，按照增值税专用发票上注明的或根据确认货物价值换算的增值税额，借记“应交税费——应交增值税（进项税额）”科目，按照投资方在注册资本中所占的份额，即确认的投资者的所有者权益的份额，贷记“实收资本”或“股本”科目，其差额贷记“资本公积（资本溢价）”科目。

【例 2-24】华强公司接受参加联营的 A 企业以原材料作为投资，开来一份增值税专用发票，直接将货物送到仓库验收入库。增值税专用发票上注明：货价 258 620.69 元，税额 41 379.31 元，价税合计 300 000 元；如果确认 A 企业的注册资本份额 250 000 元。

借：原材料 258 620.69

应交税费——应交增值税（进项税额） 41 379.31

贷：实收资本——A 企业 250 000

资本公积 50 000

若材料价值不足注册资本金份额，如上例假定投入的材料价值 200 000 元，增值税 32 000元，差额（250 000-232 000=18 000 元）以货币资金补足，则会计处理为：

借：原材料 200 000

应交税费——应交增值税（进项税额） 32 000

银行存款 18 000

贷：实收资本——A 企业 250 000

（二）委托加工材料

一般纳税人接受加工、修理修配劳务，应使用增值税专用发票，分别注明加工、修理修配的成本和税额。按应税劳务加工费的增值税额，借记“应交税费——应交增值税（进项税额）”，应按专用发票上记载的应记入加工、修理修配等货物成本的金额中，借记

“委托加工物资”“制造费用”“管理费用”等科目；按应付或实际支付的金额，贷记“银行存款”“应付账款”等科目。

【例2-25】华强公司委托东方木器加工产品包装木箱，发出材料价款20 000元，支付加工费4 000元和增值税额680元，对该笔业务进行会计处理。

（1）发出材料时的会计处理：

借：委托加工物资　20 000

　贷：原材料　20 000

（2）支付加工费和增值税税额时的会计处理：

借：委托加工物资　4 000

　　应交税费——应交增值税（进项税额）　640

　贷：银行存款　4 640

（3）结转加工材料成本时的会计处理（20 000+4 000=24 000）：

借：包装物——木箱　24 000

　贷：委托加工物资　24 000

【想一想】如果提供加工劳务的单位是小规模纳税人，该如何进行处理？

（三）接受应税劳务

企业接受其他加工、修理、修配的应税劳务，按照增值税专用发票注明的增值税额，借记“应交税费——应交增值税（进项税额）”，按增值税专用发票记载的加工、修理、修配费用，借记“其他业务支出”“制造费用”“委托加工物资”“管理费用”等，按应付或实际支付金额，贷记“应付账款”“银行存款”等。

【例2-26】某生产企业加工车间10月份委托某修理厂修理设备，支付修理费2 000元，增值税额320元，据修理厂开来的专用发票，进行会计处理。

【解】

借：制造费用　2 000

　　应交税费——应交增值税（进项税额）　320

　贷：应付账款——某修理厂　2 320

三、增值税进项税额转出的会计处理

企业购进的货物发生非常损失（非经营性损失）以及将购进货物改变用途（如用于非应税项目、集体福利或个人消费等），其抵扣的进项税额应通过“应交税费——应交增值税（进项税额转出）”科目转入有关科目，不予以抵扣。因这些货物的增值税额在其购进时已作为进项税额从当期的销项税额作了扣除，故应将其从进项税额中转出，从本期的进项税额中抵减，借记有关成本、费用、损失等科目，贷记“应交税费——应交增值税（进项税额转出）”。另外，按我国现行出口退税政策规定，对进项税额与出口退税的差额，也应作“进项税额转出”的会计处理。

（一）购进货物用于集体福利或个人消费

【例 2-27】某商业批发企业将原购进的抽油烟机 100 台，作为福利发给职工，该商品进价 1 500 元/台；办公室领用原作为库存商品的不需安装的空调机 10 台，进价 3 000 元/台。

【解】

借：应付职工薪酬——福利费　　174 000

　　固定资产　　34 800

　贷：应交税费——应交增值税（进项税额转出）　　28 800

　　　库存商品——抽油烟机　　150 000

　　　　　　　——空调机　　30 000

（二）购进货物用于免税项目

如果企业生产的产品全部都属于免税项目，其购进货物的进项税额应记入采购成本，不存在进项税额转出的问题。如果企业购进的货物既用于应税项目，又用于免税项目，而进项税额又不能单独核算时，月末应按免税项目销售额与应税、免税项目销售额合计之比，计算免税项目不予抵扣的进项税额，然后作“进项税额转出”的会计处理。

【例 2-28】某塑料制品厂生产农用薄膜和塑料餐具产品，前者属免税产品，后者正常计税。9 月份该厂购入乙烯原料一批，专用发票列明价款 265 000 元、增值税额 42 400 元，已付款并验收入库。9 月份全部产品销售额 806 000 元，其中农用薄膜销售额 526 000 元。

【解】

计算当月不得抵扣的进项税额分摊比例 = 526 000÷806 000 = 0.65

计算当月不得抵扣的进项税额 = 42 400×0.65 = 27 560（元）

计算当月准予抵扣的进项税额 = 42 400−27 560 = 14 840（元）

根据上述计算，将当月不准抵扣的进项税额作“进项税额转出”处理：

借：主营业务成本（农用薄膜）　　27 560

　贷：应交税费——应交增值税（进项税额转出）　　27 560

（三）非正常损失货物

由于非正常损失的购进货物和非正常损失的在产品、库存商品所耗用的购进货物或者应税劳务损失的进项税额，一般都已在以前的纳税期作了抵扣，发生损失后，一般很难核实损失的货物是在过去何时购进的，其原始进价和进项税额也无法准确核定，因此，应按货物的实际成本计算不得不抵扣的进项税额。对于损失的在产品、库存商品中耗用外购物或应税劳务的实际成本，还需要参照企业近期的成本资料加以计算。发生损失后要将其进项税额转出，由企业负担该项税款，与遭受损失的存货成本一并作待处理财产损失处理。

【例 2-29】鑫源公司是一家批发企业，本月发生火灾，烧毁库存外购彩电 10 台，账面价值总计 40 000 元，如何进行账务处理？

【解】不得抵扣的进项税额 = 40 000×16% = 6 400（元）

借：待处理财产损溢　　46 400

　贷：库存商品　　40 000

　　应交税费——应交增值税（进项税额转出）　　6 400

【想一想】对企业的正常损失，该如何进行处理？

第四节　增值税销项税额的会计处理

一、一般销售行为销项税额的会计处理

货物销售所涉及的会计账户主要有“主营业务收入”“分期收款发出商品”“应交税费——应交增值税（销项税额）”“银行存款”“应收账款”“应收票据”等账户。由于销售方式多种多样，其会计处理也有差异。

（一）直接收款方式销售

直接收款方式销售货物，按收入确认原则和条件，不论货物是否发出，均应以收到货款或取得销货款凭据、销货发票交给购货方的当日，确认销售成立并发生纳税义务。即使对不完全符合收入确认条件的销售业务，只要已向对方开出专用发票，也应确认销售税额。企业应根据销售结算凭证和银行存款进账单等，进行如下会计处理：

借：银行存款/应收账款等

　贷：应交税费——应交增值税（销项税额）

　　主营业务收入

【例 2-30】华强公司采用汇兑结算方式向光明厂销售甲产品 360 件，售价 500 元/件，增值税额 28 800 元，开出转账支票，支付代垫运杂费 1 000 元，贷款尚未收到。

【解】

借：应收账款——光明工厂　　209 800

　贷：主营业务收入　　180 000

　　应交税费——应交增值税（销项税额）　　28 800

　　银行存款　　1 000

（二）分期收款方式销售

采用分期收款方式销售货物，在发出货物时，按发出货物的实际成本，借记“分期收款发出商品”科目，贷记“库存商品”，按合同约定的收款日期开具发票，并按发票上的金额，借记“银行存款”“应收账款”等，贷记“应交税费——应交增值税（销项税额）”“主营业务收入”等科目。

【例2-31】华强公司按销售合同向N公司销售A产品300件，售价1 000元/件，产品成本800元/件，税率为16%。按合同规定，货款分3个月平均支付。本月为第一期产品销售实现月，开出增值税专用发票：价款100 000元、增值税16 000元，款已如数收到。

【解】

借：分期收款发出商品　　240 000

　贷：库存商品　　240 000

借：银行存款　　116 000

　贷：主营业务收入　　100 000

　　　应交税费——应交增值税（销项税额）　　16 000

借：主营业务成本　　80 000

　贷：分期收款发出商品　　80 000

（三）现金折扣销售

现金折扣是企业的一种融资行为，因此，这种折扣不得不从销售额中抵减，应借记“财务费用”。由于现金折扣的会计处理方法有全价法和净价法，现按全价法对购销双方进行会计处理。

【例2-32】鑫源公司销售一批产品给B企业，全部价款为200 000元，增值税额32 000元（200 000×16%），规定现金折扣条件为“2/10，1/20，*n*/30”。

【解】

（1）销货方鑫源公司会计处理如下：

产品发出并办理完托收手续时：

借：应收账款　　232 000

　贷：主营业务收入　　200 000

　　　应交税费——应交增值税（销项税额）　　32 000

如果上述货款在10日付款时：

借：银行存款　　228 000

　　财务费用　　4 000

　贷：应收账款　　232 000

如果上述货款超过20日付款时：

借：银行存款　　232 000

　贷：应收账款　　232 000

（2）购货方B企业会计处理如下：

借：原材料　　200 000

　　应交税费——应交增值税（进项税额）　　32 000

　贷：应付账款　　232 000

上述货款在 10 天内付款时：

借：应付账款　232 000

　贷：银行存款　228 000

　　　财务费用　4 000

上述货款在 20 天付款时：

借：应付账款　232 000

　贷：银行存款　232 000

（四）销货全部退回

企业在货物销售过程中，如果发生退货或要求折让，不论是当月销售的退货与折让，还是以前月份销售的退货与折让，均应冲减当月的主营业务收入，在收到购货单位退回的增值税专用发票或寄来的“证明单”后，分不同情况进行会计处理。

（1）销货全部退回并收到购货方退回的增值税专用发票的发票联和抵扣联。

（2）销货全部退回并收到购货方转来的“证明单”，应根据“证明单”上所列退货数量、价款和增值税额，开具红字增值税专用发票，并作为冲销当月销售收入和当月销项税额的凭据，借记“主营业务收入”“应交税费——应交增值税（销项税额）”“销售费用——运输费”“应交税费——应交增值税（进项税额）”，贷记“应收账款”（购货方未付款）、“应付账款”（购货方已付款）、“银行存款”（购货方已付款，即时支付退货款）。实际记账时，应以红字记入“主营业务收入”“应交税费——应交增值税（销项税额）”的贷方。

【例 2-33】华强公司上月 26 日销售给天方公司的丁产品全部退货，已收到对方转来的增值税专用发票的“发票联”和“抵扣联”，上列价款 80 000 元、增值税额 12 800 元，并转来原代垫运费 500 元，增值税额 50 元和退货运费 600 元，增值税额 60 元的货物运输业专用发票。开具红字增值税专用发票。

【解】

借：应收账款——天方公司　[93 350]

　　应交税费——应交增值税（进项税额）　50

　　销售费用　500

　贷：主营业务收入　[80 000]

　　　应交税费——应交增值税（销项税额）　[12 800]

同时：

借：销售费用——运输费　600

　　应交税费——应交增值税（进项税额）　60

　贷：其他应付款——天方公司　660

（五）销货部分退回

销货部分退回并收到购货方退回的增值税专用发票的发票联和抵扣联，一般情况是对方尚未付款。

（1）如果销售方尚未登账，应将退回的“发票联”“抵扣联”“记账联”与“存根联”以及所填的记账凭证予以作废保存，然后再按购货方实收数量、价款和增值税额重新开具增值税专用发票，并进行相应的会计处理。

（2）如果属于以前月份销售，应将退回的“发票联”和“抵扣联”注明“作废”字样，然后根据购货方实收数量、价款和增值税额重新开具增值税专用发票，根据作废的“发票联”“抵扣联”与新开出的专用发票的“记账联”作为冲销当月销售收入和当月销项税额的凭据，按原发票和新开出的发票所列价款的差额和增值税的差额，借记“主营业务收入”“应交税费——应交增值税（销项税额）”，贷记“银行存款”等。

【例 2-34】华强公司上月销售给长城公司的甲产品 100 000 元，退货 10 000 元，已收到原开具的增值税专用发票的发票联和抵扣联应在退回的发票联和抵扣联上注明“作废”字样，按购货方实收金额和税额开具增值税专用发票，应冲减的销售收入 10 000 元，冲销的销项税额为 1 600 元。

【解】

借：应收账款——长城公司　　11 600

　贷：主营业务收入——甲产品　　10 000

　　　应交税费——应交增值税（销项税额）　　1 600

（六）销货折让

销货折让的会计处理分以下几种情况：

（1）如果购货方尚未进行会计处理，也未付款，销货方应在收到购货方转来的原开出增值税专用发票的“发票联”和“抵扣联”上注明“作废”字样。

①如属当月销售，销货方尚未进行会计处理，则不需要进行冲减当月销售收入和销项税额的账务处理，只需根据双方协商扣除折让的价款和增值税额，重新开具增值税专用发票，并进行会计处理。

②如属以前月份销售，销货方已进行会计处理，则应根据折让后的价款和增值税额重新开具专用发票，按原开的专用发票的“发票联”和“抵扣联”与新开出的专用发票的“记账联”差额，冲销当月销售收入和当月销项税额，借记“主营业务收入”“应交税费——应交增值税（销项税额）”，贷记“应收账款”。

【例 2-35】华强公司 7 月 20 日采用托收承付结算方式销售给光明工厂乙产品 100 000 元，增值税额 16 000 元，由于质量原因，双方协商折让 20%，8 月 18 日收到光明工厂转来的增值税专用发票的“发票联”和“抵扣联”。

【解】

7 月 20 日办妥托收手续时：

借：应收账款 ——光明工厂　　116 000

　贷：主营业务收入——乙产品　　100 000

　　应交税费——应交增值税（销项税额）　　16 000

8 月 18 日转来增值税专用发票时，按扣除折让后的价款 20 000 元和增值税额 3 200 元，重新开具专用发票，冲销产品销售收入 20 000 元和增值税额 3 200 元。

借：应收账款　　[23 200]

　贷：主营业务收入——乙产品　　[20 000]

　　应交税费——应交增值税（销项税额）　　[3 200]

（2）如果购货方已进行会计处理，发票联和抵扣联已无法退还。销货方应根据购货方转来的“证明单”，按折让金额（价款和税款）开具红字增值税专用发票，作为冲销当期销售收入和销项税额的凭据。

【例 2-36】华强公司上月销售给耀华工厂的丙产品 40 件，由于质量不符合要求，双方协商折让 20%。耀华工厂转来的证明单上列明折让价款 20 000 元、折让税额 3 200 元，根据证明单开出红字增值税专用发票并通过银行汇出款项。作账务处理如下：如下：

借：银行存款　　[23 200]

　贷：主营业务收入——乙产品　　[20 000]

　　应交税费——应交增值税（销项税额）　　[3 200]

二、包装物销售及没收押金销项税额的会计处理

（一）包装物销售

随同产品销售并单独计价的包装物，按规定，包装物单独计价时应作为销售计算缴纳增值税，借记“银行存款”“应收账款”等，贷记“其他业务收入”“应交税费——应交增值税（销项税额）”。不单独计价时，并入产品销售收入。

【例 2-37】华强公司销售给本市天众工厂带包装物的丁产品 600 件，包装物单独计价，开出增值税专用发票上列明产品销售价款 96 000 元、包装物销售价款 10 000 元、增值税额 16 960 元，款未收到。

【解】因包装物单独计价，可计入其他业务收入。其账务处理为：

借：应收账款——天众工厂　　122 960

　贷：主营业务收入——丁产品　　96 000

　　其他业务收入——包装物销售　　10 000

应交税费——应交增值税（销项税额） 16 960

（二）包装物出租

包装物出租并收取包装物租金。包装物租金收入属于价外费用，按税法规定企业收取的包装物租金应计算的销售额，不包括向购买方收取的销项税额。一般包装物租金为含税收入，因此，应先换算为不含税收入，再计算应缴增值税，租金收入计入“其他业务收入”科目。

【例 2-38】华强公司采用银行汇票结算方式，销售给东平机械厂甲产品 400 件，售价 400 元/件，增值税额 25 600 元（400×400×16%），包装物 400 个出租，承租期为两个月，共计租金 4 640 元，一次收取包装物押金 23 200 元，总计结算金额 187 840 元（400×400+27 200+4 640+23 200）。

【解】包装物租金不含税收入 = 4 640÷（1+16%）= 4 000（元）

包装物租金应计销项税额 = 4 000×16% = 640（元）

借：银行存款 212 800

贷：主营业务收入 160 000

其他业务收入 4 000

应交税费——应交增值税（销项税额） 25 600

其他应付款——存入保证金 23 200

（三）包装物押金

在出租包装物时，往往会收取押金，包装物押金的处理分以下两种情况：

（1）销售酒类产品之外的货物而收取的包装物的押金。当包装物逾期未收回时，没收押金，按适用税率计算销项税额。“逾期”以一年为限，收取押金超过一年时，无论是否退还，均应并入销售额计税。对个别周转使用期较长的包装物，经税务机关批准后，其押金可适当放宽逾期期限。

（2）销售酒类产品而收取的包装物押金。该类产品的包装物押金又分两种情况：一是啤酒、黄酒，其计税要求、会计处理方法同上；二是其他酒类，其包装物的押金，无论将来押金是否返回、是否按时返还以及财务会计如何核算，均应并入当期销售额计税。所没收的包装物押金的税率与所包装的物品的税率一致。

【例 2-39】华强公司销售 A 产品 100 件，成本价 150 元/件，销售价 250 元/件，共收取包装物押金 8 000 元，包装物成本价 50 元/件，已开具增值税专用发票。

【解】

销售产品时：

借：银行存款 29 000

贷：主营业务收入——A 产品 25 000

应交税费——应交增值税（销项税额） 4 000

逾期未退还包装物没收押金时：

不含税收入=8 000÷（1+16%）=6 896.55（元）

增值税=6 896.55×16%=1 103.45（元）

计入账户的收入=8 000-1 103.45=6 896.55（元）

借：其他应付款——存入保证金　　8 000

　贷：营业外收入——没收押金　　6 896.55

　　　应交税费——应交增值税（销项税额）　　1 103.45

三、视同销售行为销项税额的会计处理

视同销售的会计处理，主要是区分形成会计销售和不形成会计销售的应税销售。对于会计销售业务，要以商事凭证为依据，确认销售收入。对于不形成会计销售的应税销售，不记入收入类账户，不作销售收入处理，而按成本转账，并根据税法规定，按货物的成本或双方确认的价值、同类产品的销售价格、组成计税价格等乘以适用税率计算。8种视同销售行为的相关会计处理处理如表2-7所示：

表2-7　视同销售行为的会计处理处理表

类别	具体情况
会计上确认为收入（贷：主营业务收入或其他业务收入）	（1）将货物交付他人代销 （2）销售代销货物 （5）将自产、委托加工的货物用于集体福利或个人消费 （6）将自产、委托加工或购进的货物作为投资、提供给其他单位或个体户 （7）将自产、委托加工或购进的货物分配给股东或投资者
会计上不确认收入（贷：库存商品）	（3）设有两个以上机构并实行统一核算的纳税人，将货物从一个机构移送其他机构用于销售，但相关机构在同一县（市）的除外 （4）将自产、委托加工的货物用于非应税项目 （8）将自产、委托加工或购进的货物无偿赠送给其他单位或个人

会计处理分两种情况：

1. 不确认为收入时

借：营业外支出（对外捐赠）

　　销售费用（用于市场推广、样品试用）

　　管理费用（交际应酬）

　贷：库存商品（成本价）

　　　应交税费——应交增值税（销项税额）（按计税价格计税）

2. 确认为收入时

借：长期股权投资（用于投资）

　　应付职工薪酬等（用于职工福利）

应付股利（用于分配股利）
贷：主营业务收入/其他业务收入
应交税费——应交增值税（销项税额）

同时：

借：主营业务成本/其他业务成本
贷：库存商品/原材料等

（一）将自产、委托加工的货物用于集体福利和个人消费

企业将自产、委托加工的货物用于集体福利和个人消费，并非销售活动，不计入有关收入类账户。按所用货物的成本与货物售价或组成计税价格乘以适用税率计算的应纳增值税之和，借记“应付职工薪酬”等；按所用货物成本，贷记“库存商品”“原材料”等；按应纳增值税额，贷记“应交税费——应交增值税（销项税额）。”

【例 2-40】华强公司职工俱乐部领用本企业生产的空调机 5 台，生产成本 8 000 元/台，售价 10 000 元/台。作为职工福利发给职工抽油烟机 400 台，生产成本 200 元/台，售价 250 元/台。进行相应的会计处理。

【解】应纳增值税额＝10 000×5×16%+250×400×16%＝8 000+16 000＝24 000（元）

应计入固定资产的价值＝8 000×5+8 000＝48 000（元）

应计入福利费的金额＝200×400+16 000＝96 000（元）

借：固定资产	48 000	
应付职工薪酬——福利费	96 000	
贷：应交税费——应交增值税（销项税额）		24 000
库存商品——空调机		40 000
——抽油烟机		80 000

年终调账时，按售价与成本的差额计入应税所得额，计算缴纳所得税。

（三）将自产、委托加工或购买的货物作为投资

存货投资并非销售业务，而是一种资产转变成另一种资产的经济事项，不改变所有者权益。在进行会计处理时，按已投货物的账面价值加上应支付的相关税费（包括增值税）作为初始投资成本，借记“短期投资”“长期股权投资”等；按投出货物已计提的跌价准备，借记“存货跌价准备”；按投出货物的账面余额，贷记“库存商品”“原材料”等；按所投资货物的售价或组成计税价格乘以适用税率计算的增值税额，贷记“应交税费——应交增值税（销项税额）”，对支付的其他税费，贷记“银行存款”等。

【知识拓展】

如果在以货物投资过程中，还涉及补价，则在会计处理中考虑补价因素。投资方收到补价时，借记投资账户的金额应等于投出货物的账面价值加上应确认的收益额、应支付的相关税费，再减去收取的补价后的余额，并作为初始投资成本；对收到的补价，借记“银

行存款”，对确认的收益额，贷记“营业外收入——非货币性交易收益”，其余不变。

若投资方支付补价时，借记投资账户的金额应等于投出货物的账面价值加上应支付的补价和应支付的相关税费，并作为初始投资成本；对支付的补价，贷记“银行存款”。税法还明确要求，企业应将自产货物投资作销售收入处理。若不贷记“主营业务收入”，则应在期末进行所得税纳税调整。

【例 2-41】华强公司 6 月份将购入原材料一批对外投资，其账面价值 180 000 元，已计提跌价准备 10 000 元，增值税额 28 800 元，不涉及补价，未发生相关费用，进行相应的会计处理。

【解】

借：长期股权投资　198 800

　存货跌价准备　10 000

　贷：原材料　180 000

　　应交税费——应交增值税　28 800

若上述对外投资不是外购原材料，而是企业的库存商品 A，投出库存商品的账面成本 180 000 元，市场售价（不含税）200 000 元，未计提跌价准备，未发生相关费用，进行相应的会计处理。

【解】对外投资时的会计处理如下：

借：长期股权投资——其他股权投资　212 000

　贷：库存商品——A 产品　180 000

　　应交税费——应交增值税（销项税额）　32 000

（四）将自产、委托加工或购买的货物分配给投资者

企业将自产、委托加工或购买的货物分配给股东或投资者，这是一种较为实在的销售业务。因为股东或其他投资人是有别于该企业的另一个实体（会计主体）。这类行为虽然没有直接的库存现金流入，但实际上它与将货物出售后取得货币资产，然后再分配给股东，并无实质区别。因此，这一视同销售的行为，应作销售处理，即应按市场价格或组成计税价格计价，并记入有关收入类账户。按所分配货物的市场价格或组成计税价格和其适用税率计算的应纳增值税两项之和，借记“应付利润”“其他业务收入”，按应纳增值税额，贷记“应交税费——应交增值税（销项税额）”。

【例 2-42】华强公司将自产的甲产品和委托加工的丁产品作为应付利润分配给投资者。甲产品售价 60 000 元，委托加工产品没有同类产品售价，其委托加工成本是 40 000 元，进行相应的会计处理。

【解】甲产品应计销项税额 = 60 000×16% = 9 600（元）

丁产品组成计税价格 = 40 000×（1+10%）= 44 000（元）

丁产品应计销项税额 = 44 000×16% = 7 040（元）

销项税额合计＝9 600+7 040＝16 640（元）

借：应付利润　　120 640

　贷：主营业务收入　　104 000

　　　应交税费——应交增值税（销项税额）　　16 640

（五）将自产、委托加工或购买的货物无偿赠送他人

企业将自产、委托加工或购买的货物无偿赠送他人，并非销售活动，因为企业并未获得经济利益，但按税法规定，要视同销售货物计算缴纳增值税。自产、委托加工货物本身所耗原材料和支付的加工费等的“进项税额”、购买货物中的“进项税额”已从“销项税额”中抵扣，若不视同销售业务，买卖双方互相“赠送”，国家将无法收税。因此，这类业务要视同销售计税。按所赠货物的成本与所赠货物售价或组成计税价格乘以税率计算应纳税之和，借记“营业外支出”；按所赠货物的成本，贷记“库存商品”“原材料”等；按应纳增值税额，贷记“应交税费——应交增值税（销项税额）”。

【例 2-43】华强公司将所生产乙产品无偿赠送他人，生产成本 9 000 元，计税价格 11 000元。将购进的 A 材料 400 千克，计划价 30 元/千克，无偿赠送他人，已提跌价准备 1 100元，进行相应的会计处理。

【解】乙产品应计销项税额＝11 000×16%＝1 760（元）

A 材料实际成本＝400×30＝12 000（元）

A 材料应计销项税额＝12 000×16%＝1 920（元）

借：营业外支出　　23 580

　　存货跌价准备　　1 100

　贷：库存商品　　9 000

　　　原材料　　12 000

　　　应交税费——应交税费（销项税额）　　3 680

第五节　结转与上缴增值税的会计处理

小规模纳税人上缴的处理相对简单，这里重点说明一般纳税人的会计处理。一般纳税人由于设账方式不同，其具体的处理方式也不同。

一、按月缴纳增值税的会计处理

按月纳税的，平时通过“应交税费——应交增值税”多栏式明细账核算增值税涉税业务，月末，结出借方与贷方发生额的合计数和差额数（余额数）。若余额在贷方，表示本月应缴而未缴的增值税。可不作账务处理。

下月初上缴上月增值税时，作账务处理如下：

借：应交税费——应交增值税

贷：银行存款

若余额在借方，表示尚未抵扣完的进项税额，留待下月继续抵扣，不再转出。由于以一个月为纳税期限的企业不存在当月预缴当月税款的情况，月末也不会有多交情况。若月末“应交税费——未交增值税”有借方余额，只能是当月尚未抵扣完的进项税额（以后月份继续抵扣）。

二、按日缴纳增值税的会计处理

若主管税务机关核定纳税人按日缴纳增值税，则平时按核定纳税期纳税时，属预缴性质；月末，在核实上月应缴增值税后，应于下月 15 日前清缴。

平时，企业在“应交税费——应交增值税”明细账中核算增值税业务。其中，当月上缴当月增值税额时，作账务处理如下：

借：应交税费——应交增值税（已交税金）

贷：银行存款

月末，结出该账户借方、贷方合计和差额。若“应交税费——应交增值税”账户为贷方差额，表示本月应缴未缴增值税税额。若“应交税费——应交增值税”账户为借方差额，由于月中有预缴税款的情况，故该借方差额不仅可能是尚未抵扣完的进项税额，而且还可能包含了多缴的部分。

三、设置“应交税费——未交增值税”账户

企业也可设置“应交税费——应交增值税（转出未交增值税）”“应交税费——未交增值税”账户，期末将未交的增值税转至“应交税费——未交增值税”的贷方，作账务处理如下：

借：应交税费——应交增值税（转出未交增值税）

贷：应交税费——未交增值税

下月初结清上月应缴增值税或上缴以前月份（年度）欠缴增值税时，作账务处理如下：

借：应交税费——未交增值税

贷：银行存款

【例 2-44】某公司设置“应交税费——未交增值税”进行期末增值税明细核算。8 月初上缴 7 月份未缴增值税 12 000 元；8 月底上缴当月应缴增值税 13 000 元，还有 1 000 元应缴增值税未缴纳。

【解】

上缴 7 月未缴增值税时，会计处理如下：

借：应交税费——未交增值税　　12 000

　贷：银行存款　　12 000

上缴当月应缴增值税时，会计处理如下：

借：应交税费——应交增值税（已交税金）　　13 000

　贷：银行存款　　13 000

将当月应缴未缴增值税 1 000 元转出时，会计处理如下：

借：应交税费——应交增值税（转出未交增值税）　　1 000

　贷：银行存款　　1 000

第六节　小规模纳税人应纳税额的计算及会计处理

小规模纳税人的计税方法适用简易计税法。简易计税方法的应纳税额，是指按照不含增值税的销售额和增值税征收率计算的增值税额，不得抵扣进项税额。应纳税额计算公式：

应纳税额=销售额×征收率

简易计税方法的销售额不包括其应纳税额，纳税人采用销售额和应纳税额合并定价方法的，按照下列公式将含增值税的销售额换算为不含增值税的销售额：

不含税销售额=含税销售额÷（1+征收率）

小规模纳税人提供应税服务适用简易计税方法计税。其发生应税行为时，只能开具普通发货票，或者申请由主管税务机关代开增值税专用发票。其购进货物不论是否取得专用发票均不得抵扣进项税额。

一般纳税人提供财政部和国家税务总局规定的特定应税服务，可以选择适用简易计税方法计税，但一经选择，36 个月内不得变更。

一、小规模纳税人免税的确定

2017 年 12 月 31 日之前，小规模纳税人的月销售额未超过 3 万元，免征增值税。

【例 2-45】某企业为小规模纳税人，主要从事汽车修理和装饰业务，2018 年 7 月提供汽车修理业务取得收入 30 000 元，该企业是否应缴纳增值税。

【解】该企业取得的收入为含增值税的收入，应换算为不含增值税的收入。

不含税收入=30 000÷（1+3%）= 29 126. 21（元）

该企业的当月销售额没有超过 3 万元，不用缴纳增值税。

若该企业取得含税收入 50 000 元，则：

不含税收入=50 000÷（1+3%）= 48 543. 69（元）

应纳的增值=48 543.69×3%=1 456.31（元）

二、小规模纳税人应纳税额的计算

小规模纳税人跨县（市）提供建筑服务，应以取得的全部价款和价外费用扣除支付的分包款后的余额为销售额，按照3%的征收率计算应纳税额。

小规模纳税人销售其取得的不动产（不含个体工商户销售购买的住房和其他个人销售不动产），应以取得的全部价款和价外费用减去该项不动产购置原价或者取得不动产时的作价后的余额为销售额，按照5%的征收率计算应纳税额。

【例2-46】某企业为增值税小规模纳税人，主要从事汽车修理和装饰业务。2018年7月提供汽车修理业务取得收入60 000元，销售汽车装饰用品取得收入5 500元，租赁办公用房，取得租金收入30 000元。计算该企业当月应缴纳增值税。

【解】

小规模纳税人取得的收入为含增值税收入，需要进行换算：

销售货物、服务的不含税销售额=（60 000+5 500）÷（1+3%）=63 592.23（元）

租赁不动产的不含税销售额=30 000÷（1+5%）=28 571.43（元）

应纳增值税税额=63 592.23×3%+28 571.43×5%=3 336.34（元）

三、小规模纳税人销售自己使用过的物品应纳税额的计算

小规模纳税人销售使用过的物品或销售旧货的征收率，见表2-8。

表2-8

销售使用过的物品情形	征收率	应纳税额
固定资产	2%	含税销售额÷（1+3%）×2%
旧货（经营旧货的小规模纳税人销售旧货）		
除固定资产外的物品	3%	含税销售额÷（1+3%）×3%

个人销售使用过的物品，免征增值税。

【例2-47】某企业为小规模纳税人，主要从事汽车修理和装饰业务。2018年8月销售使用过的旧车，取得收入50 000元。计算该企业应缴纳的增值税。

【解】应纳增值税额=50 000÷（1+3%）×2%=970.87元

四、小规模纳税人应纳增值税的会计处理

小规模纳税人与一般纳税人对销售收入的核算方法相同，但不得抵扣进项税额，因此只需在“应交税费”科目下，设置“应交增值税”二级明细账户，不需要再设明细项目。

该账户贷方记小规模纳税人应缴的增值税，借方记小规模纳税人实际已上缴的增值税；贷方余额反映小规模纳税人尚未上缴或欠缴的增值税，借方余额则反映多缴的增值税额。

【例 2-48】某企业为增值税小规模纳税人，主要从事汽车修理和装饰业务。2018 年 8 月提供汽车修理业务取得收入 60 000 元，销售汽车装饰用品取得收入 5 500 元。销售使用过的原值为 80 000 旧车，已提折旧 20 000 元，取得含税收入 50 000 元。进行会计处理。

【解】

(1) 提供汽车修理收入的会计处理

借：银行存款　　60 000

　贷：主营业务收入　　58 252.43

　贷：应交税费——应交增值税　　1 747.57

(2) 销售汽车装饰收入的会计处理

借：银行存款　　5 500

　贷：主营业务收入　　5 339.81

　贷：应交税费——应交增值税　　160.19

(3) 销售旧车

借：固定资产清理　　60 000

借：累计折旧　　20 000（已提折旧）

　贷：固定资产　　80 000（原值）

销售旧车应交纳的增值税＝50 000÷1.03 ×2%＝48 543.69×2%＝970.86（元）

借：银行存款　　50 000

　贷：固定资产清理　　49 029.13

　贷：应交税费——应交增值税　　970.87

借：营业外支出　　10 970.87

　贷：固定资产清理　　10 970.87

(4) 申报纳税

借：应交税费——应交增值税　　2 878.63

　贷：银行存款　　2 878.63

第五节　填制增值税纳税申报表

根据《中华人民共和国税收征收管理法》及其实施细则、《中华人民共和国增值税暂行条例》和《中华人民共和国发票管理办法》的有关规定，增值税纳税申报分为一般纳税人和小规模纳税人两种。

一、填制小规模纳税人纳税申报表

小规模纳税人无论当月是否发生应税行为，均应按期向主管税务部门报送纳税申报表。

【例 2-49】天华公司为增值税小规模纳税人，纳税人识别号：410101111861525800000；法人代表李天华，财务负责人李霞；2018 年 8 月份发生以下经济业务：

（1）8 月 5 日，购入材料一批，取得增值税普通发票，材料款 10 万元。款项已付，材料已入库。

（2）8 月 15 日，将上月购入的材料用于不动产在建工程，该批材料的账面价值 5 万元。

（3）8 月 20 日，支付生产水电费 2 万元，取得普通发票。

（4）8 月 21 日销售产品一批，由税务机关代开增值税专用发票，注明价款 10 万元。货已发，款未收。

（5）8 月 30 日将自产的产品作为节日福利发放给职工，该批产品的成本为 2 万元，市场不含税价格为 4 万元.

要求：进行以上业务的会计处理；计算本月应纳的增值税；填制纳税申报表。

【解】会计处理如下：

（1）由于小规模纳税人不进行税款抵扣，因此，购进货物时一般取得的是增值税普通发票，按发票货款计购货成本。

借：原材料　　100 000

　贷：银行存款　　100 000

（2）

借：在建工程　　50 000

　贷：原材料　　50 000

（3）支付生产水电费：

借：生产成本　　20 000

　贷：银行存款　　20 000

（4）

借：应收账款　　103 000

　贷：主营业务收入　　100 000

　　　应交税费——应交增值税　　3 000

（5）将自产的产品发给职工，按销售处理

借：应付职工薪酬　　41 200

　贷：主营业务收入　　40 000

应交税费——应交增值税　　　　　　　　　　　　　　1 200

同时，

借：主营业务成本　　　　　　　　　　　　　　20 000

　贷：库存商品　　　　　　　　　　　　　　　　20 000

本期应交增值税＝3 000+1 200＝4 200（元）

填制小规模纳税人申报表如表 2-9、表 2-10 所示：

表 2-9　　　　　　　　　　**增值税纳税申报表**

（小规模纳税人适用）

纳税人识别号：□□□□□□□□□□□□□□□□□□□□□□□□

纳税人名称（公章）：　　　　　　　　　　　　　　　　金额单位：元至角分

税款所属期：2018 年 08 月 01 日至 2018 年 08 月 31 日　　　　填表日期 2018 年 09 月 03 日

	项目	栏次	本期数		本年累计	
			货物及劳务	服务、不动产和无形资产	货物及劳务	服务、不动产和无形资产
一、计税依据	（一）应征增值税不含税销售额（3%征收率）	1	140 000			
	税务机关代开的增值税专用发票不含税销售额	2	140 000			
	税控器具开具的普通发票不含税销售额	3				
	（二）应征增值税不含税销售额（5%征收率）	4	--		--	
	税务机关代开的增值税专用发票不含税销售额	5	--		--	
	税控器具开具的普通发票不含税销售额	6	--		--	
	（三）销售使用过的固定资产不含税销售额	7（7≥8）		--		--
	其中：税控器具开具的普通发票不含税销售额	8		--		--
	（四）免税销售额	9＝10+11+12				
	其中：小微企业免税销售额	10				
	未达起征点销售额	11				
	其他免税销售额	12				
	（五）出口免税销售额	13（13≥14）				
	其中：税控器具开具的普通发票销售额	14				

表2-9（续）

二 税款计算	本期应纳税额	15	4 200			
	本期应纳税额减征额	16				
	本期免税额	17				
	其中：小微企业免税额	18				
	未达起征点免税额	19				
	应纳税额合计	20＝15－16	420			
	本期预缴税额	21			--	--
	本期应补（退）税额	22＝20－21			--	--

纳税人或代理人声明：	如纳税人填报，由纳税人填写以下各栏：
本纳税申报表是根据国家税收法律法规及相关规定填报的，我确定它是真实的、可靠的、完整的。	办税人员：　　　　财务负责人： 法定代表人：　　　联系电话：
	如委托代理人填报，由代理人填写以下各栏：
	代理人名称（公章）：　　　经办人：　　　联系电话：

管税务机关：　　　　　　接收人：　　　　　　接收日期：

表 2-10　　增值税纳税申报表（小规模纳税人适用）附列资料

税款所属期：　　年　月　日至　　年　月　日　　　　填表日期：　　年　月　日

纳税人名称（公章）：　　　　　　　　　　　　　　　金额单位：元至角分

应税行为（3%征收率）扣除额计算			
期初余额	本期发生额	本期扣除额	期末余额
1	2	3（3≤1+2 之和，且 3≤5）	4＝1+2－3
应税行为（3%征收率）计税销售额计算			
全部含税收入（适用 3%征收率）	本期扣除额	含税销售额	不含税销售额
5	6＝3	7＝5－6	8＝7÷1.03
应税行为（5%征收率）扣除额计算			
期初余额	本期发生额	本期扣除额	期末余额
9	10	11（11≤9+10 之和，且 11≤13）	12＝9+10－11
应税行为（5%征收率）计税销售额计算			
全部含税收入（适用 5%征收率）	本期扣除额	含税销售额	不含税销售额
13	14＝11	15＝13－14	16＝15÷1.05

增值税一般纳税人申报表的填制

【例2-50】华强有限责任公司为增值税一般纳税人，法定代表人为王华强，纳税识别号为410102810479494000000，开户银行：中国建设银行某市中原路支行，开户账号6222 7759 2346 7891 223，按月纳税。2018年8月初未缴纳税额为0元；7月份应税货物销售额为1 507 087.83元，应税劳务销售额为49 499.52元，销项税额为264 619.85元，进项税额为130 236.08元，期末未缴纳税额为134 383.77元，与2018年8月份一同缴纳。2018年8月生产经营情况如下：

（1）购买原材料取得防伪税控开具的增值税专用发票及认证情况见表2-11，均在当月予以认证，取得货物运输业增值税专用发票12份，合计金额为34 500元，本期和前期取得但尚未申报抵扣的防伪税控系统开具的增值税专用发票情况及认证见表2-11和表2-12。

表2-11　　本期取得防伪税控系统开具的增值税专用发票及认证情况

金额单位：元至角分

发票代码	发票号码	开票日期	金额	税额	销货方识别号	认证日期
略	00140803	20180801	23 584.91	3 773.59	略	20 180 831
	01832985	20180803	1 671.50	267.44		20180831
	04430852	20180803	1 461 935.04	233 909.61		20180831
	00327483	20180813	27 377.12	4 380.34		20180831
	02757438	20180814	29 634.88	4 741.58		20180831
	07239766	20180815	94 290.56	15 086.49		20180831
	02649878	20180825	9 546.67	1 527.47		20180831
	07547555	20180826	96 782.39	15 485.18		20180831
合计			1 744 823.07	279 171.69		

表 2-12　　前期取得防伪税控系统开具的增值税专用发票及认证情况

金额单位：元至角分

发票代码	发票号码	开票日期	金额	税额	销货方识别号	认证日期
略	04453429	20180705	3 097. 87	495. 66	略	20180731
	06687545	20180727	96 782. 39	15 485. 18		20180731
合计			99 880. 26	15 980. 84		

（2）本期有 731 936. 47 元的外购材料用于非应税项目，其所负担的税款为 117 109. 84 元，有 19 400. 29 元的外购材料发生非正常损失，所负担的税款为 3 104. 05 元。

（3）本期销售产品并取得防伪税控系统开具的增值税专用发票情况见表 2-13，其中号码为 00189544 的发票因开具形式不符合要求而作废，号码为 00189555 的发票为红字发票；销售产品并开具普通发票 2 张，合计金额为 185 000 元，销售产品但未开具发票的金额为 3 350 元；因销售产品提供运输劳务开具普通发票 15 份，收取运费 56 590 元。

表 2-13　　防伪税控系统开具的增值税专用发票情况　　金额单位：元至角分

发票代码	发票号码	开票日期	金额	税额	销货方识别号
4100121140	00189543	20180802	75 835. 90	12 133. 74	略
略	00189544	20180803	93 846. 15	15 015. 38	
	00189545	20180803	93 846. 15	15 015. 38	
	00189546	20180804	11 965. 81	1 914. 53	
	00189547	20180805	16 907. 69	2 705. 23	
	00189548	20180806	1 794. 87	287. 18	
	00189549	20180811	1 615. 38	258. 46	
	00189550	20180812	154 358. 97	24 697. 44	
	00189551	20180813	115 961. 54	18 553. 85	
	00189552	20180814	180 384. 62	28 861. 54	
	00189553	20180815	116 153. 84	18 584. 61	
	00189554	20180816	1 461. 54	233. 85	
	00189555	20180825	-25 777. 78	-4 124. 44	
	00189556	20180826	1 311. 11	209. 78	
	00189557	20180827	76 923. 08	12 307. 69	
	00189558	20180828	427 350. 00	68 376	
合计			1 343 938. 87	215 030. 22	

（4）另有其他补充资料如下：

①8 月 5 日，接受上海市某货物运输企业提供的交通运输服务，取得纳税人自开的《货物运输业增值税专用发票》一张，“合计金额”栏 5 000 元，税率栏为“10%”，税额栏 500 元，发票已经过认证，8 月 31 日入账。

②8 月 26 日，购进固定资产一台，取得防伪税控《增值税专用发票》，金额 10 万元，税额 16 000 元，还未经过认证。

要求：根据增值税一般纳税人纳税申报表的要求计算填列适用于增值税一般纳税人的增值税纳税申报表及相关附表。

【分析】

（1）购买原材料取得防伪税控开具的增值税专用发票，均在法定期限内予以认证，所以购进原材料可抵扣的税额＝279 171. 69 元（根据表 2-11 计算）；运费可抵扣税额＝34 500×10%＝3 450 元；前期未抵扣可在本期抵扣的税额＝15 980. 84 元（根据表 2-12 计算）。

（2）用于非增值税应税项目及发生的非正常损失，可进行进项税额转出。

进项税额转出＝117 109. 84+3 104. 05＝120 213. 88（元）

（3）根据表 2-13 计算，本期销售额＝1 250 092. 72 元（扣除作废发票和红字发票金额后）；销项税额＝200 014. 84（元）；销售产品开具普通发票，则：

不含税销售额＝185 000÷（1+16%）＝159 482. 76（元）

销项税额＝185 000÷（1+16%）×16%＝25 517. 24（元）

销售产品未开发票不含税销售额＝3 350÷（1+16%）＝ 2 863. 25（元）

销项税额＝3 350÷（1+16%）×16%＝486. 75（元）

因销售产品提供运输劳务不含税销售额＝56 590÷（1+16%）＝48 784. 48（元）

运输劳务应纳税额＝56 590÷（1+16%）×16%＝7 805. 52（元）

（5）其他业务

①支出运输费用 5 000 元，500 元税金可抵扣；

②购进固定资产税额 1 700 元发票因没有认证，暂不可抵扣。

【解】

本月销售收入总计＝1 250 092. 72+159 482. 76+2 863. 25+48 784. 48＝1 409 575. 48（元）

销项税额＝200 014. 84+25 517. 24+486. 75+7 805. 52＝233 824. 35（元）

本月可抵扣的进项税额＝279 171. 69+3 450+15 980. 84+500＝299 102. 53（元）

本月应纳增值税额＝233 824. 35-（299 102. 53-120 213. 88）＝54 935. 7（元）

根据以上资料，填制纳税申报表附表 2-14，2-15，2-16 和 2-17：

表 2-14

增值税纳税申报表附列资料（表一）

（本期销售情况明细）

税款所属时间：2018 年 08 月

纳税人名称：（公章）　　填表日期：2018 年 09 月 03 日　　金额单位：元至角分

一、按适用税率征收增值税货物及劳务的销售额和销项税额明细

项目	栏次	应税货物						应税劳务			小计		
		17%税率			13%税率								
		份数	销售额	销项税额	份数	销售额	销项税额	份数	销售额	销项税额	份数	销售额	销项税额
防伪税控系统开具的增值税专用发票	1	14	1 275 871	216 898.07									
非防伪税控系统开具的增值税专用发票	2												
开具普通发票	3	2	158 119.66	26 880.34				15	48 367.52	8 222.48			
未开具发票	4	—	2 863.25	486.75	—			—			—		
小计	5=1+2+3+4	—			—			—			—		
纳税检查调整	6	—			—			—			—		
合计	7=5+6	—	1 436 854	244 265.2	—			—	48 367.52	8 222.48	—	1 485 221.52	252 487.68

二、简易征收办法征收增值税货物的销售额和应纳税额明细

项目	栏次	6%征收率			4%征收率			小计		
		份数	销售额	应纳税额	份数	销售额	应纳税额	份数	销售额	应纳税额
防伪税控系统开具的增值税专用发票	8									
非防伪税控系统开具的增值税专用发票	9									
开具普通发票	10				1					
未开具发票	11	—			—			—		
小计	12=8+9+10+11	—			—			—		
纳税检查调整	13	—			—			—		
合计	14=12+13	—			—					

三、免征增值税货物及劳务销售额明细

项目	栏次	免税货物			免税劳务			小计		
		份数	销售额	税额	份数	销售额	税额	份数	销售额	税额
防伪税控系统开具的增值税专用发票	15				—	—	—			
开具普通发票	16			—			—			—
未开具发票	17	—		—	—		—	—		—
合计	18=15+16+17	—			—		—	—		

表 2-15　　增值税纳税申报表附列资料（表二）

（本期进项税额明细）

税款所属时间：2018 年 08 月

纳税人名称：（公章）　　填表日期：2018 年 09 月 03 日　　金额单位：元至角分

一、申报抵扣的进项税额				
项目	栏次	份数	金额	税额
（一）认证相符的防伪税控增值税专用发票	1	10	1 844 703. 26	313 599. 56
其中：本期认证相符且本期申报抵扣	2	8	1 744 823. 00	296 619. 91
前期认证相符且本期申报抵扣	3	2	99 880. 26	16 979. 65
（二）非防伪税控增值税专用发票及其他扣税凭证	4	13	39 500	2 965
其中：17%税率	5			
13%税率或扣除率	6			
11%扣除率	7	1	5 000	550
7%扣除率	8	12	34 500	2 415
6%征收率	9			
4%征收率	10			
（三）期初已征税款	11	—	—	
当期申报抵扣进项税额合计	12	23	1 884 203. 26	316 564. 56
二、进项税额转出额				
项目	栏次	份数	金额	税额
本期进项税转出额	13			127 727. 08
其中：免税货物用	14			
非应税项目用	15			124 429. 03
非正常损失	16			3 298. 05
按简易征收办法征税货物用	17			
免抵退税办法出口货物不得抵扣进项税额	18			
纳税检查调减进项税额	19			
未经认证已抵扣的进项税额	20			
	21			

表2-15(续)

三、待抵扣进项税额				
项目	栏次	份数	金额	税额
（一）认证相符的防伪税控增值税专用发票	22	—	—	—
期初已认证相符但未申报抵扣	23	2		
本期认证相符且本期未申报抵扣	24			
期末已认证相符但未申报抵扣	25			
其中：按照税法规定不允许抵扣	26			
（二）非防伪税控增值税专用发票及其他扣税凭证	27			
其中：17%税率	28			
13%税率及扣除率	29			
11%扣除率	30			
7%扣除率	31			
6%征收率	32			
4%征收率	33			
	34			
四、其他				
项目	栏次	份数	金额	税额
本期认证相符的全部防伪税控增值税专用发票	35			
期初已征税款挂账额	36	—	—	
期初已征税款余额	37	—	—	
代扣代缴税额	38	—	—	

注：第1栏=第2栏+第3栏=第23栏+第35栏-第25栏；第2栏=第35栏-第24栏；

第3栏=第23栏+第24栏-第25栏；第4栏等于第5栏至第10栏之和；

第12栏=第1栏+第4栏+第11栏；第13栏等于第14栏至第21栏之和；

第27栏等于第28栏至第34栏之和。

表 2-16

增值税纳税申报表附列资料（表三）

（防伪税控增值税专用发票申报抵扣明细）

申报抵扣所属期：2018 年 8 月

纳税人名称：（公章）填表日期：2018 年 09 月 03 日　　金额单位：元至角分

类别	序号	发票代码	发票号码	开票日期	金额	税额	销货方纳税人识别号	认证日期	备注
本期认证相符且本期申报抵扣			00140803	160201	23 584. 91	4 009. 43	略	20160228	
			01832985	160203	1 671. 50	284. 16		20160228	
			04430852	160203	1 461 935. 04	248 528. 96		20160228	
			00327483	160213	27 377. 12	4 654. 11		20160228	
			02757438	160214	29 634. 88	5 037. 93		20160228	
			07239766	160215	94 290. 56	16 029. 40		20160228	
			02649878	160225	9 546. 67	1 622. 93		20160228	
			07547555	160226	96 782. 39	16 453. 01		20130228	
	小计	—	—	—	1 744 823. 00	296 619. 91	—	—	—
前期认证相符且本期申报抵扣			04453429	160105	3 097. 87	526. 64		20160131	
			06687545	160127	96 782. 39	16 453. 01		20160131	
	小计	—	—	—	99 880. 26	16 979. 65			
	合计	—	—	—	1 844 703. 26	313 599. 56	—	—	—

注：本表“金额”“合计”栏数据应与《附列资料（表二）》第 1 栏中“金额”项数据相等；

本表“税额”“合计”栏数据应与《附列资料（表二）》第 1 栏中“税额”项数据相等。

表 2-17　　**增值税纳税申报表（适用于增值税一般纳税人）**

根据《中华人民共和国增值税暂行条例》第二十二条和第二十三条的规定制定本表。纳税人不论有无销售额，均应按主管税务机关核定的纳税期限按期填报本表，并于次月一日起十日内，向当地税务机关申报。

税款所属时间：2018 年 08 月 01 日至 2018 年 08 月 31 日

填表日期：2018 年 09 月 03 日　　　　金额单位：元至角分

纳税人识别号	4 1 0 1 0 2 8 1 0 4 7 9 4 9 4 0 0 0 0 0			所属行业：			
税人名称	（公章）	法定代表人姓名	王华强	注册地址	中原区	营业地址	中原路
开户银行及账号	6222 7759 2346 7891 223	企业登记注册类型	150 有限责任公司	电话号码			

项目		栏次	一般货物及劳务		即征即退货物及劳务	
			本月数	本年累计	本月数	本年累计
销售额	（一）按适用税率征税货物及劳务销售额	1	1 485 221. 52			
	其中：应税货物销售额	2	1 436 854. 00			
	应税劳务销售额	3	48 367. 52			
	纳税检查调整的销售额	4				
	（二）按简易征收办法征税货物销售额	5				
	其中：纳税检查调整的销售额	6				
	（三）免、抵、退办法出口货物销售额	7				
	（四）免税货物及劳务销售额	8				
	其中：免税货物销售额	9				
	免税劳务销售额	10				
	销项税额	11	252 487. 68			
	进项税额	12	316 564. 56			
	上期留抵税额	13				

表2-17（续）

税款计算	进项税额转出	14	127 727.08			
	免抵退货物应退税额	15				
	按适用税率计算的纳税检查应补缴税额	16				
	应抵扣税额合计	17=12+13-14-15+16	188 837.48			
	实际抵扣税额	18（如17<11，为17，否则为11）	188 837.48			
	应纳税额	19=11-18	63 650.2			
	期末留抵税额	20=17-18				
	简易征收办法计算的应纳税额	21				
	按简易征收办法计算的纳税检查应补缴税额	22				
	应纳税额减征额	23				
	应纳税额合计	24=19+21-23	63 650.2			
税款缴纳	期初未缴税额（多缴为负数）	25				
	实收出口开具专用缴款书退税额	26				
	本期已缴税额	27=28+29+30+31				
	①分次预缴税额	28				
	②出口开具专用缴款书预缴税额	29				
	③本期缴纳上期应纳税额	30	134 383.77			
	④本期缴纳欠缴税额	31				
	期末未缴税额（多缴为负数）	32=24+25+26-27	63 650.2			
	其中：欠缴税额（≥0）	33=25+26-27				
	本期应补（退）税额	34=24-28-29	63 650.2			
	即征即退实际退税额	35				——
	期初未缴查补税额	36				
	本期入库查补税额	37				
	期末未缴查补税额	38=16+22+36-37				

表2-17(续)

授权声明	如果你已委托代理人申报，请填写下列资料： 为代理一切税务事宜，现授权（地址）为本纳税人的代理申报人，任何与本申报表有关的往来文件，都可寄予此人。 授权人签字：	申报人声明	此纳税申报表是根据《中华人民共和国增值税暂行条例》的规定填报的，我相信它是真实的、可靠的、完整的。 声明人签字：

以下由税务机关填写：

收到日期：接收人：主管税务机关盖章：

本章小结

1. 增值税的概念

增值税是对在我国境内销售货物或者应税劳务以及进口货物的单位和个人，以其增值额为征税对象，采用税款抵扣原则多环节征收的一种税。

2. 增值税的类型

增值税的类型有生产型增值税、收入型增值税和消费型增值税。

3. 增值税的纳税人的概念

增值税的纳税人是指在我国境内销售货物或者提供加工、修理修配劳务以及进口货物的单位和个人。增值税的纳税人按认定标准可分为两类：一类是一般纳税人；一类是小规模纳税人。

（1）小规模纳税人是指年销售额在规定标准以下，会计核算不健全，不能按规定报送有关纳税资料的增值税纳税人。

（2）一般纳税人是指年应纳增值税销售额超过增值税税法规定的小规模纳税人标准的企业和企业性单位。

4. 征税范围

征税范围是指在中华人民共和国境内销售货物或应税劳务以及进口货物的，均应缴纳增值税，属于增值税的征税范围。

5. 特殊规定

（1）特殊项目

①货物期货，应当征收增值税，在期货的实物交割环节纳税。

②银行销售金银的业务，应当征收增值税。

③典当业的死当物品销售业务和寄售业代委托人销售寄售物品的业务，均应征收增

值税。

④集邮商品的生产以及邮政部门以外的其他单位和个人销售的，均征收增值税。邮政部门发行报刊，征收营业税；其他单位和个人发行报刊，征收增值税。

⑤电力公司向发电企业收取的过网费，应当征收增值税，不征收营业税。

（2）特殊行为

视同销售货物的行为共有8种行为，另外注意混合行为、兼营行为和代购货物行为。

6. 现行增值税率

分为四档：基本税率17%、低税率13%，零税率和征收率。

一般纳税人销售或进口除税法规定适用低税率（13%）以外的以货物及提供加工、修理修配劳务，税率为17%。小规模纳税人，实行简易办法，统一征收率为3%。

7. 增值税的优惠政策

（1）免税是指对货物或应税劳务在本生产环节的应纳税额全部免交增值税。免税只是免征本环节的应纳税额。对货物在以前生产流通环节所缴纳的税款不予退还，因此，免税货物仍然负担一定的增值税，即进项税额。

（2）起征点（适用范围限于个人），对销售额未达到起征点的，免缴增值税。

8. 增值税纳税期限

增值税的纳税期限为1日、3日、5日、10日、15日、1个月、1季度。其中，一季度为纳税期限的，仅适用于小规模纳税人。以日为纳税期限的，自期满之日起5日内申报缴纳；以月（季）纳税，自期满之日起15日内申报缴纳。进口货物以海关填发缴款书之日起15日内缴纳。

9. 增值税应纳税额的计算

（1）一般纳税人应纳税额的计算

增值税一般纳税人销售货物或者应税劳务，应纳税额为当期销项税额抵扣当期进项税额。其计算公式为：

应纳税额=当期销项税额-当期进项税额

（2）小规模纳税人应纳税额的计算

小规模纳税人销售货物或提供应税劳务，实行简易方法计算应纳税额，按销售额的3%的征收率计算应纳税额，不得抵扣进项税额。

应纳税额=销售额×征收率

10. 增值税的会计处理

（1）购进货物符合条件的可抵扣进项税额

借：原材料等

　　应交税费——应交增值税（进项税额）

　贷：银行存款等

（2）销售货物应计算的销项税额

借：银行存款等

　贷：主营业务收入等

　　　应交税费——应交增值税（销项税额）

财政部 税务总局
关于调整增值税税率的通知

财政部 税务总局
关于统一增值税小规模
纳税人标准的通知

基本训练

一、单项选择题

1. 对于农业产品、音像制品和电子出版物，其使用的增值税率为（　　）。

　A. 16%　　　　B. 10%

　C. 3%　　　　D. 4%

2. 增值税一般纳税人申请抵扣的防伪税控系统开具的专用发票，应自专用发票开具之日起（　　）日内到税务机关认证，否则不予抵扣进项税额。

　A. 30　　　　B. 60

　C. 90　　　　D. 180

3. 下列经营行为属于视同销售行为的是（　　）。

　A. 将自产、委托加工的货物用于非增值税应税项目

　B. 将购买的货物用于非增值税应税项目

　C. 将自产、委托加工或购买的货物用于集体福利

　D. 某企业销售产品，购方尚未支付货款

4. 增值税的征税对象是（　　）。

　A. 销售额　　　　B. 营业额

　C. 零售额　　　　D. 增值额

5. 根据《增值税暂行条例》的规定，下列关于增值税销售额确认的表述中，正确的

有（　　）。

A. 采取交款提货结算方式的，为合同约定发货日期的当天

B. 采取分期付款结算方式的，为货物发出的当天

C. 采取预收货款的方式销售货物，为收到货款的当天。

D. 采取委托银行收款结算方式的，为发出货物并办妥手续的当天

6. 按照现行规定，下列各项中必须被认定为小规模纳税人的是（　　）。

A. 年不含税销售额在 110 万元以上的从事货物生产的纳税人

B. 年不含税销售额 200 万元以上的从事货物批发的纳税人

C. 年不含税销售额为 100 万元以下，会计核算制度健全的从事货物零售的纳税人

D. 年应征增值税销售额在 500 万元以下（含）的，为小规模纳税人

7. 根据增值税法律制度的规定，下列各项中属于不得抵扣进项税额的是（　　）。

A. 将外购的货物分配给股东　　B. 将外购的货物用于投资

C. 将外购的货物用于集体福利　　D. 将外购的货物无偿赠送他人

8. 由于对法定扣除项目的规定不同，增值税划分为不同类型。从 2009 年 1 月 2 日，我国实行的增值税类型属于（　　）。

A. 消费型增值税　　B. 收入型增值税

C. 生产型增值税　　D. 实耗型增值税

9. 对纳税人为销售货物而出租出借包装物收取的押金，其增值税正确的计税方法是（　　）。

A. 所有货物包装物押金，收取时一律不计税，对逾期没收的包装物押金，均计税。

B. 酒类货物包装物押金，一律在酒类货物销售时计税，其他货物押金，收取时一律不计税，对逾期没收的包装物押金，均计税。

C. 无论会计如何核算，所有货物包装物押金均应并入销售额计算缴纳增值税。

D. 对销售除啤酒、黄酒外的其他酒类产品收取的包装物押金，一律在酒类货物销售时计税，其他货物押金，单独记账且未逾期者，不计算缴纳增值税。

10. 某商业企业一般纳税人 2018 年 10 月购进生产用原材料一批已入库，取得增值税专用发票一张，已经经过认证，尚未支付货款。则会计处理为（　　）：

A. 借：应付账款

　　贷：原材料

　　　　应交税费——应交增值税（进项税额转出）

B. 借：原材料

　　　　应交税费——应交增值税（进项税额）

　　贷：应付账款

C. 借：应付账款

　　贷：原材料

　　　　应交税费—应交增值税（销项税额）

D. 借：应付账款

　　贷：原材料

　　　　应交税费——应交增值税（转出多交增值税）

11. 某一般纳税人企业，在生产领用材料时，发现上月购进的尚未付款的材料存在质量问题，经与厂商协商，将该批原材料退还给厂商，则退货的会计处理（　　）。

A. 借：应付账款

　　贷：原材料

　　　　应交税费—应交增值税（进项税额转出）

B. 借：原材料　（红字）

　　　　应交税费—应交增值税（进项税额）（红字）

　　贷：应付账款　（红字）

C. 借：应付账款

　　贷：原材料

　　　　应交税费—应交增值税（销项税额）

D. 借：应付账款

　　贷：原材料

　　　　应交税费—应交增值税（转出多交增值税）

12. 下列应按4%征税增值税的是（　　）。

A. 自来水公司销售自来水　　B. 销售应税固定资产

C. 典当业销售死当物品　　D. 销售古旧图书

13. 企业缴纳的各种税金中，以下（　　）不需要经过“应交税费”科目核算。

A. 增值税　　B. 契税

C. 土地使用税　　D. 土地增值税

二、多项选择题

1. 企业外购的经营性货物用于下列项目中，需要转出进项税的有（　　）。

A. 用于建造固定资产　　B. 用于对外投资

C. 用于生产免税项目　　D. 用于生产产品

2. 甲公司自产货物用于下列用途中，应交增值税的有（　　）。

A. 作为中间产品继续加工使用

B. 作为职工福利发放

C. 调运外省销售分公司准备出售

D. 作为赠品送给顾客

3. 增值税的特点是（　　）。

A. 不重复征收　　B. 普遍征收

C. 多环节征收　　D. 同种产品最终售价相同，税负相同

4. 下列行为（　　）是视同销售的行为。

A. 将自产或委托加工的货物用于非应税项目、集体福利或个人消费

B. 将自产或委托加工的货物用于投资给其他单位

C. 将自产或委托加工的货物用于分配给股东或投资者

D. 将自产或委托加工的货物用于无偿赠送给他人

5. 下列物资（　　）只要取得增值税专用发票，并在 180 天内进行认证，都可以抵扣进项税。

A. 购进的原材料　　B. 购进的用于生产的机器设备

C. 购进的应征消费税的小轿车　　D. 购进的运输货物的卡车

6. 下列方式（　　）取得固定资产的进项税额，凭增值税专用发标、海关进口增值税专用缴款书和运费结算单据，从销项税额中抵扣进项税额 。

A. 购进（包括接受捐赠、实物投资）的固定资产

B. 用于自制（包括改扩建、安装）固定资产的购进货物或应税劳务

C. 通过商业租赁方式租入的固定资产

D. A、B 两项的运输费用

7. 下列项目不得从销项税额中抵扣进项税额（　　）。

A. 用于非增值税应税项目、免征增值税项目、集体福利或个人消费的购进货物或应税劳务

B. 非正常损失的购进货物及相关的应税劳务

C. 非正常损失的在产品、产成品所耗用的购进货物或应税劳务

D. 纳税人自用的消费品

8. 依据增值税的有关规定，增值税一般纳税人销售下列货物，可按 6% 征收率计算（　　）。

A. 县以下小型水力发电单位生产的电力

B. 自来水

C. 建筑用和生产建筑材料所用的砂、土、石料

D. 用微生物制成的生物制品

三、判断题

1. 增值税的转型是指从生产型增值税转变为收入型增值税。（　）

2. 纳税人兼营不同税率产品的，如果不分别核算或者不能准确核算的，一 律从高适用税率。（　）

3. 捐赠人无偿向受赠人捐赠的物资，不计算抵扣增值税进项税额。（　）

4. 从 2009 年 1 月 1 日起，企业购进的所有的固定资产，都可抵扣进项税额。（　）

5. 委托其他人代销货物的，其销售额的确认为收到代销单位销售的代销清单的当天，若未收到代销清单及货款的，则不计销售额。（　）

6. 商业折扣和现金折扣无论怎样开具增值税专用发票，均不得从销售额中扣减折扣额。（　）

7. 采用以旧换新方式销售货物的，应按新货物的同期销售价格，扣减旧货物的收购价格后计算销售价格。（　）

8. 纳税人为销售货物而出租、出借包装物收取的押金，无论是否单独计账核算，均应并入销售额计算销项税额。（　）

四、业务题

1. 新星机械制造厂是生产机械设备的一般纳税人，2019 年 1 月份发生下列主要经济业务（购进的货物均已验收入库，发票经过认证）：

（1）购进钢材一批，取得的增值税专用发票上注明价款 200 000 元，增值税款 32 000 元，款项以银行存款支付。

（2）购进设备一台，取得的增值税专用发票上注明价款 150 000 元，增值税款 24 000 元，款项以银行存款支付。

（3）收回委托加工材料一批，取得的增值税专用发票上注明加工费 10 000 元。增值税款 1 600 元，款项以银行存款支付。

（4）本月销售通用机械 15 台，每台不含税单价 30 000 元，款项均已经送存银行。

（5）本厂正在建设中的基建工程领用自产小型机械 5 台，每台成本价 5 000 元（无销售价格）。

要求：根据所列资料，分别编制每笔经济业务相关的会计分录，计算当月应纳增值税额。

2. 某洗衣机厂（一般纳税人）今年 3 月发生下列经济业务，要求：根据所列资料，计算当月应纳增值税额并作相关账务处理。

（1）厂部办公室购买办公用品，取得的专用发票上注明价款 3 000 元，税款 480 元。

（2）当月购进材料若干批，取得的增值税专用发票上注明价款合计 600 000 元，税款合计 96 000 元，款项均已通过银行收讫，材料均已验收入库。

（3）月销售的洗衣机中，有两台因质量问题在本月退回，退还购货方价款和税款共计 4 640 元。

（4）销售洗衣机 1 000 台，取得不含税销售价款 2 000 000 元；另开具普通发票向购货方收取包装费 34 800 元，款项均已通过银行收讫。

（5）企业将自产的最新型号洗衣机 10 台用于奖励本厂优秀职工，已知每台洗衣机生产成本为 2 400 元。因尚未对外销售过，故无同类产品售价。

（6）因仓库保管员保管不善，导致仓库原材料被盗，经盘查，被盗材料不含税账面成本为 5 000 元。该材料适用 16% 的增值税税率。

（7）上月末“应交税金——应交增值税”账户借方余额为 142 300 元。

要求：根据所列资料，分别编制每笔经济业务相关的会计分录，计算当月应纳增值税额。

3. 某家具厂系增值税一般纳税人，增值税率为 16%，2019 年 1 月发生如下经济业务：

（1）1 月 8 日，销售给家具商城组合办公用家具一批，开具的增值税专用发票注明：价款 600 000 元，税额 96 000 元，收到家具商城开具的商业承兑汇票。

（2）1 月 9 日，向市木材公司购进原木一批并验收入库，取得增值税专用发票注明：价款 200 000 元，税额 20 000 元，开出支票支付货款。

（3）1 月 10 日，开具支票支付 1 月 9 日购进原木的运费，运输公司开具货物运输业增值税专用发票注明：运费 5 000 元，增值税 500 元。

（4）1 月 12 日，将一套原售价格为 58 000 元家用家具经总经理批示以 8 折卖给关系户，开具普通销货发票：销售价格 46 400 元，已收取款项。（已知该套家具的生产成本为 35 000 元）

（5）1 月 15 日，将各式家具一批发往省外某家具经销公司代销，该批家具的生产成本为 300 000 元，与代销单位约定代销价格为 580 000 元（与该家具经销公司一直采用代销形式，且每批代销家具均签订代销协议，以实际销售额的 5% 支付代销手续费）。

（6）上月购进的油漆因质量问题，经与销售单位协商，同意退货。1 月 7 日到主管税务机关申请取得《开具红字增值税专用发票通知单》，1 月 18 日取得销售单位开具的红字增值税专用发票：价款 10 000 元，税额 1 600 元，款项尚未收到。

（7）1 月 20 日，生产车间更新改造工程领用自产的产品一批，生产成本为 50 000 元。

（8）1 月 21 日，客户上月委托定制的专用办公用家具已经完工，开具加工费增值税专用发票向客户收取加工费 50 000 元，增值税 8000 元，款项尚未收到。

（9）1 月 25 日，收到税务稽查决定书，稽查发现的部分外购板材（税率 16%）不含税成本价 60 000 元，因火灾毁损，其相应的进项税额应转出补缴增值税。

（10）1 月 31 日，省外某家具经销公司发来代销清单，销售各式家具价款 800 000 元，税额为 128 000 元，汇款 928 000 元已到账，开具增值税专用发票。

要求：做出每一笔经济业务相应的会计分录，计算出本月应缴纳的增值税。

五、实训题

（一）实训目的：

1. 掌握小规模纳税人应纳增值税的计算；

2. 掌握增值税的账务处理；

3. 掌握小规模纳税人增值税纳税申报表的填制。

（二）实训资料：

中天通利公司为增值税小规模纳税人，纳税人识别号：410101195806152581；经营地址：郑州市中原西路 299 号，法人代表：王大伟，财务负责人：张宝强；2019 年 1 月份发生以下经济业务：

1. 1 月 2 日，购入 A 材料一批，取得增值税专用发票，注明价款 200 000 元，税额 32 000 元。款项已付，材料已入库。

2. 1 月 3 日，购入 B 材料一批，取得普通发票，价款 150 000 元，材料已入库，货款未付。

3. 1 月 5 日，支付上月水电费。取得增值税专用发票，其中电费金额 10 000 元，税额 1 600 元；水费金额 2 000 元，税额 120 元。

4. 1 月 10 日，将自产的产品通过政府民政部门捐给希望小学，该批产品的账面价值 80 000，销售价格 100 000 元。

5. 1 月 11 日销售产品一批，由税务机关代开增值税专用发票，发票上注明价款 500 000 元。货已发，款已收。

6. 1 月 20 日将自产的产品作为春节福利发放给职工，该批产品的账面成本为 10 000 元，市场不含税价格为 15 000 元。

（三）要求：

1. 进行以上业务的会计处理；

2. 计算本月应纳的增值税；

3. 填制纳税申报表。

增值税纳税申报表（适用于增值税小规模纳税人）

纳税人识别号：| | | | | | | | | | | | | | | | | | | |

纳税人名称（公章）：　　　　　　　　　　　　　　　　金额单位：元（列至角分）

税款所属期：　　年　月　日至　　年　月　日　　　　　　填表日期：　年　月　日

项目		栏次	本期数		本年累计	
			应税货物及劳务	应税服务	应税货物及劳务	应税服务
一、计税依据	（一）应征增值税不含税销售额	1				
	税务机关代开的增值税专用发票不含税销售额	2				
	税控器具开具的普通发票不含税销售额	3				
	（二）销售使用过的应税固定资产不含税销售额	4（4≥5）				
	其中：税控器具开具的普通发票不含税销售额	5				
	（三）免税销售额	6（6≥7）				
	其中：税控器具开具的普通发票销售额	7				
	（四）出口免税销售额	8（8≥9）				
	其中：税控器具开具的普通发票销售额	9				
二、税款计算	本期应纳税额	10				
	本期应纳税额减征额	11				
	应纳税额合计	12=10-11				
	本期预缴税额	13				
	本期应补（退）税额	14=12-13				

纳税人或代理人声明：此纳税申报表是根据国家税收法律的规定填报的，我确定它是真实的、可靠的、完整的。	如纳税人填报，由纳税人填写以下各栏：
	办税人员（签章）：　　　　财务负责人（签章）：
	法定代表人（签章）：　　　　　　联系电话：
	如委托代理人填报，由代理人填写以下各栏：
	代理人名称：　　　经办人（签章）：　　　　联系电话：
	代理人（公章）：

受理人：　　　　　　　　　　　　　　　　　　　受理日期：　年　月　日

受理税务机关（签章）：

第三章　消费税核算

【学习目标】

知识目标

1. 了解消费税的概念、特征、纳税期限与纳税地点。
2. 掌握消费税的纳税人与纳税范围；熟悉消费税的税目、税率。

技能目标

1. 能正确进行消费税的计算。
2. 熟练进行消费税的账务处理和熟悉消费税报表的编制。

第一节　消费税相关知识

一、消费税的概念和特点

消费税属于流转税，是对特定消费品和消费行为在特定环节征收的一种间接税。消费税的征收具有如下五个特点：

第一，征收范围具有选择性。消费税属于选择性商品税，只选择部分消费品和消费行为征收。

第二，征收环节具有单一性。征税环节单一，现行消费税一般选择在出厂销售或进口环节征税。

二、消费税的纳税人与纳税范围

消费税的纳税人是在我国境内生产、委托加工和进口税法规定的应税消费品的单位和个人。即纳税人必须是在我国“境内”从事活动；纳税人从事的活动必须涉及《中华人民共和国消费税暂行条例》规定的应税消费品，两者缺一不可。

【知识链接】

金银首饰消费税的纳税人是指在我国境内从事金银首饰零售业务的单位和个人。生产、进口和批发金银首饰的单位及个人不纳税。金银首饰的零售业务是指将金银首饰销售给中国人民银行批准的金银首饰生产、加工、批发、零售单位以外的单位和个人的业务。

根据我国的经济发展状况和消费政策，人民群众的消费水平和消费结构以及公共财政收入的需要，并借鉴国外的经验和通行做法，我国现行消费税的纳税范围包括四类消费品：

第一类：过度消费会对人类健康、社会秩序、生态环境等造成危害的特殊消费品，如烟、酒、鞭炮、焰火。

第二类：奢侈品、非生活必需品，如化妆品、贵重首饰及珠宝玉石。

第三类：高能耗及高档消费品，如小汽车、摩托车。

第四类：不可再生和替代的石油类消费品，如汽油、柴油。

【想一想】下列各项是否应纳消费税的物品？

服装　小轿车　护肤品　高档化妆品　汽车轮胎　高尔夫球及球具

电池　摩托车　烟火　白酒　卷烟　烟丝　油漆　木制一次性筷子

三、消费品的税目与税率

（一）税目

消费税按产品类别共设置 15 个税目，若干个子目。它们是：①烟税；②酒和酒精税；③化妆品税；④高尔夫球及球具税；⑤高档手表税；⑥游艇税；⑦木制一次性筷子税；⑧实木地板税；⑨ 贵重首饰和珠宝玉石税；⑩鞭炮、焰火税；⑪成品油税，包括汽油、柴油、石脑油等子目；⑫摩托车税；⑬小汽车税（包括乘用车、中轻型商用客车）；⑭电池；⑮涂料。

（二）税率

现行消费税实行从价比例税率、从量定额税率和复合计税等 3 种税率。消费税税目税率如表 3-1 所示。

表 3-1　　消费税税目税率表

税目		税率（税额）
一、烟	1. 卷烟	
	（1）甲类卷烟（生产） 每标准条（200 支）不含增值税调拨价格≥70 元	比例税率 56%加定额税率 0.003 元/支或 150 元/标准箱（50 000 支）
	（2）乙类卷烟（生产） 每标准条（200 支）不含增值税调拨价格<70元	比例税率 36%加定额税率 0.003 元/支或 150 元/标准箱（50 000 支）
	（3）商业批发	11%+0.005 元/支
	2. 雪茄烟	36%
	3. 烟丝	30%

表3-1(续)

税目		税率（税额）
二、酒及酒精	1. 白酒（500 克=1 斤）	20%加 0.5 元/500 克（或者 500 毫升）
	2. 黄酒	240 元/吨
	3. 啤酒	
	类啤酒（≥3 000 元）	250 元/吨
	类啤酒（<3 000 元）	220 元/吨
	4. 其他酒	10%
	5. 酒精	5%
三、高档化妆品		15%
四、高尔夫球及球具		10%
五、高档手表（不含增值税销售价格≥10 000 元/每只）		20%
六、游艇		10%
七、木制一次性筷子		5%
八、实木地板		5%
九、贵重首饰及珠宝玉石	1. 金银首饰、铂金首饰和钻石及钻石饰品	5%（零售环节）
	2. 其他贵重首饰和珠宝玉石	10%（生产环节）
十、鞭炮烟火		15%
十一、成品油	1. 汽油、石脑油、润滑油、溶剂油	1.52 元/升
	2. 柴油、燃料油、航空煤油（暂缓征收）	1.2 元/升
十二、摩托车	（1）气缸容量在 250 毫升	3%
	（2）汽缸容量在 250 毫升（含）以上的	10%
十三、小汽车	1. 乘用车	
	（1）气缸容量在 1.0 升（含 1.0 升）以下的	1%
	（2）汽缸容量在 1~1.5 升（含）升的	3%
	（3）汽缸容量在 1.5~2.0 升（含）的	5%
	（4）汽缸容量在 2.0~2.5 升（含）的	9%
	（5）汽缸容量在 2.5~3.0 升（含）的	12%
	（6）汽缸容量在 3.0~4.0 升（含）的	25%
	（7）汽缸容量在 4.0 升以上的	40%
	2. 中轻型商用客车	5%
	3. 超豪华小汽车	按子税目 1 和子税目 2 的规定征收 零售环节加征消费税 10%
十四、电池		4%

表3-1(续)

税目	税率（税额）
十五、涂料	4%

注：(1) 在零售环节交税的金银首饰、钻石、钻石饰品在生产、批发、进口环节不交消费税。其他在进口环节、生产（出厂环节；特殊为移送环节）交消费税的消费品在之后批发、零售环节不再交纳消费税。

(2) 镀金（银）、包金（银）首饰，以及镀金（银）、包金（银）的镶嵌首饰（简称非金银首饰），仍在生产销售环节按10%征收消费税。

(3) 表中摩托车、小汽车的气缸在容量指排气量，摩托车气缸容量250ml以下的不再征收。

(4) 无汞原电池、金属氢化物镍蓄电池、锂原电池、锂离子蓄电池、太阳能电池、燃料电池和全钒液流电池免征。

(5) 施工状态下挥发性有机物（Volatile Organic Compounds，VOC）含量低于420克/升（含）的免征。

(6) 自2016年12月1日起，对超豪华小汽车即每辆零售价格130万元（不含增值税）及以上的乘用车和中轻型商用客车在生产（进口）环节按现行税率征收消费税基础上，在零售环节加征消费税，税率为10%。将超豪华小汽车销售给消费者的单位和个人为超豪华小汽车零售环节纳税人。

超豪华小汽车零售环节消费税应纳税额计算公式：

应纳税额=零售环节销售额（不含增值税，下同）×零售环节税率

国内汽车生产企业直接销售给消费者的超豪华小汽车，消费税税率按照生产环节税率和零售环节税率加总计算。消费税应纳税额计算公式：

应纳税额=销售额×（生产环节税率+零售环节税率）

(7) 高档化妆品包括高档美容、修饰类化妆品、高档护肤类化妆品和成套化妆品。是指生产（进口）环节销售（完税）价格（不含增值税）在10元/毫升（克）或15元/片（张）及以上的美容、修饰类化妆品和护肤类化妆品。

四、消费税的时间和纳税地点

（一）纳税环节与纳税义务的确认

消费税纳税义务的确认如表3-2所示。

表3-2　　消费税纳税义务的确认表

销售方式	纳税义务发生时间
赊销和分期收款	为书面合同约定的收款日期的当天，无书面合同的或者书面合同没有约定收款日期的，为发出应税消费品的当天；
预收货款	发出应税消费品的当天
托收承付和委托银行收款	发出应税消费品并办妥托收手续的当天
其他结算方式	收讫销售款或者取得索取销售款的凭据的当天
自产自用	为移送使用的当天
委托加工	为纳税人提货的当天
进口应税消费品	报关进口的当天

（二）纳税时间

消费税的纳税时间与增值税相同，分别为 1 日、3 日、5 日、10 日、15 日、1 个月或 1 个季度，纳税人进口应税消费品，应当自海关填发海关进口消费税专用缴款书之日起 15 日内申报缴纳税款。

（三）纳税地点

纳税人销售的应税消费品、自产自用的应税消费品，除国家另有规定者外，均应在纳税人核算地的主管税务机关申报纳税，即采用属地主义原则。

委托加工的应税消费品，当受托方为个体业户时，由委托方在其核算地申报纳税，除此之外，均由受托方向其所在地的主管税务机关申报纳税。

纳税人的总机构与分支机构不在同一县（市）的，应当分别向各机构所在地的主管税务机关申报缴纳。

进口的应税消费品，由进口人或其代理人向报关地海关申报纳税。

纳税人到外县（市）销售或委托外县（市）代销自产应税消费品的，于应税消费品销售后，回纳税人核算地或所在地缴纳税款。

【知识拓展】

消费税与增值税的区别见表 3-2：

表 3-2　　消费税与增值税的区别

差异方面	增值税	消费税
征税范围	（1）销售或进口的货物 （2）提供加工、修理修配劳务 （3）提供应税服务	（1）生产应税消费品 （2）委托加工应税消费品 （3）进口应税消费品 （4）零售应税消费品
纳税环节	多环节征收，同一货物在生产、批发、零售、进出口多环节征收	纳税环节相对单一：在零售环节交税的金银首饰、钻石、钻石饰品在生产、批发、进口环节不交消费税。其他在进口环节、生产（出厂环节、特殊为移送环节）交消费税的消费品在之后批发、零售环节不再交纳消费税
计税依据	只有从价定率	从价定率、从量定额、复合计税
与价格的关系	价外税	价内税
税收收入的归属	进口环节海关征收的增值税的全部属于中央；其他环节收入由中央地方共享	中央税

第二节　消费税应纳税额的计算

一、消费税基本计税方法

现行消费税实行从价比例税率、从量定额税率和复合计税等 3 种税率（见表 3-3）。

表 3-3　　消费税税率及计算公式表

征税方式	范围	计算公式
从量定额	啤酒、黄酒、成品油	应纳税额=应税销售数量×单位税额
从价比例	其他应税消费品	应纳税额=应税销售额×比例税率
复合计税	卷烟、白酒	应纳税额=应税销售数量×单位税额+应税销售额×比例税率

【知识链接】

从高适用税率的情形

（1）纳税人兼营不同税率的应税消费品，未分别核算的，按最高税率征税；

（2）纳税人将应税消费品与非应税消费品以及适用税率不同的应税消费品组成成套消费品销售的，应根据组合产制品的销售金额按应税消费品中适用最高税率的消费品税率征税。

【选一选】：纳税人将应税消费品与非应税消费品以及适用税率不同的应税消费品组成成套消费品销售的，应按（　　）。

A. 应税消费品的平均税率计征　　B. 应税消费品的最高税率计征

C. 应税消费品的不同税率，分别计征　　D. 应税消费品的最低税率计征

【答案】B

（一）从量定额计税

现行消费税对黄酒、啤酒、成品油等税目实行定额税率。实行从量定额征税办法的消费品，其应纳税额的计算公式为：

应纳消费税额=销售数量×单位税额

公式中的销售数量是纳税期的销售数量，具体指：

【知识链接】

税法规定，黄酒、啤酒是以吨为税额单位，成品油是以升为税额单位的。但考虑在实际销售过程中，销售单位往往混用，为了准确计算应纳税额，税法具体规定了吨与升两个计量标准的换算（见图 3-1）：

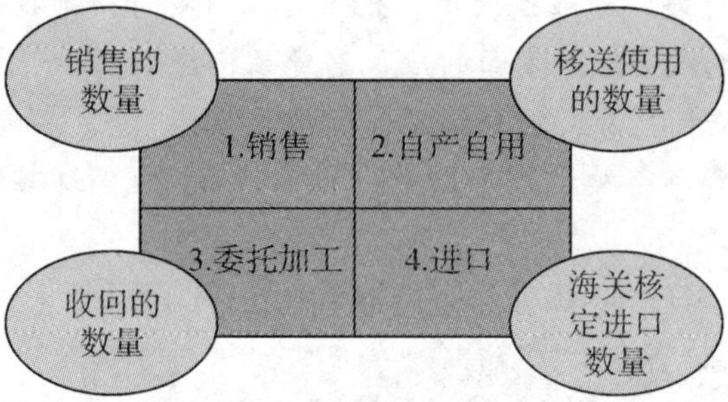

图 3-1

啤酒 1 吨=988 升 黄酒 1 吨=962 升　汽油 1 吨=1 338 升

柴油 1 吨=1 176 升　石脑油 1 吨=1 385 升　溶剂油 1 吨=1 282 升

润滑油 1 吨=1 126 升　燃料油 1 吨=1 015 升　航空煤油 1 吨=1 246 升

【例 3-1】中原石油公司 5 月份采购原油 100 吨，委托华强炼油厂加工成无铅汽油 30 吨，计算应纳消费税额。

【解】应纳消费税税额=30 吨×1 338 升/吨×1. 2 元/升=48 168（元）

（二）从价定率计税

从价定率计税的消费品是指对除黄酒、啤酒、成品油、卷烟和白酒消费品以外的其他消费品进行计税的消费品。现行消费税实行消费税和增值税交叉征收，消费税实行价内税，增值税实行价外税，由此决定了实行从价定率征收的消费税，其消费税税基与增值税税基是一致的，即都是以含消费税而不含增值税的销售额作为计税基数。其计算公式为：

应纳消费税额=应税消费品的销售额×比例税率

销售额是纳税人销售应税消费品向购买方收取的全部价款和价外费用。价外费用所包括的内容，与增值税相同。

消费税一般没有减免税规定，但国家从节省资源、减少污染、保护环境等方面考虑，也可以制定减免税的政策。现行对生产销售达到低污染排放限值的小轿车、越野车和小客车减征 30%的消费税，其计算公式为：

减征税额=按法定税率计算的消费税额×30%

应缴税额=按法定税率计算的消费税额-减征税额

或=按法定税率计算的消费税额×（1-30%）

【知识拓展】

一般，消费税销售额，同增值税销售额，但以下几种情况例外：

（1）啤酒，要将包装物及押金并入销售额（作为出厂价格），在判断从量计征档次时用到，计算税金时不再使用销售额，而是使用销售数量。而增值税中，啤酒包装物押金是否计入销售额要视具体情况而定。

（2）对于视同销售行为，一般按同类应税消费品市场价格计税，但对纳税人用于换取生产资料、消费资料、抵偿债务等方面的应税消费品，应当以纳税人同类应税消费品的最高销售价格作为计税依据计算应交消费税。而增值税只按平均售价计税。

（3）将自产应税消费品连续生产非应税消费品环节，生产环节缴纳消费税，但不缴纳增值税。

（4）应税消费品复合计税的从价部分同增值税组成计税价格，但是消费税还要加上从量部分。因此复合计税消费品的销售额与增值税不同。

【例3-2】依莲化妆品厂依莲牌高级化妆品唇膏，平均销售价格（不含增值税，下同）1 800元/箱（10支装）；最高销售价格2 200元/箱，当月将100箱依莲牌唇膏用于换取一批生产材料，计算消费税、增值税的销项税额。

【解】应纳消费税＝2 200×100×15%＝33 000（元）

增值税销项税额＝2 200×100×16%＝35 200（元）

【知识链接】

企业用外购已税消费品生产销售的应税消费品，准予从应缴纳消费税税额中扣除外购已税消费品已纳税额。如外购或委托加工收回的已税烟丝、化妆品、鞭炮烟火、珠宝玉石等为原料，继续加工生产的卷烟、化妆品、鞭炮烟火、贵重首饰及珠宝玉石等消费品，在其销售时，准予从应消费税税额中扣除外购应税消费品已纳消费税税款。

当期准予扣除外购应税消费品已纳消费税税款，在计税时按当期生产领用量计算，计算公式如下：

当期准予扣除的外购应税消费品买价＝期初库存的外购应税消费品买价＋当期购进应税消费品的买价－期末库存的外购应税消费品买价

当期准予扣除的外购应税消费品应纳税额＝当期准予扣除的外购应税消费品买价×外购应税消费品适用税率

【例3-3】山花烟卷烟厂8月份外购烟丝价款500 000元，月初库存外购已税烟丝150 000元，月末库存外购已税烟丝90 000元。当月准予抵扣的外购应纳消费品已纳税额计算如下：

【解】

当月准予扣除的外购应税消费品买价＝150 000＋500 000－90 000＝560 000（元）

当月准予扣除的外购应税消费品已纳税额＝560 000×30%＝168 000（元）

（三）从价定率与从量定额复合计税

复合计税方法是从价定率与从量定额相结合，计算应纳税额的一种计税方法。实行这种计税办法的是卷烟和白酒。其计税公式为：

应纳消费税额＝销售数量×定额税率＋销售额×比例税率

卷烟计税中的计税依据（销售额）为卷烟的调拨价格或核定价格。实际销售价格高于计税价格或核定价格的卷烟，按实际销售价格计税；低于时，按计税价格或核定价格计税。

【例 3-4】3 月份，山花卷烟厂从新星厂购进烟丝，取得增值税专用发票，注明价款 100 万元；全部用于生产甲类卷烟，本月销售卷烟 100 箱（标准箱），取得不含税销售额 2 500 000万元。已知：甲类卷烟消费税税率为 56%加 150 元/标准箱、烟丝消费税税率为 30%，当月该卷烟厂应纳消费税税额为多少万元?

【解】

当月的消费税税额＝150×100+2 500 000×56%＝1 415 000（元）

可扣的消费税税额＝1 000 000×30%＝300 000（元）

当月应缴纳的消费税额＝1 415 000−300 000＝1 115 000（元）

【例 3-5】冰雪酒厂 9 月份对外销售白酒 100 吨，单价 5 000 元/吨，已开出增值税专用发票并收讫款项，计算应缴纳的消费税。

【解】应纳消费税额＝100×2 000×0. 5+100×5 000×20%＝200 000（元）

二、消费税特殊计税方法

（一）企业自产自用应税消费品应纳税额的计算

自产自用就是纳税人生产应税消费品后，不是用于直接对外销售，而是用于连续生产应税消费品或用于其他方面。纳税人自产自用的应税消费品，用于连续生产应税消费品的，不纳税。用于其他方面的，于移送使用时纳税。

“用于连续生产应税消费品的”是指作为生产最终应税消费品的直接材料，并构成最终产品实体的应税消费品。如卷烟厂生产的烟丝，再用于本厂连续生产出卷烟。

“用于其他方面”是指纳税人用于生产非应税消费品和在建工程，管理部门，非生产机构以及用于馈赠、赞助、集资、广告、样品、职工福利、奖励等方面的应税消费品。

纳税人应按照生产同类消费品的销售价为计税依据。若没有同类消费品的销售价格，则可按组成计税价格计算纳税。组成计税价格计算公式如下：

$$组成计税价格=\frac{成本+利润}{1-消费税税率}$$

或　组成计税价格=成本+利润+消费税

或　组成计税价格=成本（1+成本利润率）/（1-消费税税率）

若是复合计税，则公式为：

$$组成计税价格=\frac{成本+利润+自产自用数量\times定额税率}{1-消费税比例税率}$$

“同类消费品的销售价格”，指纳税人当月销售的同类消费品的销售价格，如果当月同类消费品各期销售价格不同，应按销售数量加权平均计算。但销售价格明显偏低又无正当理由或无销售价格的，不得列入加权平均计算。如果当月无销售或者当月未完结，应按照同类消费品上月或最近月份的销售价格计算纳税。

自产自用应税消费品应纳消费税额的有关计算公式如下：

应纳消费税=纳税人生产同类消费品销售额×消费税税率

或=组成计税价格×消费税税率

【知识链接】

表 3-4　　消费税与增值税组成计税价格对比表

应税消费品	消费税组成计税价格	增值税组成计税价格
从价计税	成本×（1+成本利润率）÷（1-消费税率）	成本×（1+成本利润率）+消费税　或：成本×（1+成本利润率）÷（1-消费税率）
从量计税	不组价，从量计征	
复合计税	（成本+利润+自产自用数量×定额税率）÷（1-消费税税率）（注：要加上定额税）	（成本+利润+自产自用数量×定额税率）÷（1-消费税率）
不缴消费税的	不计税	成本×（1+成本利润率）

【例 3-6】东风汽车厂将自制小轿车（汽缸容量 2 000 毫升）一辆，转作自用，该种汽车对外销售价格 230 000 元。其应纳消费税额为多少？

【解】应纳消费税额=230 000×5%=11 500（元）

如果该自用轿车没有同类消费品的销售价格，其生产成本为 180 000 元，成本利润率 10%，则其组成计税价格计算如下：

消费税组成计税价格=180 000×（1+10%）÷（1-5%）=208 421. 05（元）

应缴消费税税额=208 421. 05×5%=10 421. 05（元）

增值税组成计税价格=180 000×（1+10%）+10 421. 05=208 421. 05（元）

应缴增值税税额=208 421. 05×16%=33 347. 37（元）

【例 3-7】某摩托车厂将 10 辆自产摩托车奖励性发给优秀职工，其成本 2 800 元/辆，成本利润率 10%，适用消费税税率 10%，计算消费税和增值税销项税额。

【解】

组成计税价格=2 800×10×（1+10%）÷（1-10%）=34 222. 22（元）

消费税=34 222. 22×10%=3 422. 22（元）

增值税销项=34 222. 22×16%=5 475. 56（元）

【知识链接】

白酒消费税最低计税价格核定管理办法：自 2009 年 8 月 1 日起，对计税价格偏低的白酒核定消费税最低计税价格。白酒生产企业销售给销售单位的白酒，生产企业消费税计税价格低于销售单位对外销售价格（不含增值税，下同）70%以下的，税务机关应核定消费税最低计税价格。

（二）委托加工应税消费品应纳税额的计算

委托加工应税消费品是指由委托方提供原材料或主要材料，受托方只收取加工费和代垫部分辅助材料进行加工的应税消费品。以下情况，都不得作为委托加工应税消费品，而应当按照销售自制应税消费品缴纳消费税：

（1）由受托方提供原材料生产的应税消费品；

（2）受托方先将原材料卖给委托方，然后再加工的应税消费品；

（3）由受托方以委托方名义购进原材料生产的应税消费品。

税法规定的委托加工行为，受托方必须严格履行代收代缴义务，正确计算和按时代缴税款（若受托方为个体经营者，在委托方收回后，由委托方在所在地缴纳消费税）。在与委托方办理交货结算时，代收代缴消费税。

委托加工应税消费品，按照受托方的同类消费品的销售价格计算纳税。没有同类消费品的销售价格的，按照组成计税价格计税，其计算公式如下：

$$组成计税价格=\frac{材料成本+加工费}{1-消费税税率}$$

若是复合计税，则公式为：

$$组成计税价格=\frac{材料成本+加工费+委托加工数量\times定额税率}{1-消费税比例税率}$$

组成计税价格中的“材料成本”是指委托方所提供加工的材料实际成本。凡未提供材料成本或所在地主管税务机关认为不合理的，税务机关有权重新核定材料成本。“加工费”是受托方加工应税消费品向委托方收取的全部费用（包括代垫的辅助材料实际成本）。

表 3-5 为委托方与受托方的涉税比较：

表 3-5　　委托方与受托方的涉税比较

	委托方	受托方
适用条件	提供原料和主要材料	收加工费和代垫辅料
涉及税种	①购材料：增值税进项税 ②支付加工费：增值税进项税 ③视同自产消费品：缴消费税	①买辅料涉及增值税进项税 ②收取加工费和代垫辅料费涉及增值税销项税
消费税纳税环节	提货时受托方代收代缴（受托方为个人、个体的除外）	交货时代收代缴委托方消费税款
代收代缴后消费税的相关处理	①直接出售的不再纳消费税 ②连续加工后销售的在出厂环节缴纳消费税	及时解缴税款，否则按征管法规定惩处

【例 3-8】A 卷烟厂受 B 卷烟厂委托加工一批烟丝，委托方提供的材料成本 100 000 元，双方协议加工费为 5 000 元，消费税税率为 30%。计算 A 卷烟厂应代收代缴的消费税额。

【解】

组成计税价格 =（100 000+5 000）÷（1-30%）= 150 000（元）

应纳消费税额 = 150 000×30% = 45 000（元）

委托方在向 A 企业付款时，除了按合同规定支付 5 000 元加工费外，还应向其支付 45 000元的消费税。

（三）委托加工收回的应税消费品继续加工应纳税额的计算

若委托加工收回的应税消费品直接出售，不再缴纳消费税。若以委托加工收回的已税烟丝、化妆品、珠宝玉石、鞭炮烟火等为原料，继续加工生产卷烟、化妆品、鞭炮烟火、贵重首饰及珠宝玉石等消费品。销售时，准予从应纳消费税税额中扣除原已纳消费税税款。其计算公式如下：

应纳消费税 = 当期销售额×消费税率-当期准予扣除的委托加工应税消费品已纳税额

当期准予扣除的委托加工应税消费品已纳税额 = 期初库存的委托加工应税消费品已纳税款+当期收回的委托加工应税消费品已纳税款-期末库存的委托加工应税消费品已纳税款

【例 3-9】宝莲日化厂 8 月份委托美新化妆品厂加工宝莲高档 A 牌化妆品，收回时被代扣消费税 4 000 元；委托飘柔化妆品厂加工宝莲高档 B 牌化妆品，收回时被代扣消费税 5 000 元。该厂将两者 A 和 B 混合继续加工生产宝莲二合一高档化妆品出售，当月销售额为 440 000 元，全部开出增值税专用发票。该厂期初库存的委托加工应税消费品已纳税款 2 700 元，期末库存的委托加工应税消费品已纳税款 3 300 元。计算应缴纳的消费税。

【解】

当月准予扣除的委托加工应税消费品已纳税款 = 2 700+（4 000+5 000）-3 300 = 8 400（元）

本月应纳消费税款 = 440 000×15%-8 400 = 57 600（元）

税法规定的委托方加工行为，受托方必须严格履行代收代缴义务，在与委托方办理交货结算时，代收代缴消费税。委托加工应税消费品，按照受托方的同类消费品的销售价格计算纳税。没有同类消费品的销售价格的，按照组成计税价格计税，其计算公式如下：

组成计税价格 =（材料成本+加工费）/（1-消费税比例税率）

若是复合计税，则公式为：

组成计税价格 =（材料成本+加工费+委托加工数量×定额税率）/（1-消费税比例税率）

若委托加工收回的应税消费品直接出售，不再缴纳消费税。若以委托加工收回的应税消费品为原料，继续加工应税消费品的，销售时，准予从应纳消费税税额中扣除原已纳消费税税款。其计算公式如下：

应纳消费税税额=当期销售额×消费税税率-当期准予扣除的委托加工应税消费品已纳税额

当期准予扣除的委托加工应税消费品已纳税额=期初库存的委托加工应税消费品已纳税款+当期收回的委托加工应税消费品已纳税款-期末库存的委托加工应税消费品已纳税款

三、包装物应纳税额的计算

应税消费品的包装物其计税方法有如下：

（1）包装物随同商品销售的，应计税。

（2）包装物不随同产品销售，而是收取押金，以后此包装物一年之内还要收回，则此项押金则不计税。但对逾期（超过一年）未收回的包装物的押金，应计税。

【知识拓展】

对酒类产品生产企业销售酒类产品（不包括啤酒、黄酒）而收取的包装物押金，无论押金是否返还及会计上如何核算，均应计税，即在押金收取时征收消费税和增值税，押金逾期时，不再征收增值税和消费税；啤酒和黄酒的包装物押金，押金收取时，不征收增值税和消费税，押金逾期时，征收增值税，不征收消费税。因为啤酒和黄酒采用从量定额办法征收消费税，应税消费品的计税依据是销售量而不是销售额，征税数额与销售数量有关与销售额无直接关系，因此对于啤酒和黄酒如果发生包装物销售或收取押金均不存在计征消费税问题。

【例 3-10】红星酒厂为一般纳税人，本月向西单天天百货店（小规模纳税人）销售果酒 500kg，开具普通发票上注明金额 93 600 元；同时收取单独核算的包装物押金 2 000 元。计算此业务应纳消费税税额。

【解】酒厂应计算的消费税额为：

应纳消费税税额=（93 600+2 000）÷1. 16×10%=8 241. 38（元）

【例 3-11】红星酒厂本月取得啤酒（甲类）的逾期包装物押金 2 万元，白酒的逾期包装物押金 5 万元。计算增值税销项税及消费税。

【解】由于是啤酒从量计征消费税，所以，啤酒包装物押金逾期时消费税不计算，仅计算增值税。白酒是在收取时计算缴纳增值税及消费税，逾期时不再计算缴纳增值税及消费税。所以，啤酒（甲类）的逾期包装物押金仅计算增值税：

销项税额=20 000÷（1+16%）×16%=2 758. 62（万元）

【例 3-12】雪花啤酒厂销售雪花 A 型啤酒 20 吨给欣欣副食品公司，开具税控专用发票注明价款 58 000 元，收取包装物押金 3 000 元；销售雪花 B 型啤酒 10 吨给鸿运宾馆，开具普通发票收取 32 760 元，收取包装物押金 1 500 元。计算该啤酒厂应缴纳的消费税。

【解】

A 型啤酒的单位售价=（58 000+3 000÷1. 16）÷20=3 029. 31（元/吨）

适用消费税额是250元/吨，应纳消费税额=20×250=5 000（元）

B型啤酒的单位售价=（32 760+1 500）÷1.16÷10=2 953.45（元/吨）

适用消费税额是220元/吨，应纳消费税额=10×220=2 200元

该啤酒厂应缴纳的消费税=5 000+2 200=7 200（元）

【知识链接】

（1）白酒生产企业向商业销售单位收取的“品牌使用费”是随着应税白酒的销售而向购货方收取的，属于应税白酒销售价款的组成部分。

（2）啤酒生产企业销售的啤酒，不得以向其关联企业的啤酒销售公司销售的价格作为确定消费税税额的标准，而应当以其关联企业的啤酒销售公司对外的销售价格（含包装物及包装物押金）作为确定消费税税额的标准，并依此确定该啤酒消费税单位税额。

注意：

①应税消费品连同包装物销售的，无论包装物是否单独计价，也不论在财务上如何核算，均应并入应税消费品的销售额中征收消费税。

②包装物不作价随同产品销售，而是收取押金，此项押金则不应并入应税消费品销售额中征税。但对逾期未收回的包装物不再退还的和已收取一年以上的押金，应并入应税消费品的销售额，按照应税消费品的适用税率征收消费税。

③对既作价随同应税消费品销售的，又另外收取的包装物押金，凡纳税人在规定的期限内不予退还的，均应并入应税消费品的销售额，按照应税消费品的适用税率征收消费税。

④对酒类产品生产企业销售酒类产品（不包括啤酒、黄酒）而收取的包装物押金，无论押金是否返还及会计上如何核算，均应并入酒类产品销售额中征收消费税。

⑤酒类产品的包装物押金（啤酒、黄酒除外），押金收取时征收消费税和增值税，押金逾期时，不再征收增值税和消费税；啤酒和黄酒的包装物押金，押金收取时，不征收增值税和消费税，押金逾期时，征收增值税，不征收消费税。

第三节　消费税的会计处理

按税法规定应缴消费税的纳税人，应在“应交税费”账户下设置“应交消费税”明细账户，用来核算应交、已交和期末未缴数，进行相应的账务处理。该明细账户采用三栏式账户记账，贷方核算企业按规定应缴纳的消费税，借方核算企业实际缴纳的消费税或待扣的消费税；期末，贷方余额表示尚未缴纳的消费税，借方余额表示企业多缴的消费税。企业应缴消费税应记入损益账户“税金及附加”。企业核算应纳的消费税账户之间的关系图如下图3-2：

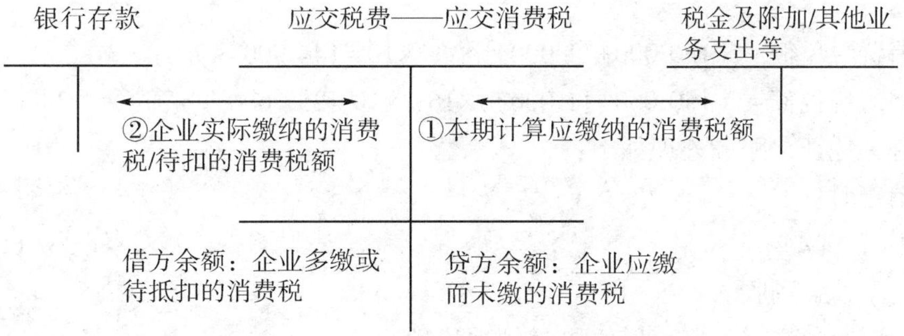

图 3-2

一、一般销售业务的会计处理

企业缴纳的消费税，应记入“税金及附加”“应交税费——应交消费税”等账户，具体分发下几种情况：

（1）销售实现时，按规定计算的应缴消费税，作账务处理如下：

借：税金及附加

　贷：应交税费——应交消费税

发生销货退回及退税时，作相反的账务处理如下。

（2）若销售时收入记入了其他业务收入，则分录为：

借：其他业务成本

　贷：应交税费——应交消费税

（3）若为视同销售，借方记入相应科目：

借：在建工程/销售费用/应付职工薪酬等

　贷：应交税费——应交消费税

（4）实际缴纳消费税时，作账务处理如下：

借：应交税费——应交消费税

　贷：银行存款

【知识链接】

企业生产销售需要缴纳消费税的消费品，同样需要缴纳增值税。增值税采用价外计税的办法，而消费税属价内税，但二者的计税依据是一致的，均为含消费税而不含增值税的销售额。

【例 3-13】东风汽车制造厂 8 月份销售小轿车 10 辆（汽缸容量 2.5 升），出厂价每辆 150 000 元，价外收取有关费用（不含增值税）每辆 11 000 元，计算相应的税金并写出有关的账务处理如下：

【解】

应纳消费税税额 =（150 000+11 000）×9%×10 = 144 900（元）

应纳增值税税额 =（150 000+11 000）×16%×10 = 257 600（元）

根据有关凭证，账务处理如下：

产品销售时：

借：银行存款	1 867 600	
贷：主营业务收入		1 610 000
应交税费——应交增值税（销项税额）		257 600

同时：

借：税金及附加	144 900	
贷：应交税费——应交消费税		144 900

【例 3-14】中烟卷烟厂上月销售卷烟，现因质量问题退货，退回消费税金 14 800 元。写出退货的账务处理如下：

【解】

退货的账务如下：

借：税金及附加	14 800	
贷：应交税费——应交消费税		14 800
借：银行存款	14 800	
贷：应交税费——应交消费税		14 800

二、视同销售业务的会计处理

（一）企业以生产的应税消费品作为投资的会计处理

企业以生产的应税消费品作为投资，应视同销售缴纳消费税，但在会计处理上投资不宜作销售处理。因为投资与销售两者性质不同，投资作价与用于投资的应税消费品账面成本之间的差额应由整个投资期间的损益来承担，而不应仅由投资当期损益承担。现行税法要求作销售处理，主要是基于不影响所得税的计算。

企业在投资移送时，按评估、合同或协议确认价值与按规定计算的增值税、消费税之和，借记“长期股权投资”“存货跌价准备”等，按该应税消费品的账面成本，贷记“库存商品”等，按投资的应税消费品售价或组成计税价格计算的应缴增值税、消费税，贷记“应交税费”；投资作价与用于投资的应税消费品账面成本之间的差额按资本公积处理。

【例 3-15】东风汽车制造厂 7 月份以其生产的 20 辆小轿车（汽缸容量 2.0 升）向出租汽车公司投资。双方协议，税务机关认可的每辆汽车售价为 150 000 元，每辆车的实际成本为 100 000 元，计算增值税和消费税并进行相应的账务处理。

【解】

应缴增值税＝150 000×16%×20＝480 000（元）

应缴消费税＝150 000×5%×20＝150 000（元）

账务处理如下：

借：长期股权投资　　2 630 000

　贷：库存商品　　2 000 000

　　　应交税费——应交增值税（销项税额）　　480 000

　　　　　　　——应交消费税　　150 000

（二）企业以自产应税消费品用于职工福利的会计处理

【例 3-16】雪花啤酒厂将自己生产的啤酒 20 吨发给职工作为福利，10 吨用于广告宣传，让客户及顾客免费品尝。该啤酒每吨成本 2 000 元，每吨出厂价格在 3 000 元以下，进行相应的账务处理。

【解】

应缴消费税＝30 吨×220 元/吨＝6 600 元（未考虑增值税）

计提消费税：

借：应付职工薪酬——福利费　　4 400

　　销售费用　　2 200

　贷：应交税费——应交消费税　　6 600

结转自用啤酒成本：

借：应付福利费　　40 000

　　销售费用　　20 000

　贷：库存商品　　60 000

实际缴纳消费税时：

借：应交税费——应交消费税　　6 600

　贷：银行存款　　6 600

三、包装物应缴消费税的会计处理

包装物与应税消费品一并出售的，若消费品是从量计税，包装物只计增值税，不计消费税；若消费品是从价计税，包装物既计增值税也计消费税。在复合计税时，对从价金额部分，计消费税，对从量部分，不计消费税。具体分以下几种情况：

（1）随同产品销售而不单独计价。因为包装物收入已包括在产品销售收入中，其应纳消费税与产品销售一并进行账务处理。

（2）随同产品销售而单独计价。因为包装物收入记入“其他业务收入”账户，其应纳消费税则应记入“其他业务支出”账户。

（3）出租、出借包装物逾期未收回而没收的押金。按没收的押金计算应缴的增值税、消费税，贷记“应交税费”，扣除应交税费后的余额，贷记“营业外收入”。

【例 3-17】红星酒厂异地销售白酒，包装物单独计价，收取包装费 7 000 元（不含税金），对包装物进行相应的账务处理。

【解】

因销售的是酒类产品，包装物一律按销售计税。应缴的增值税、消费税计算如下：

增值税 = 7 000×16% = 1 120（元）

消费税 = 7 000×20% = 1 400（元）

账务处理如下：

借：应收账款　　8 120

　贷：其他业务收入　　7 000

　　　应交税费——应交增值税（销项税额）　　1 120

借：其他业务支出　　1 400

　贷：应交税费——应交消费税　　1 400

【例 3-18】宝莲日化厂销售高档化妆品一批，出借包装物（周转期半年）收取押金 1 500元。因包装物逾期未归还，而没收押金，对押金进行账务处理。

【解】

增值税 = 1 500÷（1+16%）×16% = 206. 90（元）

消费税 = 1 500÷（1+16%）×15% = 193. 97（元）

账务处理如下：

借：其他应付款　　1 500

　贷：应交税费——应交增值税（销项税额）　　206. 90

　　　应交税费——应交消费税　　193. 97

　　　营业外收入　　1 099. 13

【例 3-19】华强公司销售 A 产品 100 件，成本价 150 元/件，销售价 250 元/件，已开具增值税专用发票。另收取包装物押金 8 000 元，若该 A 产品是征收消费税产品，消费税税率为 10%，对销售及押金进行账务处理。

【解】

销售产品时：

借：银行存款　　29 000

　贷：主营业务收入——A 产品　　25 000

　　　应交税费——应交增值税（销项税额）　　4 000

收取押金时：

借：银行存款　　8 000

　　贷：其他应付款——存入保证金　　8 000

计提消费税时：

借：税金及附加　　2 500

　　贷：应交税费——应交消费税　　2 500

若逾期未退还包装物，没收押金。

则：不含税收入＝8 000÷（1+16%）＝6 896. 55（元）

增值税＝6 896. 55×16%＝1 103. 45（元）

消费税＝6 896. 55×10%＝689. 66（元）

计入账户的收入＝8 000－1 103. 45－689. 66＝6 153. 85（元）

借：其他应付款——存入保证金　　8 000

　　贷：营业外收入——没收押金　　6 206. 89

　　　　应交税费——应交增值税（销项税额）　　1 103. 45

　　　　　　　　——应交消费税　　689. 66

四、委托加工应税消费品的会计处理

委托加工业务收回后可直接用于销售或者连续生产应税消费品。若收回后直接用于销售的，销售时不再缴纳消费税。若收回后用于连续生产应税消费品，按规定已纳消费税款准予抵扣。因此，委托方应将受托方代收代缴的消费税，应借记“应交税费——应交消费税”账户，待收回继续加工后的应税消费品最终销售时，应贷记“应交税费——应交消费税”。委托方按贷方减去借方的差额缴纳消费税。

【例 3-20】中烟卷烟厂委托南方烟厂加工烟丝，两厂均匀一般纳税人。中烟卷烟厂提供烟叶的账面价值 110 000 元，南方烟厂收取加工费 40 000 元，增值税 6 400 元，计算南方烟厂应代扣代缴消费税，对中烟卷烟厂进行账务处理。

【解】

发出材料时：

借：委托加工物资　　110 000

　　贷：原材料　　110 000

支付加工费时：

借：委托加工物资　　40 000

　　应交税费——应交增值税（进项税额）　　6 400

　　贷：银行存款　　46 400

支付代扣代缴消费税时：

代扣代缴消费税＝（110 000+40 000）÷（1−30%）×30%＝64 286（元）

借：委托加工物资　　64 286

　　贷：银行存款　　　　　　　　　　　　　　　　　　　　　　64 286

加工的烟丝入库时：

借：库存商品　　　　　　　　　　　　　　　　　　　　214 286

　　贷：委托加工物资　　　　　　　　　　　　　　　　　　　214 286

烟丝销售时，不再缴纳消费税。

【例 3-21】仍以上例为例，假定委托加工后的烟丝，中烟卷烟厂尚需要再加工成卷烟，对中烟卷烟厂的进行账务处理。

【解】

发出材料、支付加工费：账务处理如下：同前。

支付代扣消费税时：

借：待扣税金——待扣消费税　　　　　　　　　　　　　64 286

　　贷：银行存款　　　　　　　　　　　　　　　　　　　　　64 286

加工的烟丝入库时：

借：原材料——烟丝　　　　　　　　　　　　　　　　　150 000

　　贷：委托加工物资　　　　　　　　　　　　　　　　　　　150 000

第四节　消费税纳税申报表的填制

国家税务总局制定了五类消费税纳税申报表：《烟类应税消费品消费税纳税申报表》《酒及酒精消费税纳税申报表》《成品油消费税纳税申报表》《小汽车消费税纳税申报表》《其他应税消费品纳税申报表》（限化妆品、贵重首饰及珠宝玉石、鞭炮焰火、汽车轮胎、摩托车、高尔夫球及球具、高档手表、游艇、木制一次性筷子、实木地板、电池和涂料等消费税纳税人使用）。根据《消费税暂行条例》第十四条的规定，制定消费税纳税申报表，纳税人不论有无销售额，均应按主管税务机关核定的期限（或按次）、按期（或按次）填报申报表，并于次月一日起十五日内，向主管税务机关申报纳税并结清上月应纳税款。下面以烟厂为例来说明如何填制消费税纳税申报表。

【例 3-22】中烟卷烟厂为增值税一般纳税人，纳税人识别号为 41010417003168600000，该厂由会计主管张小伟负责报税和编制纳税申报表。已知该烟厂成本利润率为 10%，烟丝消费税税率为 30%，卷烟消费税定额税率为每箱 150 元，甲类卷烟每标准条对外调拨价格在 70 元以上，比例税率为 56%；乙类卷烟每标准条对外调拨价格在 70 元以下，比例税率 36%，4 月份发生下列经济业务：

（1）4 月 2 日，购进机器设备一台，取得的增值税专用发票注明的价款为 300 000 元，增值税 48 000 元，款项已付，设备已投入使用。

（2）4 月 8 日，购进 A 种烟丝一批，取得增值税专用发票注明的价款为 100 000 元，增值税 16 000 元，款项已付，材料已验收入库。A 种烟丝本月有一半被生产甲、乙两种卷烟所耗用。

（3）4 月 15 日，购进 B 种烟丝一批，取得的增值税专用发票注明的价款为 40 000 元，增值税 6 400 元，款项已付，材料尚未入库。

（4）4 月 18 日，接受某公司投资转入材料一批，取得的增值税专用发票注明的价款为 100 000 元，增值税 16 000 元，材料已验收入库。

（5）4 月 20 日，以自己生产的乙种卷烟 2 箱，每箱售价（不含增值税）15 000 元，成本价 10 000 元，赠送友好单位。

（6）4 月 25 日，销售自己生产的甲种卷烟 6 箱，每箱单价 20 000 元，成本 15 000 元，开具增值税专用发票。

（7）4 月 26 日，将收购的烟叶 100 000 元发往郑新卷烟厂（纳税人识别号：41018417043062800000），委托其加工烟丝，支付加工费 10 000 元，增值税 1 600 元，郑新卷烟厂无同类烟丝的销售价格。

（8）4 月 28 日，将上述委托加工收回的烟丝直接出售，取得价款 180 000 元，增值税 28 800 元。

要求：确定卷烟厂应缴纳多少消费税；张伟如何填写消费税纳税申报表？

【解析】

（1）本月允许扣减的已领用烟丝消费税 = 100 000×30%×50% = 15 000（元）

（2）将乙种卷烟送友好单位，应作视同销售计算应纳的消费税。

赠送乙类卷烟应纳消费税 = 15 000×2×36%+300 = 11 100（元）

（3）销售甲类卷烟应纳消费税 = 20 000×6×56%+150×6 = 67 200+900 = 68 100（元）

（4）委托加工烟丝应纳消费税 =（100 000+10 000）÷（1−30%）×30% = 47 142.86（元）

（5）本月应纳消费税合计 = 11 100+68 100+47 142.86−15 000 = 111 342.86（元）

账务处理如下：

（1）购进机器设备：

借：固定资产　　300 000
　　应交税费——应交增值税（进项税额）　　48 000
　贷：银行存款　　348 000

（2）购进烟丝：

借：原材料——A 烟丝　　100 000
　　应交税费——应交增值税（进项税额）　　16 000
　贷：银行存款　　116 000

本月允许扣减的已领用烟丝的消费税

借：应交税费——应交消费税　15 000

　贷：待扣税金——待扣消费税　15 000

(3)

借：在途物资——B 烟丝　40 000

　　应交税费——应交增值税（进项税额）　6 400

　贷：银行存款　46 400

(4)

借：原材料　100 000

　　应交税费——应交增值税（进项税额）　16 000

　贷：实收资本　116 000

(5) 送友好单位，作视同销售处理

借：管理费用——业务招待费　23 200

　贷：库存商品　20 000

　　　应交税费——应交增值税（销项税额）　3 200

同时，

借：管理费用——业务招待费　11 100

　贷：应交税费——应交消费税　11 100

(6) 销售甲种卷烟

借：银行存款　139 200

　贷：主营业务收入　120 000

　　　应交税费——应交增值税（销项税额）　19 200

借：税金及附加　68 100

　贷：应交税费——应交消费税　68 100

(7) 将收购的烟叶委托加工：

①发出材料：

借：委托加工物资　100 000

　贷：原材料——烟叶　100 000

②支付加工费：

借：委托加工物资　10 000

　　应交税费——应交增值税（进项税额）　1 600

　贷：银行存款　11 600

③支付对方代扣代交的消费税：

借：委托加工物资　47 142. 86

贷：银行存款 47 142.86

④加工的烟丝入库

借：原材料——烟丝 157 142.86

贷：委托加工物资 157 142.86

受托方账务处理：

收取加工费

借：银行存款 11 600

贷：其他业务收入 10 000

应交税费——应交增值税 1 600

收取代扣代缴消费税：

借：银行存款 47 142.86

贷：应交税费——应交消费税 47 142.86

（8）将委托加工收回的烟丝直接出售，不再交纳消费税。

借：银行存款 208 800

贷：主营业务收入 180 000

应交税费——应交增值税（销项税额） 28 800

【报表填制】

纳税申报表填制方法如下表3-6：

表3-6 **烟类应税消费品消费税纳税申报表**①

税款所属期：2016年4月1日至2016年4月30日

纳税人名称（公章）：中烟卷烟厂

纳税人识别号：4 1 0 1 0 4 1 7 0 0 3 1 6 8 6 0 0 0 0 0

填表日期：2016年5月5日

单位：卷烟万支、雪茄烟支、烟丝千克；金额单位：元（列至角分）

项目／消费品名称	适用税率		销售数量	销售额	应纳税额
	定额税率	比例税率			
甲类卷烟	30元/万支	56%	6箱	120 000.00	68 100
乙类卷烟	30元/万支	36%	2箱	30 000.00	11 100
雪茄烟	——	36%			
烟丝	——	30%			

① 本表仅限烟类消费税纳税人使用。本表为A4竖式，所有数字小数点后保留两位。一式两份，一份纳税人留存，一份税务机关留存。

表3-6(续)

项目 / 消费品名称	适用税率		销售数量	销售额	应纳税额
	定额税率	比例税率			
合计	——	——	——	——	79 200

<table>
<tr><td>本期准予扣除税额：</td><td>15 000.00</td><td rowspan="4">声明
此纳税申报表是根据国家税收法律的规定填报的，我确定它是真实的、可靠的、完整的。
经办人（签章）：张小伟
财务负责人（签章）：
联系电话：</td></tr>
<tr><td>本期减（免）税额：</td><td></td></tr>
<tr><td>86 期初未缴税额：</td><td></td></tr>
<tr><td>本期缴纳前期应纳税额：</td><td></td></tr>
<tr><td>本期预缴税额：</td><td></td><td rowspan="4">（如果你已委托代理人申报，请填写）
授权声明
为代理一切税务事宜，现授权（地址）为本纳税人的代理申报人，任何与本申报表有关的往来文件，都可寄予此人。
授权人签章：</td></tr>
<tr><td>本期应补（退）税额：</td><td></td></tr>
<tr><td>期末未缴税额：</td><td>64 200</td></tr>
</table>

以下由税务机关填写

受理人（签章）： 受理日期： 年 月 日 受理税务机关（章）：

烟类应税消费品消费税纳税申报表填表说明

同时还需编制附表本期准予扣除税额计算表 3-7 和受托单位需编制代收代缴税额计算表 3-8：

表 3-7

本期准予扣除税额计算表

税款所属期：2016 年 4 月 1 日至 2016 年 4 月 30 日

纳税人名称（公章）：中烟卷烟厂

纳税人识别号：																				
	4	1	0	1	0	4	1	7	0	0	3	1	6	8	6	0	0	0	0	0

填表日期：2016 年 5 月 5 日　　　　额单位：元（列至角分）

一、当期准予扣除的委托加工烟丝已纳税款计算	15 000
1. 期初库存委托加工烟丝已纳税款	
2. 当期收回委托加工烟丝已纳税款：	
3. 期末库存委托加工烟丝已纳税款	
4. 当期准予扣除的委托加工烟丝已纳税款	15 000
二、当期准予扣除的外购烟丝已纳税款计算	
1. 期初库存外购烟丝买价	
2. 当期购进烟丝买价	
3. 期末库存外购烟丝买价	
4. 当期准予扣除的外购烟丝已纳税款	
三、本期准予扣除税款合计：	15 000

说明：本表作为《烟类应税消费品消费税纳税申报表》的附报资料，由外购或委托加工收回烟丝后连续生产卷烟的纳税人填报。本表为 A4 竖式，所有数字小数点后保留两位。一式两份，一份纳税人留存，一份税务机关留存。

本期准予扣除税额计算表填表说明

表 3-8　　　　　　　　　　本期代收代缴税额计算表

税款所属期：2016 年 4 月 1 日 至 2016 年 4 月 30 日

纳税人名称（公章）：郑新卷烟厂

纳税人识别号：4 1 0 1 8 4 1 7 0 4 3 0 6 2 8 0 0 0 0 0

填表日期：2016 年 5 月 5 日　　　　　　　　　　金额单位：元（列至角分）

项目 \ 应税消费品名称			卷烟	卷烟	雪茄烟	烟丝	合计
适用税率	生产环节	定额税率	30 元/万支	30 元/万支	——	——	——
		比例税率	56%	36%	36%	30%	——
	商业批发环节		5%	5%	——	——	——
受托加工数量							——
同类产品销售价格							——
材料成本						100 000	——
加工费						10 000	——
组成计税价格						157 142.86	——
本期代收代缴税款						47 142.86	

说明：本表作为《烟类应税消费品消费税纳税申报表》的附报资料，由烟类应税消费品受托加工方填报。本表为 A4 竖式，所有数字小数点后保留两位。一式两份，一份纳税人留存，一份税务机关留存。

本期代收代缴税额计算表填表说明

本章小结

（1）消费税是对在我国境内从事生产、委托加工和进口应税消费品的单位和个人征收的一种税。它是对选择特定消费品和消费行为征收的一种流转税。是在特定环节征收的一种间接税。其纳税人是在我国境内生产、委托加工和进口税法规定的应税消费品的单位和个人。

（2）现行的消费品共 15 个税目，税率按产品不同有不同的税率。

（3）消费税的纳税环节是单一纳税环节，一般在出厂销售环节，注意卷烟加了一道批发环节；金银首饰在零售环节。

（4）消费税应纳税额的计算

①基本计税方法

a. 从量定额征收主要指黄酒、啤酒和成品油，主要采用计算公式为：

应纳消费税额=销售数量×单位税额

b. 复合计税征收主要指卷烟、白酒，其计税公式为：

应纳消费税额=销售数量×定额税率+销售额×比例税率

c. 从价定率征税除上述之外的其他消费品的征收。

②特殊计税方法主要是指企业自产自用应税消费品应纳税额的计算、委托加工应税消费品应、委托加工收回的应税消费品继续加工应纳税额的计算以及包装物应纳税额的计算等。

（5）消费税的会计处理

销售货物，计算的消费税：

借：银行存款

　贷：主营业务收入等

　　　应交税费——应交增值税（销项税额）

同时

借：税金及附加

　贷：应交税费——应交消费税

企业上交消费税时：

借：应交税费——应交消费税

　贷：银行存款

消费税及相关条例介绍

中华人民共和国国务院第 539 号令
中华人民共和国消费税暂行条例

中华人民共和国消费税
暂行条例实施细则

财政部国家税务总局关于调整化妆品
消费税政策的通知

基本训练

一、单项选择题

1. 根据消费税法律制度的规定，对部分应税消费品实行从量定额和从价定率相结合的复合计税办法。下列各项中，属于实行复合计税办法的消费品有（　　）。

A. 化妆品　　B. 烟丝

C. 卷烟　　D. 高档手表

2. 某公司将自制产品作为职工福利发放，该产品成本 100 万元，核定的利润 40 万元，适用 30%的消费税税率，则该产品应交消费税（　　）万元。

A. 12　　B. 30

C. 60　　D. 42

3. 根据现行消费税法律制度的规定，纳税人对外购下列已税消费品用于连续生产应税消费品的，其已缴纳的消费税税款不能从应纳的消费税税额中抵扣的是（　　）。

A. 外购已税烟丝为原料生产的卷烟

B. 外购已税珠宝玉石为原料生产的珠宝玉石

C. 外购已税化妆品为原料生产的化妆品

D. 外购已税汽车轮胎生产的小轿车

4. 纳税人将自产的应税消费品用于生产非应税消费品或馈赠、赞助等方面，应在移送使用时纳税，如果没有同类消费品的销售价格，应按照组成计税价格计算纳税，其组成计税价格的计算公式是（　　）。

A. 组成计税价格=成本+利润

B. 组成计税价格=成本+费用

C. 组成计税价格=（成本+利润）÷（1—消费税税率）

D. 组成计税价格=（成本+利润）÷（1+消费税税率）

5. 确定消费税的应税销售额时，不能计入销售额中的项目是（　　）。

A. 消费税　　B. 价外收取的基金

C. 增值税　　D. 包装费

6. A 酒厂 3 月份委托 B 酒厂生产酒精 30 吨，一次性支付加工费 9 500 元。已知 A 酒厂提供原料的成本为 57 000 元，B 酒厂无同类产品销售价格，酒精适用的消费税税率为 5%。则该批酒精的消费税组成计税价格是（　　）元。

A. 50 000　　B. 60 000

C. 70 000　　　　D. 63 333. 331

7. 我国消费税对不同应税消费品采用了不同的税率形式。下列应税消费品种，适用复合计税方法计征消费税的是（　　）。

A. 白酒　　　　B. 酒精

C. 成品油　　　　D. 摩托车

8. 某企业委托酒厂加工药酒 10 箱，该药酒无同类产品销售价格，已知委托方提供的原料成本 2 万元，受托方垫付辅料成本 0. 15 万元，另收取的加工费 0. 4 万元，则该酒厂代收的消费税为（　　）元。（消费税税率为 10%）

A. 2 550　　　　B. 2 833

C. 4 817　　　　D. 8 500

9. 某化妆品厂将其生产的某品牌化妆品作为福利发给本厂职工，该类产品无同类消费品销售价格，生产成本为 12 000 元，成本利润率为 10%，该化妆品适用的消费税税率为 30%，则该厂应缴纳的消费税为（　　）。

A. 960 元　　　　B. 1 008 元

C. 1 088. 64 元　　　　D. 5 657. 14 元

10. 某汽车制造厂（增值税一般纳税人）接受客户定购小汽车 10 辆，收取客户支付的货款（含税）共计 250 800 元，另收设计、改装费 30 000 元。该汽车制造厂计征消费税的销售额是（　　）元。

A. 214 359　　　　B. 240 000

C. 250 800　　　　D. 280 800

11. 某酒厂为增值税一般纳税人，某年 4 月销售白酒 4 000 斤，取得销售收入 13 920 元（含增值税）。已知白酒消费税定额税率为 0. 5 元/斤，比例税率为 20%。该酒厂 4 月应缴纳的消费税税额为（　　）元。

A. 6 229. 92　　　　B. 55 10

C. 5 000　　　　D. 4 400

12. 某化妆品企业为增值税一般纳税人。4 月销售一批化妆品，取得销售收入（含增值税）81 200 元。已知该化妆品适用消费税率为 30%，该化工企业 4 月份应缴纳的消费税税额为（　　）元。

A. 21 000　　　　B. 22 200

C. 24 570　　　　D. 25 770

13. 委托加工的应税消费品，由受托方代收代缴消费税的计税依据应为（　　）。

A. 市场上同类消费品的不含增值税销售价格

B. 受托方同类消费品的不含增值税销售价格

C. 委托方同类消费品的不含增值税销售价格

D. 以（材料成本+加工费）×（1+成本利润率）÷（1-消费税税率）计算出的组成计税价格

14. 某增值税一般纳税人将自产的化妆品一批赠送给某协作企业，生产成本总计为100 000元，假定成本利润率是5%，无市场售价可供参考，该化妆品适用消费税税率为30%，则该企业此项行为应纳增值税销项税额为（　　）元。

A. 17000　　B. 26714.3
C. 18700　　D. 24000

二、多项选择题

1. 根据消费税法律制度的规定，纳税人用于（　　）的应税消费品，应当以纳税人同类应税消费品的最高销售价格作为计税依据计算征收消费税。

A. 换取生产资料　　B. 换取消费资料
C. 投资入股　　D. 抵偿债务

2. 下列情况不得作为委托方加工应税消费品，而应当按销售自制应税消费品缴纳消费税（　　）。

A. 由受托方提供原材料生产的应税消费品
B. 由受托方提供以委托方名义购进原材料生产的应税消费品
C. 受托方先将原材料卖给委托方，然后再接受加工的应税消费品
D. 由委托方提供原材料和主要材料，受托方只收取加工费和代垫部分辅助材料加工的应税消费品

3. 根据《消费税暂行条例》规定，下列货物应当缴纳消费税的有（　　）。

A. 酒厂以福利形式发给职工的药酒
D. 汽车制造商赞助汽车拉力赛的越野车
C. 化妆品厂无偿发放一批小包装的试用品
D. 汽车轮胎厂生产的轮胎

4. 根据《消费税暂行条例》的规定，下列各项中，应征收消费税的有（　　）。

A. 卷烟生产企业生产销售卷烟
B. 日化企业将自产化妆品用于职工福利
C. 外贸企业进口照相机
D. 商业企业的销售摩托车

5. 根据我国的有关规定，纳税人生产下列产品，应当缴纳消费税的有（　　）。

A. 实木地板　　B. 汽油
C. 木制一次性筷子　　D. 贵重首饰

6. 下列各项中，符合消费税纳税地点规定的有（　　）。

A. 委托加工的应税消费品，由委托方向所在地税务机关申报缴纳

B. 进口的应税消费品，由进口人或其代理人向报送地海关申报缴纳

C. 纳税人的总机构与分支机构不在同一县（市）的，分支机构应回总机构申报缴纳

D. 纳税人到外县（市）销售自产应税消费品的，应回纳税人核算地或所在地申报缴纳

7. 根据消费税法律制度的有关规定，纳税人外购和委托加工的特定应税消费品，用于继续生产应税消费品的，已缴纳的消费税税款准予从应纳消费税税额中抵扣，下列各项中，可以抵扣已缴纳的消费税的有（　　）。

A. 外购的已税化妆品用于生产化妆品

B. 委托加工收回的已税玉石用于生产玉石首饰

C. 外购的已税汽车用于改装成小货车

D. 外购的已税烟丝用于生产卷烟

8. 根据消费税法律制度的规定，下列各项中，表述正确的是（　　）。

A. 包装物随同应消费品销售的，无论包装物是否单独计价，也不论会计上如何核算，均应当计入应税消费品的销售额计征消费税

B. 逾期包装物押金应计入销售额，按照应税消费品的适用税率计征消费税

C. 收取1年以上的包装物押金应计入销售额，按照应税消费品的适用税率计征消费税

D. 酒类产品的包装物押金（啤酒、黄酒除外），无论押金是否返还以及会计上如何核算，销售时均应并入销售额计征消费税

9. 对于实行从量定额计税的应税消费品，下列计税依据正确的有（　　）。

A. 自产自用应税消费品的计税依据，为应税消费品的移送使用数量

B. 自产自用应税消费品的计税依据，为应税消费品的全部生产数量

C. 委托加工应税消费品的计税依据，为纳税人收回的应税消费品数量

D. 委托加工应税消费中的计税依据，为纳税人交付的应税消费品数量

10. 下列各项中，应征收消费税的是（　　）。

A. 某商店（一般纳税人）销售的啤酒

B. 某公司委托一日用品加工企业生产的木制一次性筷子

C. 某酒厂生产并销售给批发商的白酒

D. 某盐场将购进的液体盐继续加工成固体盐

三、判断题

1. 纳税人自产自用的应税消费品，均应于移送使用时缴纳消费税。（　　）

2. 委托加工的应税消费品，如果没有同类消费品的销售价格，企业可按委托加工合同上注明的材料成本与加工费之和视为销售价格，计算代收代缴消费税。 （　　）

3. 丙公司委托他人加工产品一批，加工产品耗用材料成本 100 万元，支付加工费 60 万元（不含增值税），消费税 40 万元，双方均为增值税一般纳税人，产品适用 16% 的增值税税率，则该批加工产品应交增值税 27. 2 万元。 （　　）

4. 某摩托车生产企业为增值税一般纳税人，6 月份将生产的某型号摩托车 30 辆，以每辆出厂价 12 000 元（不含增值税）售给自某门市部；门市部又以每辆 16 380 元（含增值税）售给消费者。该摩托车生产企业 6 月应缴纳消费税税额为 42 000 元（摩托车适用消费税税率 10%）。 （　　）

5. 某生产企业本月接受委托加工应税消费品（没有同类消费品销售价格），收取的加工费为 18 万元、增值税 2. 88 万元；委托方提供的原材料成本为 580 万元。该生产企业代收代缴的消费税为 106. 41 万元（应税消费品消费税税率为 15%）。 （　　）

6. 某酒厂（小规模纳税人）通过自设非独立核算门市部以出厂价销售一批自产果酒，开具普通发票上注明销售额 5 000 元，成本 3 000 元，消费税率 15%，其计征消费税的销售额应为 728. 16 元。 （　　）

四、计算及业务题

1. 百泉酒厂为增值税一般纳税人。某年 2 月销售白酒 20 吨，取得销售收入 139 200 元（含增值税）。已知白酒消费税定额税率为每 500 克 0. 5 元，比例税率为 20%。该酒厂 4 月应缴纳的消费税税额为多少元？

2. 某啤酒厂生产销售甲乙两种啤酒，甲啤酒不含增值税价 2 800 元/吨，乙啤酒不含增值税价 2 600 元/吨，两种啤酒均另收取包装物押金 300 元/吨。当月销售甲啤酒 200 吨、乙啤酒 300 吨，应缴多少消费税？

3. 某非标准条卷烟每条 12 包，每包 25 支，不含税调拨价格 70 元/条，则该卷烟每标准箱消费税额是？

4. 百泉酒厂 3 月份委托 B 酒厂生产酒精，一次性支付加工费 19 000 元，百泉酒厂提供原料的成本为 114 000 元，B 酒厂无同类产品销售价格，酒精适用的消费税税率为 5%。则该批酒精的消费税是多少元？

5. 美莲化妆品公司于某年 3 月 8 日将一批自制化妆品用于职工福利，该产品无同类消费品销售价格，该批产品成本为 10 万元，成本利润率为 10%，消费税税率为 30%，该批产品应纳消费税税额为多少万元？

6. 某化妆品厂 A 牌化妆品平均销售价格（不含增值税，下同）20 000 元/箱；最高销售价格 22 000 元/箱，当月将 1 箱 A 牌化妆品用于换取一批生产材料，计算应纳增值税销项税额和消费税。

7. 海马汽车制造公司为增值税一般纳税人，生产销售 A 型的小汽车，出厂不含税单价为每辆 90 000 元，该小轿车的消费税税率 5%。某年 1 月份购销情况如下：

（1）向当地汽车贸易中心销售 80 辆，并开具增值税专用发票，汽车贸易中心当月付清货款。

（2）向外地特约经销点销售 50 辆，货款两清，开具增值税专用发票。同时并支付给运输单位 8 360 元，取得运输单位开具的货运增值税发票上注明运费 7 600 元，增值税 760 元；取得的运费发票已于当月通过税务机关的比对。

（3）逾期仍未收回的包装物押金 70 200 元，计入销售收入。

（4）从小规模纳税人处购进小轿车零件 90 000 元，取得增值税普通发票。

（5）购小轿车零部件、原材料，取得防伪税控增值税专用发票上注明的价款为 5 800 000 元，税款为 928 000 元；取得的专用发票已于当月向税务机关申请并通过认证。

（6）本月共向客户收取提车加急费 120 000 元。

要求：根据上述资料及税法相关规定：

（1）计算该厂当月增值税销项税额；

（2）计算该厂当月可抵扣的增值税进项税额；

（3）计算该厂当月应纳增值税；

（4）计算该厂当月应纳消费税；

（5）写出每笔业务的会计分录。

五、实训题

（一）实训目的

1. 掌握消费税的计算；

2. 掌握消费税的账务处理；

3. 能准确编制消费税纳税申报表。

（二）实训资料

欣欣化妆品有限公司是增值税一般纳税人，生产 A、B、C 三类不同类型的化妆品，三种化妆品适用的消费税税率均为 30%。该企业的纳税人识别号为：440101741898241000000，财务负责人：王小天，办税人员：李红，公司 2014 年 8 月发生下列应税业务：

1. 本月销售 A 类化妆品 3000 箱，每箱不含增值税价格为 8200 元，增值税 3 936 000元。

2. 销售本企业生产的 B 类化妆品 100 箱，每箱（不含增值税价）5800 元，取得销售额 580 000 元。

4. 国庆节，向全体女职工发放 C 类化妆品 150 套，每套计税价格 300 元。

（三）实训要求：

1. 计算 A、B、C 三类化妆品分别应缴纳的消费税及 10 份应缴纳的消费税。
2. 计算 A、B、C 三类化妆品 10 月份应缴纳的增值税。
3. 写出每笔业务的会计分录、填制消费税纳税申报表（见下表）

其他应税消费品消费税纳税申报表

税款所属期：　　年　月　日至　　年　月　日

纳税人名称（公章）：

纳税人识别号：□□□□□□□□□□□□□□□□□□□

填表日期：　年　月　日　　　　　　　　　　　　　　　　金额单位：元（列至角分）

项目 应税 消费品名称	适用税率	销售数量	销售额	应纳税额
合计	——	——	——	

<table>
<tr><td></td><td rowspan="4">声明
此纳税申报表是根据国家税收法律的规定填报的，我确定它是真实的、可靠的、完整的。
经办人（签章）：
财务负责人（签章）：
联系电话：</td></tr>
<tr><td>本期准予抵减税额：</td></tr>
<tr><td>本期减（免）税额：</td></tr>
<tr><td>期初未缴税额：</td></tr>
<tr><td>本期缴纳前期应纳税额：</td><td rowspan="4">（如果你已委托代理人申报，请填写）
授权声明
为代理一切税务事宜，现授权______（地址）______________为本纳税人的代理申报人，任何与本申报表有关的往来文件，都可寄予此人。
授权人签章：</td></tr>
<tr><td>本期预缴税额：</td></tr>
<tr><td>本期应补（退）税额：</td></tr>
<tr><td>期末未缴税额：</td></tr>
</table>

以下由税务机关填写

受理人（签章）：　　　　　　受理日期：　年　月　日　　　　　受理税务机关（章）：

第四章　关税核算

【学习目标】

知识目标

1. 掌握关税的概念、特点，了解关税的分类。
2. 掌握进出口关税税额的计算。

技能目标

1. 掌握进口、出口关税的会计处理。
2. 会填制进出口企业关税的纳税申报表并缴纳税款。

第一节　关税概述

一、关税的概念与特点

（一）关税的概念

关税是由海关根据国家制定的有关法律，以进出关境的货物和物品为征税对象而征收的一种商品税。所谓“境”指关境，又称“海关境域”或“关税领域”，是国家《海关法》全面实施的领域。关境与国境有时一致有时不一致。国境是一个国家的领土范围，关境是指海关征收关税的领域。通常国境和关境是一致的。但是，当国家在国境内设有自由贸易港、自由贸易区或出口加工时，关境则小于国境；当几个国家组成关税同盟时，成员国之间互相取消关税，对外实行共同的关税税则，就成员国讲其关境大于国境，如欧洲共同体。因此，严格地讲，关税是对进出境的货物和物品征收的税。关税是世界各国普遍征收的一个税种。

我国有关进出口关税的法律、条例等

（二）特点

关税有如下三个特征：一是关税的征税对象是进出关境的货物和物品；二是单一环节

的价外税；三是具有较强的涉外性。

中国近代
关税制度的变革

二、关税的分类

（一）按征税对象标准分类

1. 进口税

海关对进口货物和物品征收的关税，有正税与附税之分。是进口国家的海关在外国商品输入时，对本国进口商所征收的正常关税。进口税是关税中最主要的一种。进口税在外国货物输入关境或国境时征收，或者外国货物从自由港、自由贸易区或保税仓库中提出运往国内市场销售，办理通关手续时征收。

2. 出口税

出口国海关根据关税税则对出口货物和物品征收的关税。是对本国出口的货物在运出国境时征收的一种关税。征收出口税的目的主要是增加财政收入，限制重要的原材料大量输出，保证国内供应，反对跨国公司在发展中国家低价收购初级产品。但征收出口关税会提高以使用该国原材料为主的国外加工产品的生产成本，不利于国际竞争。例如，1975 年 1 月几内亚对铝矾土及其副产品征收特别出口税。

3. 过境税

是指对过境货物（指由境外启运，通过境内继续运往境外的货物）所征收的关税。过境货物一般指外国货物运进一个国家的关境，又原样运出该关境的货物。即该货物运输的起点和终点均在运输所经的国家之外。征收过境税的主要目的是增加国家的财政收入。但目前很少国家征收。

为何鲜有国家
征收过境税?

（二）按征税标准分类

1. 从量税

是以进口商品的重量、长度、容量、面积等计量单位为计税依据。其特点是：税额计算简便，通关手续快捷，并能起到抑制质次价廉商品或故意低瞒价格商品的进口。

2. 复合税

是对某种进口商品同时使用从价和从量计征的一种计征关税的方法。其特点是：既可以发挥从量税抑制低价商品进口的特点，又可以发挥从价税税负合理、稳定的特点。

3. 滑准税

滑准税（Sliding Duties），又称滑动税，是一种关税税率随进口商品价格由高到低而由低到高设置计征关税的方法。其特点是：可保持滑准税商品的国内市场价格的相对稳定，尽可能减少国际市场价格波动的影响。征收这种关税的目的是使该种进口商品，不论其进口价格高低，其税后价格保持在一个预定的价格标准上，以稳定进口国国内该种商品的市场价格，尽可能减少国际市场价格波动的影响。一般是随着进口商品价格的变动而呈反方向变动，即价格越高税率越低。税率为比例税率。

4. 选择税

在税则的同意税目中，定有从价与从量两种税率，正税是由海关选择其中一种计征的一种关税。

滑准税的作用

（三）按征收关税的目的区分

1. 财政关税

指以增加国家财政收入为主要目的而征收的关税。财政关税税率一般较低，税率太高了就可能减少进口，从而使得关税收入降低，达不到增加国家财政收入的目的。

2. 保护关税

指旨在保护本国产业发展而征收的关税。保护关税的直接作用是抵御外来竞争，税率一般较高。当税率高致使国内价格与世界市场价格之差消失甚至进口产品价格高于本国同种产品价格时，可以使得进口行为无利可图而停止，这种关税称为禁止性关税。

3. 收入再分配关税

指用以调节国内各阶层收入而征收的关税。如对奢侈品进口征收高额关税，而对生活必需品进口征收低关税或免征关税；对进口有暴利的商品征收高关税，而对进口低利或无利的商品征收低关税或免征关税。

（四）按关税的特定作用区分（特别关税）

1. 进口附加税

是指对进口产品在按海关税则正常税率征收关税之外加征的为特定目的而设的额外关税。以下一些主要形式也属于进口附加税：

（1）反倾销税：指对实行倾销的进口商品征收的一种进口附加税。其目的是抵制外国商品倾销，保护本国生产和市场。所谓倾销是指一国将产品以低于正常价格输出到另一国市场的行为。

（2）反补贴税：指对于直接或间接接受任何补贴或奖金的外国商品进口所征收的一种进口附加税。其目的在于抵制不公平竞争。所谓补贴是指一国政府对（出口）产品提供直接或间接的现金支付与或实物优惠。

（3）报复关税：指相应于被认定的外国针对本国的贸易行为而对该外国的商品的进口征收加重性或惩罚性关税。

2. 差价税

指按照进口价格和国内价格的差额征收的关税，也叫差额税。差价税没有固定税率，税额随国内外价格差额的变动而变动，在这个意义上，差价税是一种滑动税。差价税与滑动税的区别就在于税额是否等于价格差额。

3. 季节税

是对有季节性特征的商品如鲜活、果品、谷物等制定两种或两种以上的税率，适用于不同的季节。旺季采用高税率，淡季采用低税率，目的是平衡市场供求。

4. 优惠关税

指对进口的全部或部分商品给予特别的低关税或免税待遇，分两大类型：一类是有特定受惠国的优惠关税，包括：最惠国关税、特惠关税等。

另一类是没有特定受惠国的优惠关税，包括：

（1）保税仓库：是一国为应征关税商品的存放而特别设立的仓库，在仓库区内可存放、重新包装或再加工，然后可能免税再出口或纳税进入国内市场。如果这些商品经使用国内原材料进行再加工然后进入国内市场，只对最终产品的进口部分征关税。

（2）自由贸易区（free trade zones）或经济性特区（special economic zones）在许多情况是实行零关税或极低的关税，即外国商品可以免税或低税进入这些地区。

【知识拓展】

（1）关税壁垒：指一国政府以提高关税的办法限制外国商品进口的措施。

（2）非关税壁垒：指除关税以外的一切限制进口的措施，分为直接非关税壁垒和间接非关税壁垒。

直接非关税壁垒——措施有政府采购、海关估价、进口许可制度、配额制等；

间接非关税壁垒——措施有外汇管制、进出口国家垄断、复杂的海关手续、苛刻的卫生安全和技术标准等。

三、关税的征税对象与纳税人

（一）征税对象

关税的征税对象（范围）主要是准许进出境的货物和物品。“货物”是指贸易性商品，既包括从境外采购进口的外国货物，也包括从境外采购进口的原产于中国境内的货物。对原产于我国境内的货物征收进口关税的目的，是为了避免造成国家财力、物力的浪费，尽量减少我国出口货物的进口。进口的“物品”是非贸易性的商品。一般是指入境旅客随身携带的行李和物品、进口的个人邮递物品、各种运输工具上的服务人员携带进口的自用物品、非贸易性入境的物品、馈赠物品以及其他方式入境的个人物品。非贸易性入境的物品，在限量限值内免征进口关税，仅对超过部分征收进口税。

出口税的征税对象是我国出口的货物和物品。但是，我国对大部分的出口商品不征收出口关税，仅对国内需要保护的资源，或与国外差价大的产品征税，如只对国际市场容量有限或者资源有限而国内又有大量需要的商品征收出口关税。对非贸易性出口物品实行限量限值带出的贸易管制制度。例如，出国留学人员随身携带的物品限20千克。

（二）纳税人

关税纳税人为进口货物的收货人，出口货物的发货人，进出境物品的所有人。具体分为：贸物性的商品进口关税的纳税人是经营进口货物的收货人或他们的代理人；非贸易性的商品进口关税的纳税人是入境旅客和运输工具上的服务人员随身携带物品的携带人、进口邮件的收件人、馈赠物品的受赠人、其他方式入境的个人物品的所有人。出口税的纳税人是经营出口货物的发货人或他们的代理人。具体包括外贸出口公司、工贸和农贸结合的出口公司和其他经批准经营出口业务的单位。

关于征税对象与纳税人的案例

四、关税的税则、税目和税率

《海关进出口税则》是根据国家关税政策和经济政策，通过一定的国家立法程序制定公布实施的，对进出口货物和物品的关税税率加以系统分类的一览表。该表结合我国进出口商品的实际，将进出口商品分为 21 类、97 章、6 250 个税目。到 2009 年我国税则税目总数为 7 868 个。

我国关税的税率，是根据促进和保护国内生产，调节对外经济往来和为国家建设积累资金等基本政策制定的。根据这些基本国策，制定关税税率时，遵循了以下各项原则：

（1）对进口国家建设和人民生产必需而国内不能生产或供应不足的动植物良种、肥料、饲料、药剂、精密仪器、仪表、关键机械设备和粮食等，制定低税率或免税。原材料的进口税率，一般比半成品、成品低，特别是受自然条件制约、国内生产短期内不能迅速发展的原材料，其税率较低或更低。国内不能生产的或质量未过关的机械设备或仪器、仪表的零件、部件，其进口税率比整机低，以利于国内产品质量和生产技术水平的提高。

（2）国内已能生产和非国计民生必需的物品，制定较高的税率，以限制进口。

（3）国内需要保护的产品和国内外差价大的商品，制定较高的税率，以保护国内产品与外国商品的竞争。

（4）贸易性商品进口税税率采用国际上通用的复式税则，即在一个税目下设普通税率和优惠税率两种。按优惠税率征收的货物，必须是原产于与我国订有关税互惠协议的国家或地区的货物。进口货物的原产国或地区一般用以下四种方法予以确定：

①自然出产、种植、养殖、捕捞、开采或制造该进口货物的国家；

②经过两个以上国家加工、制造的进口货物，以最后一个对货物进行实质性加工国家来确定；

③机器、仪器、器材或车辆所用零配件及工具，与主件同时进口，且数量合理，按主件原产国予以确定，否则按各自原产国确定。

④石油产品以购自国为原产品。进口货物原产地的确定权属于海关。在确定原产地时，海关在必要时可要求申报人提供货物的产地证明书。应税个人自用的汽车、摩托车及其配件、附件按《海关进出口税则》规定的税率征收进口关税。需要注意的是，非贸易性商品征收了进口关税后，不再征收增值税和消费税。

（5）原产地规定

我国采用的原产地标准有两个：全部产地生产标准、实质性加工标准。实质性加工标准是适用于确定有两个或两个以上国家参与的生产的产品的原产国的标准。

“实质性加工”是指产品加工后，在进出口税则中四位数税号一级的税则归类已经有了改变，或者加工增值部分所占新产品总值的比例已超过30%及以上的。

【例4-1】某进出口公司2018年1月份从国外进口20台机械设备。其中，从A国进口12台，到岸价格为1 000万元人民币，从B国进口8台，到岸价格为880万元人民币。A国为与我国订有关税互惠协议的国家，B国为未与我国订有关税互惠协议的国家。计算进口关税时，海关如何选择税率？

【解】本案例中的纳税人从A、B两国进口的机械设备要分别适用优惠与普通两种税率。

根据税法规定，从A国进口的机械设备以到岸价格1 000万元人民币为完税价格适用优惠税率计算关税；从B国进口的机械设备以到岸价格880万元人民币为完税价格适用普通税率计算关税。

（一）进口关税税率

进口关税税率分为最惠国税率、协定税率、特惠税率、普通税率、关税配额税率共五种税率，一定时期内可实行暂定税率。对进口商品多数实行从价税，对部分产品实行从量税、复合税、滑准税。

（1）最惠国税率：适用于根据最惠国待遇原则所征收关税的货物，关税税率由最惠国待遇协定所规定，可以是单方减让的关税，也可以是相互减让的关税。

（2）协定税率：适用原产于与我国签订含有关税优惠条款的区域性贸易协定的国家或地区的进口货物。

（3）特惠税率：适用于对特定地从某些国家（地区）进口的全部或部分商品给予特别的低关税或免税待遇的货物。如宗主国与殖民地之间的关税、洛美协定（Lome Convention，欧共体与非洲、加勒比、太平洋国家间的经济贸易协定）关税。我国对老挝、埃塞俄比亚等不发达国家的部分商品实行特惠税率。

（4）普通税率：又称一般关税税率，是对于本国没有签订贸易或经济互惠等友好协定的国家原产的货物征收的非优惠性关税。

（5）关税配额：是一种限制进口货物数量的措施。即对进口货物数量制定一种数量限制，对于凡在某一限额内进口的货物可以适用较低的税率或免税，但对于超过限额后所进口的货物则适用较高或一般的税率。

海关总署明确规定：暂定最惠国税率优于最惠国税率实施；按协定税率、特惠税率进口暂定最惠国税率商品时，从低计征关税；按国家优惠政策进口暂定优惠国税率商品时，按优惠政策计算确定的税率与暂定最惠国税率两者从低计征关税，但不得在暂定最惠国税率基础上再进行减免。

特别关税的应用。特别关税包括报复性关税、反倾销税与反补贴税、保障性关税。是为了对付别国对我国出口货物的歧视，对原产于该国的进口货物征收的特别关税。征收特别关税的货物、适用国别、税率、期限和征收办法，由国务院关税税则委员会决定，海关总署负责实施。

（二）出口关税税率

关税条例规定，出口关税设置出口税率，对出口货物在一定期限内可以实行暂定税率。如 2011 年我国对煤炭、原油、化肥、有色金属等产品以暂定税率的形式征收出口关税。出口关税税率设有普通和优惠之分，它采用差别比例税率，最低 20%，最高 40%。征收出口关税的总原则是既要服从鼓励出口的政策，又要做到能够控制一些商品盲目出口，因而征收的产品只限于少数产品。目前，征收出口关税的有鳗鱼苗、铜、金品、铝、镍、钨、锌等 20 多种商品。

五、关税的减免优惠

关税减免分为法定减免、特定减免、临时减免三种类型。除法定减免税外的其他减免税均由国务院决定。减征关税在我国加入世界贸易组织之前税则规定税率为基准，在我国加入世界贸易组织之后以最惠国税率或者普通税率为基准。

（一）给予法定免征关税的货物、物品

（1）关税税额在人民币 50 元以下的一票货物；

（2）无商业价值的广告品和货样；

（3）外国政府、国际组织无偿赠送的物资；

（4）在海关放行前损失的货物；

（5）进出境运输工具装载的途中必需的燃料、物料和饮食用品。

（6）因故退还的中国出口货物，经海关审查属实，可予免征进口关税，但已征收的出口关税不予退还。

（7）因故退还的境外进口货物，经海关审查属实，可予免征出口关税，但已征收的进口关税不予退还。

（8）无代价抵偿货物，可以免税。

（二）特定减免货物

特定减免税货物是指海关根据国家的政策规定准予减税、免税进口使用于特定地区、特定企业、特定用途的货物。特定地区是指我国关境内由行政法规规定的某一特别限定区域，享受减免税优惠的进口货物只能在这一特别限定的区域内使用。特定企业是指由国务院制定的行政法规专门规定的企业，享受减免税优惠的进口货物只能由这些专门规定的企业使用。特定用途是指国家规定可以享受减免税优惠的进口货物只能用于行政法规专门规定的用途。

其目的是优先发展特定地区经济，鼓励外商在我国的直接投资，促进国有大中型企业和科学、教育、文化、卫生事业的发展。因而，这种关税优惠具有鲜明的特定性，只能在国家行政法规规定的特定条件下使用。

（三）临时减免

指法定减免和特定减免以外的，由海关审批的减免税。由国务院根据《中华人民共和国海关法》，对某个单位、某类商品、某个项目或某批进出口货物的特殊情况，需要对其进出口应税货物特别给予的减免。

临时减免一般必须在货物进出口前，向所在地海关提出书面申请，并随附必要的证明资料，经所在地海关审核后，转报海关总署或海关总署会同国家税务总局、财政部审核批准。

六、关税的征收管理

（一）关税缴纳

（1）申报时间：进口货物自运输工具申报入境之日起 14 日内；出口货物在运抵海关监管区后装货的 24 小时以前。

（2）纳税期限：关税的纳税义务人或其代理人，应在海关填发税款缴纳证的之日起 15 日内向指定银行缴纳。

（3）不能按期缴纳税款，经海关总署批准，可延期缴纳，但最长不得超过 6 个月。

（二）关税强制执行

两种形式：

（1）征收关税滞纳金。

关税滞纳金金额＝滞纳关税税额×滞纳金征收比率（万分之五）×滞纳天数；

（2）强制征收如纳税义务人自海关填发缴款书之日起 3 个月仍未缴纳税款，经海关关长批准，海关可以采取强制扣缴、变价抵缴等强制措施。

（三）关税退还

如遇下列情况之一，可自缴纳税款之日起 1 年内，书面声明理由，连同原纳税收据向海关申请退税，并加计同期银行活期存款利率计算的利息：

（1）因海关误征，多纳税款的；

（2）海关核准免验进口的货物，在完税后，发现有短卸情况，经海关审查认可的；

（3）已征出口关税的货物，因故未装运出口，申报退关，经海关查验属实的。对已征出口关税的出口货物和已征进口关税的进口货物，因货物品种或规格原因原状复运进境或出境的，经海关查验属实的，也应退还已征关税。

（四）关税补征和追征

（1）关税补征，是因非纳税人违反海关规定造成的少征或漏征关税，关税补征期为缴纳税款或货物放行之日起 1 年内。

（2）关税追征，是因纳税人违反海关规定造成少征或漏征关税，关税追征期为进出口货物完税之日或货物放行之日起 3 年内，并加收万分之五的滞纳金。

（五）关税纳税争议

在纳税义务人同海关发生纳税争议时，可以向海关申请复议，但同时应当在规定期限内按海关核定的税额缴纳关税，逾期则构成滞纳，海关有权按规定采取强制执行措施。

第二节　关税完税价格的确定

一、一般货物完税价格的确定

关税完税价格是海关以进出口货物的实际成交价格为基础，经调整确定并应当包括该货物运抵中华人民共和国境内输入地点起卸前的运输及其相关费用、保险费的计征关税的价格。

关税的完税价格是关税税额的计税依据。1992 年 9 月 1 日实施的《海关审定进出口货物完税价格办法》中规定：海关以进出口货物的实际成交价格为基础审定完税价格，实际成交价格是一般贸易项下进口或出口货物的买方为购买该项货物向卖方实际支付或应支付的价格。关税完税价格分为进口货物完税价格和出口货物完税价格。

（一）进口货物的完税价格

进口货物的完税价格是指货物进口缴纳关税时的货物价格。一般是进口货物时以海关审定的成交价格为基础的到岸价格（CIF）为完税价格。就是说确定完税价格时必须以货物的实际成交价格为基础，纳税人向海关申报的价格并不一定是完税价格。只有经过海关审核并接受的申报价格才是完税价格。对于不真实或不准确的申报价格，海关可依法对其价格重新调整或另行估定完税价格。

进口货物的完税价格包括货物的货价、货物运抵我国境内输入地点起卸前的运输及其相关费用、保险费。

进口货物完税价格＝货价+采购费用（包括货物运抵中国关境内输入地起卸前的运输、保险和其他劳务等费用）

具体是指：

（1）由买方从与其无特殊关系的第三方购买的，应当计入的价值为购入价格；

（2）由买方自行生产或者从有特殊关系的第三方获得的，应当计入的价值为生产成本；

（3）由买方租赁获得的应当计入的价值为买方承担的租赁成本；

（4）生产进口货物过程中使用的工具、模具和类似货物的价值，应当包括其工程设计、技术研发、工艺及制图等费用。

如果货物在被提供给卖方前已经被买方使用过，应当计入的价值为根据国内公认的会计原则对其进行折旧后的价值。

1. 应计入完税价格中的项目

下列费用或者价值未包括在进口货物的实付或者应付价格中，应当计入完税价格：

（1）由买方负担的下列费用：①由买方负担的除购货佣金以外的佣金和经纪费。“购货佣金”指买方为购买进口货物向自己的采购代理人支付的劳务费用。“经纪费”指买方为购买进口货物向代表买卖双方利益的经纪人支付的劳务费用。②由买方负担的与该货物视为一体的容器费用；③由买方负担的包装材料和包装劳务费用。

（2）与该进口货物的生产和向中华人民共和国境内销售有关的，由买方以免费或者以低于成本的方式提供并可以按适当比例分摊的料件、部件、零件、工具、模具、消耗材料及类似货物的价款，以及在境外开发、设计等相关服务的费用。

（3）与该货物有关并作为卖方向我国销售该货物的一项条件，应当由买方直接或间接支付的特许权使用费。

（4）卖方直接或间接从买方对该货物进口后转售、处置或使用所得中获得的收益。

2. 不能计入完税价格中的项目

下列费用，如能与该货物实付或者应付价格区分，不得计入完税价格：

（1）厂房、机械、设备等货物进口后的基建、安装、装配、维修和技术服务的费用，但保修费除外。

（2）货物运抵境内输入地点之后的运输费用、保险费和其他相关费用。

（3）进口关税及其他国内税收。

（4）进口人向其境外采购代理人支付的买方佣金。但需要注意的是，货物成交过程中，进口人向卖方支付的佣金应计入完税价格。

（5）卖方付给买方的正常价格回扣。

（6）为在境内复制进口货物而支付的费用。

（7）境内外技术培训及境外考察费用。

到岸价格的确定

（二）出口货物的完税价格

出口货物的完税价格由海关以该货物向境外销售的成交价格为基础审查确定，并应包括货物运至我国境内输出地点装载前的运输及其相关费用、保险费，不包括：

（1）出口关税税额；

（2）支付给国外的佣金，如与货物的离岸价格分列，应予扣除；未分列则不予扣除。

售价中含离境口岸至境外口岸之间的运费、保险费的，该运费、保险费可以扣除。

二、特殊进口货物完税价格的确定

（一）加工贸易内销货物的完税价格

加工贸易进口料件或者其制成品应当征税的，海关按照以下规定审查完税价格：

（1）进料加工进口料件或其制成品（包括残次品）申报内销时，海关以料件的原进口成交价格或与料件相同或类似的货物的进口成交价格为基础审查确定完税价格。

（2）来料加工进口料件或其制成品（包括残次品）申报内销时，海关按照接受内销申报的同时或大约同时进口的，与料件相同或类似的货物的进口成交价格为基础审查确定完税价格。

（3）加工贸易企业加工过程中产生的边角料或副产品申报内销时，海关以其内销价格为基础审查确定完税价格。海关总署或直属海关可以根据市场行情，定期公布有关边角料和副产品的内销计税参考价格（以下简称计税参考价格）。

加工贸易企业可以选择按照内销价格或者计税参考价格向海关申报。加工贸易企业按照计税参考价格申报时海关按照计税参考价格确定完税价格。

（4）保税区、出口加工区内的加工贸易企业申报内销加工贸易制成品时，海关按照接受内销申报的同时或大约同时进口的与制成品相同或类似的货物的进口成交价格为基础审查确定完税价格。

保税区内的加工贸易企业内销的进料、来料加工制成品中，如果含有从境内采购的料件，海关以制成品所含从境外购入料件的原进口成交价格或类似的货物的进口成交价格为基础审查确定完税价格。

（二）运往境外修理的货物

运往境外修理的机械器具、运输工具或其他货物，出境时已向海关报明，并在海关规定期限内复运进境的，应当以海关审定的境外修理费和料件费为完税价格。

（三）运往境外加工的货物

运往境外加工的货物，出境时已向海关报明，并在海关规定期限内复运进境的，应当以海关审定的境外加工费和料件费以及该货物复运进境的运输及其相关费用、保险费估定完税价格。

【例 4-2】某企业 2018 年 5 月将一台账面余值 55 万元的进口设备运往境外修理，当月在海关规定的期限内复运进境。经海关审定的境外修理费 4 万元、料件费 6 万元。假定该设备的进口关税税率为 30%，计算该企业应缴纳的关税。

【解】本题考核关税的计算问题。运往境外修理的机械器具、运输工具或者其他货物，出境时已向海关报明并在海关规定的期限内复运出境，应当以境外修理费和料件费审查确定完税价格。

应缴纳的关税 =（4+6）×30% = 3（万元）

（四）暂时进境货物

对于经海关批准的暂时进境的货物，应当按照一般进口货物估价办法的规定估定完税价格。

（五）租赁方式进口货物

租赁方式进口的货物中，以租金方式对外支付的租赁货物，在租赁期间以海关审定的租金作为完税价格；留购的租赁货物，以海关审定的留购价格作为完税价格；承租人申请一次性缴纳税款的，经海关同意，按照一般进口货物估价办法的规定估定完税价格。

（六）留购的进口货样等

对于境内留购的进口货样、展览品和广告陈列品，以海关审定的留购价格作为完税价格。

（七）予以补税的减免税货物

减税或免税进口的货物需予补税时，应当以海关审定的该货物原进口时的价格，扣除折旧部分价值作为完税价格，其计算公式如下：

完税价格 = 海关审定的该货物原进口时的价格 ×［1 - 申请补税时实际已使用的时间（月）÷（监管年限×12）］

【例 4-3】2015 年 6 月 1 日，某公司经批准进口一台符合国家特定免征关税的科研设备用于研发项目，设备进口时经海关审定的完税价格折合人民币 800 万元（关税税率为 10%），海关规定的监管年限为 5 年；2017 年 5 月 31 日，公司研发项目完成后，将已计提折旧 200 万元的免税设备出售给国内另一家企业。计算该公司应补缴关税。

【解】应补缴关税 = 800×（1-2÷5）×10% = 48（万元）

（八）以其他方式进口的货物

以易货贸易、寄售、捐赠、赠送等其他方式进口的货物，应当按照一般进口货物估价办法的规定，估定完税价格。

第三节　关税应纳税额的计算

关税应纳税额的计算是由完税价格和关税税率两方面决定，即：应纳税额 = 完税价格×关税税率。由于关税有进口关税和出口关税之分，进口关税又设有普通税率和优惠税率两种，因此，在计算关税时，应根据《海关进出口税则》确定进出口货物的适用税率。其计算公式为：

进口税应纳税额 = 完税价格×进口税率

出口税应纳税额 = 完税价格×出口税率

一、从价关税的计算方法

从价税是按进出口货物的价格为标准计征关税。从价税额的计算公式如下：

应纳税额=应税进出口货物数量×单位完税价格×适用税率

（一）进口货物完税价格及关税的计算

1. CIF 价格

以我国口岸 CIF 价格、CIF 价格加佣金价格、CIF 价格加战争险价格成交的或者和我国毗邻的国家以两国共同边境地点交货价格成交的，就分别以该价格作为完税价格。其计算公式如下：

完税价格=CIF 价格

进口关税=完税价格×进口关税税率

【例 4-4】广州某进出口公司从美国进口甲商品一批，我国口岸到岸价（CIF）USD500 万元，经海关审定，其成交价格正常，甲商品关税税率 20%，当天美元与人民币之比为 1：6. 50，计算该公司应纳进口关税额。

【解】完税价格=CIF 价格= 500×6. 50 =3 250（万元）

应纳关税=3 250×20% =650（万元）

2. FOB 价格

进口货物以国外口岸离岸价格（通常称 FOB 价格）或者从输出国购买以国外口岸 CIF 价格成交的，应加上从发货口岸或国外交货口岸运到我国口岸的运杂费（包括运费、佣金等费用）、保险费作为完税价格。

完税价格=成交价格+运杂费+保险费

=FOB 价格+运杂费+保险费

=（FOB 价格+运杂费）÷（1-保险费率）

完税价格内应当另加的运费、保险费和其他杂费，原则上应按实际支付的金额计算。若无法得到实际支付金额时，也可以外资系统海运进口运费率或按协商规定的固定运杂费率计算运杂费，保险费则按中国人民保险公司的保险费率计算。其计算公式如下：

完税价格=（FOB 价格+运费）/（1-保险费率）

【例 4-5】某进出口公司从美国进口硫酸镁 5 000 吨，进口申报价格为 FOB 旧金山 USD325 000，运费每吨 USD40，保险费率 3‰，当日的外汇牌价（中间价）为 USD1 =RMB6. 64。

【解】先计算运费如下：5 000×40×6. 64=1 328 000（元）

再将进口申报价格由美元折成人民币如下：

325 000×6. 64=2 158 000（元）

最后计算完税价格如下：

完税价格=（2 158 000+1 328 000）/（1-3‰）=3 486 000/0.997

=3 496 489.47（元）

经查找，硫酸镁的税则号列为 2 833.210 0，税率为 10%，计算该批进口硫酸镁的进口关税额如下：

进口关税额=3 496 489.47×10%=349 648.95（元）

3. CFR 价格（货价加运费价格，或称含运费价格）

以货价加运费价格成交的，应当另加保险费作为完税价格。其计算公式如下：

完税价格=CFR/（1-保险费率）

【例 4-6】某进出口公司从日本进口甲醛 17 吨，保险费率 0.3%，进口申报价格为 CFR 天津 USD306 000，当日的外汇牌价（中间价）为 USD1=RMB6.53。

【解】先将进口申报价格由美元折合成人民币如下：

306 000×6.53=1 998 180（元）

再计算完税价格如下：

完税价格=1 998 180/（1-0.3%）=2 004 192.58（元）≈2 004 193（元）

经查找，该进口货物税则号列为 2 912.110 0，税率为 10%（优），计算该进口货物的进口关税额如下：

进口关税=2 004 193×10%=200 419.3（元）

对个别货物实际没有支付运费，以及货物没有投保的，在计征时可酌加运费和普通保险费。由陆路进口的货物，在计算完税价格时，所有应加运费等均应计算至该货物运抵我国国境为止。

4. 正常批发价格

若海关不能确定进口货物在采购地的正常批发价格，则应以申报进口时国内输入地点的同类货物的正常批发价格，减去进口关税和进口环节代征税以及进口后正常运输、储存、营业费用及利润作为完税价格。如果国内输入地点同类货物的正常批发价格不能确定或者有其他特殊情况时，货物的完税价格由海关估定。

（1）不征国内税货物的计算公式如下：

完税价格=国内市场批发价格/（1+进口优惠税率+20%）

（2）应缴纳国内税的货物应当扣除国内税，计算出完税价格。其计算公式如下：

完税价格=国内市场批发价格/［1+进口关税优惠税率+20%+（1+关税税率）/（1-代征税税率）×代征税税率］

（注：以上两公式分母中的 20%为需从批发价格中减除的费用利润。）

【例 4-7】M 公司经批准从国外进口一批化妆品，其 CIF 价格已无法确定，进货地国内同类产品的市场正常批发价格为 925 000 元，国内消费税税率为 30%，设进口关税税率为 15%。要求计算该批化妆品应纳的关税。

【解】完税价格 = 925 000/［1 + 15% + 20% +（1 + 15%）/（1 − 30%）×30%］= 925 000/1. 84 = 502 717（元）

应纳进口关税税额 = 502 717×15% = 75 408（元）

（二）出口货物关税完税价格的确定

1. FOB 价格

出口货物以 FOB 价格成交的，以扣除出口关税税额后的金额作为完税价格。计算公式为：

完税价格 = FOB 价格÷（1+出口关税税率）

【例 4-8】广州外贸进出口公司出口商品一批，该批商品我国口岸离岸价格为100 000 美元，折合人民币 625 000 元，出口关税税率 15%。计算该公司应纳出口关税额。

【解】关税完税价格 = 625 000÷（1+15%）= 543 478. 26

应纳关税额 = 543 478. 26×15% = 81 521. 74（元）

2. CIF 价格

出口货物以 CIF 价格成交的，如果该价格包括离境口岸到达境外口岸之间的运输费、保险费，则应将该运输费和保险费扣除。其计算公式为：

完税价格 =（CIF 价格−运费−保险费）÷（1+出口关税税率）

【例 4-9】南方进出口公司向境外出口乙商品一批，成交价格（CIF）折合人民币 826 万元，其中：支付承运方远洋运输公司运费 60 万元，支付承保方保险公司保险费 18. 5 万元，该货物的出口关税税率为 15% 。计算该公司应纳出口关税税额。

【解】关税完税价格 =（826−60−18. 5）÷（1+15%）= 650（万元）

应纳关税税额 = 650×15% = 97. 5（万元）

3. CFR 价格

以境外口岸 CFR 价格成交的，其出口货物，其出口货物完税价格的计算公式：

完税价格 =（CFR 价格−运费）÷（1+出口关税税率）

4. CIFC 价格

当成交价格为 CIFC 境外口岸时，佣金 C 为固定金额，则出口货物完税价格的计算公式：

完税价格 =（CIFC 价格−保险费−运费−佣金）÷（1+出口关税税率）

二、从量关税的商品计算方法

从量关税是依据商品的数量、重量、容量、长度和面积等计量单位为标准来征收关税的。它的特点是不因商品价格的涨落而改变税额，计算比较简单。从量关税额的计算公式如下：

应纳税额 = 应税进口货物数量×关税单位税额

三、复合关税的计算方法

复合税亦称混合税。它是对进口商品既征从量关税又征从价关税的一种办法。一般以从量为主，再加征从价税。混合税额的计算公式如下：

应纳税额=应税进口货物数量×关税单位税额+应税进口货物数量×单位完税价格×适用税率

四、滑准关税的计算方法

滑准税是指关税的税率随着进口商品价格的变动而反方向变动的一种税率形式，即价格越高，税率越低，税率为比例税率。因此，实行滑准税率，进口商品应纳关税税额的计算方法，与从价税的计算方法相同。

五、特别关税的计算方法

特别关税的计算公式如下：

特别关税=关税完税价格×特别关税税率

进口环节消费税=进口环节消费税完税价格×进口环节消费税税率

进口环节消费税完税价格=（关税完税价格+关税+特别关税）/（1-进口环节消费税税率）

进口环节增值税=进口环节增值税完税价格×进口环节增值税

进口环节增值税完税价格=关税完税价格+关税+特别关税+进口环节消费税

【知识拓展】

行李和邮递物品进口税：行李和邮递物品进口税，简称行邮税。是海关对入境旅客行李物品和个人邮递物品征收的进口税。我国行邮税税目和税率经过了多次调整，现行行邮税税率分为50%、20%、10%三个档次。进口税采用从价计征，完税价格由海关参照该项物品的境外正常零售平均价格确定。完税价格乘以进口税税率，即为应纳的进口税税额。

船舶吨税：船舶吨税是对进出口我国港口的国际航行船舶征收的一种税。它是一种使用税。征收的依据是由于外国船舶使用了我国的港口和助航设备而缴纳的费用。该税归交通部门管理，由海关代征。

基本训练

一、单项选择题

1. 以下税法不正确的是（　　）。

A. 世界各国一般少征或不征出口税

B. 随着世界经济的发展，财政关税的意义逐渐减低，而为保护关税所代替

C. 保护关税主要是进口税，税率较高

D. 国定税率一般低于协定税率

2. 对同一种货物在税则中规定从价、从量两种税率，在征税时选择其中征收税额较多或较少的一种的关税是（　　）。

A. 复合关税　　B. 混合关税

C. 选择性关税　　D. 滑动关税

3. 发达国家承诺对从发展中国家或地区输入的商品，特别是制成品和半成品，给予普遍的、非歧视性的和非互惠的优惠关税待遇的制度是（　　）。

A. 差价税　　B. 普遍优惠制

C. 特惠税　　D. 最惠国待遇

4. 既妨碍国标商品流通，而且还减少港口、运输、仓储等方面的收入的关税种类是（　　）。

A. 进口税　　B. 出口税

C. 过境税　　D. 混合税

5. 财政关税与保护关税的税率比较而言（　　）。

A. 较低　　B. 较高

C. 相等　　D. 不可比

6. 在进行税则归类时，对于制成品，应首先考虑按（　　）归类。

A. 按其用途　　B. 按其属性

C. 按其主要材质　　D. 按其销售对象

7. 进口地海关无法解决的归类问题，应报（　　）明确。

A. 当地外经贸部门　　B. 海关总署

C. 国务院　　D. 财政部

8. 以下计入进口货物关税完税价格的项目有（　　）。

A. 货物运抵境内输入地点之后的运输费用

B. 进口关税

C. 国内保险费

D. 卖方间接从买方对该货物进口后使用所得中获得的收益

9. 依据关税的有关规定，下列费用中不得计入完税价格的是（　　）。

A. 买价　　B. 境外运费

C. 由买方负担的包装费　　D. 由买方负担的购货佣金

10. 海关估价时，如果有多个相同或类似货物的成交价格，应当以（　　）为基础估定进口货物的完税价格。

A. 最低的成交价格　　B. 最高的成交价格

C. 平均的成交价格　　D. 加权平均价格

11. 加工贸易进口料件等保税性质的进口货物如未经批准擅自转为内销的，海关按（　）进行补税。

A. 原进口日所实施税率　　B. 内销当日税率

C. 海关查获日期实行税率　　D. 填发缴款凭证当日税率

12. 加工贸易加工过程中产生的边角料，以（　）价格计算完税价格。

A. 免税，不必计算　　B. 申报内销时的价格估定

C. 料件原进口时的价格估定　　D. 国内同类价格估定

13. 下列各项中，符合关税有关对特殊进口货物完税价格规定的有（　）。

A. 运往境外修理的货物，应以修理后进境时的到岸价格为完税价格

B. 准予暂时进口的施工机械，按同类货物的到岸价格为完税价格

C. 转让进口的免税旧货物，以原入境的到岸价为完税价格

D. 留购的进口货样，以海关审定的留购价为完税价格

14. 境内留购的进口货样、展览品和广告品，以（　）为完税价格。

A. 原进口时的价格　　B. 海关审定的留购价格

C. 国内同样货品价格　　D. 国内同样货品减除损耗的价格

15. 2015 年 9 月 11 日某公司由于承担国家重要工程项目，经批准进口了一套特定减免税的电子设备。使用 2 年后项目完工，2018 年 3 月 31 日公司将该设备出售给了国内另一家企业。该电子设备的到岸价格为 300 万元，2015 年进口时该设备关税税率为 14%，2018 年转售时该设备关税税率为 10%，海关规定的监管年限为 5 年，按规定公司应补交关税（　）。

A. 18 万元　　B. 25.2 万元

C. 12 万元　　D. 24 万元

16. 境外边境岸成交的铁路和公路运输进口货物，海关应按货价的（　）计算运输及相关费用、保险费。

A. 3‰　　B. 3%

C. 1%　　D. 10%

17. 某企业 2018 年 6 月进口卷烟 30 箱（标准箱，下同），每箱成交价格 1 000 欧元，支付境外采购代理商多买方佣金 40 欧元/箱，起卸前的运费 110 欧元/箱，保险费 100 欧元/箱。该企业进口环节应纳税费（　）元。（关税税率 20%，1 欧元 = 8.0 人民币元）

A. 646 700　　B. 648 205.91

C. 654 412　　D. 650 912

18. 行邮税的完税价格参照该物品（　）确定。

A. 境外正常零售平均价格　　B. 境外正常出厂价格
C. 境内正常零售平均价格　　D. 境内正常批发价格

19. 出口货物的完税价格应该包括（　　）。
A. 离境口岸至境外口岸之间的运输、保险费
B. 支付给境外的佣金
C. 工厂至离境口岸之间的运输、保险费
D. 出口关税

20. 依据关税的有关规定，下列进口货物中可享受法定免税的有（　　）。
A. 有商业价值的进口货样　　B. 外国政府无偿赠送的物资
C. 贸易公司进口的残疾人专用品　　D. 科贸公司进口的科教用品

21. 以下可以免征关税的项目是（　　）。
A. 关税税额在人民币 20 元以下的一票货物
B. 广告品和货样
C. 外国公司无偿赠送的物资
D. 进出境运输工具装载的途中必需的燃料、物料和饮食用品

22. 如纳税义务人自海关填发缴款书之日起（　　）仍未缴纳税款，经海关关长批准，海关可以采取强制扣缴、变价抵缴等强制措施。
A. 1 个月　　B. 3 个月
C. 6 个月　　D. 12 个月

23. 海关为确定进出口货物的完税价格需要推迟做出估价决定时，可实行担保放行制度，但应自具保之日起（　　）内核查完毕。
A. 30 天　　B. 60 天
C. 90 天　　D. 180 天

24. 按中国海关现行规定，进出口货物完税后，如发现少征或者漏征税款，海关应当在缴纳税款或者货物放行之日起（　　）内，向收发货人或者他们的代理人补征。
A. 半年　　B. 一年
C. 二年　　D. 三年

25. 某单位进口小轿车 100 辆，每辆小轿车货价 15 万元，运抵我国海关前发生的运输费用、保险费用无法确定，经海关查实其他运输公司相同业务的运输费用占货价的比例为 2%。关税税率为 60%，应向海关缴纳关税税额为（　　）万元。
A. 918　　B. 910
C. 920.75　　D. 912.8

26. 某公司将一台设备运往境外修理，出境时向海关报明价值 780 000 元；支付境外修理费 6 000 美元，料件费 2 500 美元，支付复运进境的运输费 2 000 美元和保险费 500 美

元。当期汇率美元：人民币=1：6.82，该设备适用关税税率7%，则该公司进口关税为（　　）元。

A. 6 657.35　　B. 6 345.43

C. 5 251.4　　D. 5 793.90

27. 以下关于关税税率运用的表述，不正确的是（　　）。

A. 一般情形下，进口货物的补税和退税，适用该进口货物原申报进口之日所实施的税率

B. 暂时进口货物转为正式进口需补税时，应按原进口之日实施的税率征税

C. 按照特定减免税办法批准予以减免税的进口货物，后因情况改变经海关批准转让或出售或挪作他用需补税的，应当适用海关接受申报办理纳税手续之日实施的税率征税

D. 加工贸易进口料件等属于保税性质的进口货物，如经批准转为内销，应按向海关申报转为内销之日实施的税率征税

28. 下列项目中，属于进口完税价格组成部分的是（　　）。

A. 进口人向境外自己的采购代理人支付的劳务费

B. 进口人向中介机构支付的经纪费

C. 设备进口后的安装调试费用

D. 货物运抵境内输入地点起卸之后的运输费用

29. 差别关税实际上是保护主义政策的产物中，是保护一国产业所采取的特别手段。下列不属于差别关税的是（　　）。

A. 加重关税　　B. 优惠关税

C. 反倾销关税　　D. 报复关税

30. 下列关于出口货物的完税价格的陈述，不正确的是（　　）。

A. 出口货物的完税价格由海关以该货物的成交价格为基础审查确定

B. 应当包括货物运至中华人民共和国境内输出地点装载前的运输及其相关费用、保险费

C. 出口关税不计入完税价格

D. 在货物价款中单独列明由卖方承担的佣金，计入完税价格中

二、多项选择题

1. 下述选项中，关税的纳税义务人包括（　　）。

A. 进口货物的收货人　　B. 出口货物的发货人

C. 出口货物的收货人　　D. 进口货物的发货人

E. 进出境物品的所有人

2. 下列各项中，不符合关税有关对特殊进口货物完税价格规定的有（　　）。

A. 运往境外修理的机械，应当以海关审定的境外修理费和料件费，以及该货物复运进境的运输及其相关费用、保险费估定完税价格

B. 准予暂时进口的施工机械，按同类货物的到岸价格为完税价格

C. 转让进口的免税货物，以原入境的到岸价为完税价格

D. 留购的进口货样，以留购价格作为完税价格

E. 运往境外加工的货物，应当以海关审定的境外加工费和料件费，以及该货物复运进境的运输及其相关费用、保险费估定完税价格

3. 普惠制是指发达国家对从发展中国家或地区输入的产品，特别是制成品和半制成品普遍给予优惠关税待遇的一种制度。下面属于普惠制的基本原则有（　　）。

A. 普遍原则　　B. 非歧视原则

C. 客观性原则　　D. 非互惠原则

E. 对等原则

4. 在法定减免税之外，国家按照国际通行规则和我国实际情况，制定发布的有关进出口货物减免关税的政策，称为特定或政策性减免税。下列货物属于特定减免税的有（　　）。

A. 边境贸易进口物资

B. 境外捐赠用于扶贫、慈善性捐赠物资

C. 出口加工区进出口货物

D. 无商业价值的广告品和货样

E. 海关放行前损失的货物

5. 按照现行关税的政策，下述陈述正确的有（　　）。

A. 出口关税不计入出口货物完税价格

B. 符合税法规定可予减免税的进出口货物，纳税义务人需向海关申请方可免征货物进出口环节的税金

C. 进口货物自运输工具进境之日起 15 日内，应由进口货物的纳税义务人向货物进境地海关申报

D. 纳税义务人因不可抗力情形下，不能按期缴纳税款的，经海关总署批准，可延期纳税，但最长不得超过 3 个月

E. 暂时进口货物转为正式进口需补税时，应按申报正式进口之日实施的税率征税

6. 关税的强制执行措施有（　　）。

A. 处以应纳关税的 1~5 倍罚款　　B. 征收滞纳金

C. 变价拍卖抵税　　D. 强制扣缴

E. 延期缴纳税款

三、判断题

1. 关税是由海关对进出口的货物的征的一种税。（　）
2. 关税只能由海关在关境地征收。（　）

四、计算题

1. 广州某进出口公司从美国进口甲商品一批，我国口岸到岸价（CIF）USD500 万元，经海关审定，其成交价格正常，甲商品关税税率 20% ，当天美元：人民币为 1：6.28，计算该公司应纳进口关税额。

2. 2018 年 5 月，某冶金厂向日本出口磷一批，国内港口离岸价 FOB 价格折合人民币为 1 400 000 元，磷出口关税税率为 10%，关税以支票付讫。

3. 深圳某港口货运公司进口 A 型机器三台，以 FOB 价格成交，每台货价折合人民币 3 000万元，其中包括境外采购代理人支付的买方佣金每台 15 万元人民币，进口后每台安装调试费 20 万元，两者单独计价并且海关已经审查属实。已知该货物运抵中国关境内输入地点起卸前的包装费、运费、保险费和其他劳务费用每台 50 万元人民币。A 型机器关税税率 10%。计算该公司应纳进口关税额。

4. 某进出口公司从日本进口甲醛 17 吨，保险费率 0.3%，进口申报价格为 CFR 天津 USD306 000，当日的外汇牌价（中间价）为 USD1＝RMB6.53。

5. M 公司经批准从国外进口一批化妆品，其 CIF 价格已无法确定，进货地国内同类产品的市场正常批发价格为 925 000 元，国内消费税税率为 15%，设进口关税税率为 10%。要求计算该批化妆品应纳的关税。

6. 广州外贸进出口公司出口商品一批，该批商品我国口岸离岸价格为 100 000 美元，折合人民币 625 000 元，出口关税税率 15%。计算该公司应纳出口关税额。

7. 南方进出口公司向境外出口乙商品一批，成交价格（CIF）折合人民币 826 万元，其中：支付承运方远洋运输公司运费 60 万元，支付承保方保险公司保险费 18.5 万元，该货物的出口关税税率为 15% 。计算该公司应纳出口关税税额。

8. 上海某进出口公司从美国进口一批货物，货物以离岸价成交成交价折合人民币 1 410万元，包括向境外采购代理人支付的买方佣金 10 万元，但没有包括使用该货物而向境外支付的软件费 50 万元，也没有包括向卖方支付的佣金 15 万元，另支付货物运抵我国上海港的运费、保险费 35 万元。增值税率、关税率、消费税率分别为 17%、20%、10%。

要求：请分别计算该公司应纳关税、消费税和增值税。

9. 某进出口公司从美国进口一批化工原料共 500 吨，货物以境外口岸离岸价格成交，单价折合人民币为 20 000 元，买方承担包装费每吨 500 元，另向卖方支付的佣金每吨 1 000元人民币，另向自己的采购代理人支付佣金 5 000 元人民币，已知该货物运抵中国海关境内输入地起卸前的包装、运输、保险和其他劳务费用为每吨 2 000 元人民币，进口后另发生运输和装卸费用 300 元人民币，进口该批化工原料关税的完税价格为多少？

10. 2015 年 9 月 1 日某公司由于承担国家重要工程项目，经批准进口了一套电子设备。使用 2 年后项目完工，2017 年 8 月 31 日公司将该设备出售给了国内另一家企业，并向海关办理申报补税手续。该电子设备的到岸价格为 300 万元，2015 年进口时该设备关税税率为 12%，2017 年转售时该设备关税税率为 7%，海关规定的监管年限为 5 年，按规定公司应补交多少万元关税？

11. 某医院 2014 年以 150 万元（人民币，下同）的价格进口了一台医疗仪器；2018 年 1 月因出现故障运往日本修理（出境时已向海关报明），2018 年 5 月，按海关规定的期限复运进境。此时，该仪器的国际市场价已为 200 万元。若经海关审定的修理费和料件费为 40 万元，进口运费 1 万元，进口关税税率为 6%，该仪器复运进境时，应缴纳进口关税为多少万元？

五、业务题

1. 某企业为增值税一般纳税人，2018 年 9 月从国外进口一批材料，货价 80 万元，买方支付购货佣金 2 万元，运抵我国输入地点起卸前运费及保险费 5 万元；从国外进口一台设备，货价 10 万元，境外运费和保险费 2 万元，与设备有关的软件特许权使用费 3 万元；企业缴纳进口环节相关税金后海关放行。材料关税税率 20%，设备关税税率 10%。计算该企业应纳进口环节税金，进行进口环节相应的会计处理。

2. 坐落在市区的某日化厂为增值税一般纳税人，2018 年 8 月进口一批香水精，出口地离岸价格 85 万元，境外运费及保险费共计 5 万元，海关于 8 月 15 日开具了完税凭证，日化厂缴纳进口环节税金后海关放行；日化厂将进口的香水精的 80%用于生产高级化妆品。本月从国内购进材料取得增值税专用发票，注明价款 120 万元、增值税 19. 2 万元，销售高级化妆品取得不含税销售额 500 万元。计算该企业本月销售应纳税金及附加。（本月取得的增值税抵扣凭证在本月认证并抵扣，增值税税率 16%关税税率为 50%）写出相应的会计分录。

3. 某轿车生产企业为增值税一般纳税人，2017 年 12 月份的生产经营情况如下：

（1）进口原材料一批，支付给国外买价 120 万元，包装材料 8 万元，到达我国海关以前的运输装卸费 3 万元、保险费 13 万元，从海关运往企业所在地支付运输费 7 万元；

（2）进口两台机械设备，支付给国外的买价 60 万元，相关税金 3 万元，支付到达我国海关以前的装卸费、运输费 6 万元、保险费 2 万元，从海关运往企业所在地支付运输费 4 万元；

其他相关资料：该企业进口原材料和机械设备的关税税率为 10%，增值税税率为 16%。

要求：根据上述资料，按下列序号回答问题，每问需计算出合计数；

（1）计算企业 12 月进口原材料应缴纳的关税；

（2）计算企业 12 月进口原材料应缴纳的增值税；

（3）计算企业 12 月进口机械设备应缴纳的关税；

（4）计算企业 12 月进口机械设备应缴纳的增值税；

（5）进行相关的会计处理。

第五章　出口退（免）税核算

【学习目标】

知识目标

1. 了解出口退（免）税的概念。
2. 掌握出口货物劳务及应税服务增值税和出口消费税应税货物退（免）税范围。
3. 熟悉出口退（免）税计税依据。

能力目标

1. 正确进行出口退（免）税的计算。
2. 掌握出口退（免）税的会计处理。
3. 了解出口退（免）报表的编制。

第一节　出口退（免）税的税制要素

一、出口退（免）税的税制要素

（一）出口业务概念

出口业务，是指与外国当事人通过缔结契约进行销售货物、提供劳务及应税服务的一系列具体业务。

（二）出口货物退（免）税政策

出口货物退（免）税的税种仅限于增值税和消费税。

《中华人民共和国增值税暂行条例》第二条第三款规定“纳税人出口货物，税率为零；但是，国务院另有规定的除外”。出口退（免）税的基本政策有三种：

（1）出口免税并退税。一般情况下适用于出口货物以往环节纳过税而需要退税的情况，特别是生产制造企业，国内购进材料时已交过税，产品出口时出口环节免增值税，同时可将国内购进材料已缴纳的增值税进行退税。

（2）出口免税不退税。一般适用于出口货物以往环节未纳过税而无须退税的情况。如来料加工企业，材料进口环节免税，出口的产品也免税，因为企业加工过程没缴纳过税，所以产品出口时不退税。

（3）出口不免税也不退税。一般适用于国家限制、禁止某些货物出口而视同内销征税的情况。如开采稀土的矿业企业，稀土属于国家限制出口的产品，出口环节既不免税也不退税。

（三）出口货物和劳务及应税服务增值税退（免）税政策

1. 适用增值税退（免）税政策的范围

（1）出口企业出口货物

出口货物是指向海关报关后实际离境并销售给境外单位或个人的货物，分为自营出口货物和委托出口货物两类。

已办理工商登记、税务登记证及对外贸易经营者备案登记的单位和个人可以自营或委托出口货物，未办理对外贸易经营者备案登记的单位及个体户者不能自营出口货物，但其中的生产企业可以委托出口货物。

【解释】生产企业，是指具有生产能力（包括加工、修理修配能力）的单位或个体工商户。

（2）出口企业或其他单位视同出口货物

除财政部和国家税务总局另有规定外，视同出口货物适用出口货物的各项规定。

（3）出口企业对外提供加工、修理修配劳务

对外提供加工、修理修配劳务，是指对进境复出口货物或从事国际运输的运输工具进行的加工修理修配。

（4）境内的单位和个人提供适用增值税零税率的应税服务，如果属于适用简易计税方法的，实行免征增值税办法。

如果属于适用于增值税一般计税方法的，生产企业实行免抵退税方法；外贸企业外购研发服务和设计服务出口实行免退税办法：外贸企业自己开发的研发服务和设计服务，视同生产企业连同其出口货物统一实行免抵退税办法。

2. 增值税退（免）税办法

增值税退（免）税情况说明表见表5-1。

表 5-1　　　　增值税退（免）税情况说明表

<table>
<tr><th rowspan="2">退免税办法</th><th colspan="2">适用企业和情况</th><th rowspan="2">基本政策规定</th></tr>
<tr><th>企业</th><th>具体情况</th></tr>
<tr><td rowspan="3">免抵退税</td><td>生产企业</td><td>（1）出口自产货物和视同自产货物及对外提供加工修理修配劳务
（2）列名的生产企业出口非自产货物
（3）适用一般计税方法的生产企业提供适用零税率的应税服务</td><td rowspan="3">免征增值税，相应的进项税额抵减应纳增值税额（不包括增值税即征即退、先征后退政策的应纳增值税税额），未抵减部分予以退还</td></tr>
<tr><td>外贸企业</td><td>适用一般计税方法的外贸企业自己开发的研发服务和设计服务</td></tr>
<tr><td>运输、研发和设计企业</td><td>包括国际运输服务和向境外提供研发服务和设计服务（不包括对境内不动产提供的设计服务），航天运输服务适用零税率</td></tr>
<tr><td>免退税</td><td>外贸企业或其他单位</td><td>（1）不具有生产能力的出口企业或其他单位出口货物劳务
（2）适用一般计税方法的外贸企业外购研发服务和设计服务出口</td><td>免征增值税，相应的进项税额可以退还</td></tr>
</table>

3. 增值税出口退税率

增值税出口货物退税在具体计算时分不同情况采用规定的退税率、适用税率、征收率。

（1）一般规定

除财政部和国家税务总局根据国务院决定而明确的增值税出口退税率外，出口货物的退税率为其适用税率。应税服务退税率为《营改增试点实施办法》规定的增值税适用税率。

（2）特殊规定

①外贸企业购进简易办法征税和出口货物、从小规模纳税人购进的出口货物，其退税率分别为简易办法实际执行的征收率、小规模纳税人征收率。上述出口货物取得增值税专用发票的，退税率按照增值税专用发票上的税率和出口货物退税率孰低的原则确定。

②出口企业委托加工修理修配货物，其加工修理修配费用的退税率，为出口货物的退税率。

③中标机电产品、出口企业向海关报关进入特殊区域销售给特殊区域内生产企业生产耗用的列名原材料、输入特殊区域的水电气，其退税率为适用税率。

④海洋工程结构物退税率分不同货物适用列举的17%或15%的退税率。

4. 增值税退（免）税的计税依据

出口货物、劳务及应税服务的增值税退（免）税的计税依据，按出口货物、劳务及应税服务的出口发票（外销发票）、其他普通发票或购进出口货物、劳务及应税服务的增值税专用发票、海关进口增值税专用缴款书确定。

增值税退（免）税的计税依据，对于生产企业而言，一般是扣减所含保税和免税金额之后的离岸价；对于外贸企业而言，一般是购进货物增值税专用发票注明的金额或者海关进口增值税专用缴款书注明的完税价格。

5. 增值税小规模纳税人实行免税不退税

（四）出口消费税应税货物退（免）税政策

消费税应税货物出口实行免税政策：

（1）有出口经营权的生产企业出口自产应税货物出口采用免税但不退税政策；

（2）外贸企业收购应税货物出口，采用免税并退税政策。

第二节　出口退（免）税的确认、计量与申报

一、出口退（免）税的确认、计量

1. 生产企业出口货物劳务增值税免抵退税

实行免抵退税办法的“免”税是指生产企业出口的自产或视同自产货物，免征出口环节增值税；“抵”税是指生产企业出口自产或视同自产货物所耗用的原材料、零部件、燃料、动力等所含应予退还的进项税额，抵顶内销货物的应纳税额；“退”税是指生产企业出口自产或视同自产货物在当月内应抵顶的进项税额大于应纳税额时，对未抵顶完的部分予以退税。

免抵退税计算步骤：

第一步：“免”，免征出口环节增值税。

第二步：“剔”，当期不得免征和抵扣税额=当期出口货物离岸价格×外汇人民币折合率×（出口货物适用税率-出口货物退税率）-当期不得免征和抵扣税额抵减额。

当期不得免征和抵扣税额抵减额=当期免税购进原材料价格×（出口货物适用税率-出口货物退税率）。

第三步：“抵”，当期应纳税额=当期内销货物的销项税额-（当期全部进项税额-当期不得免征和抵扣税额）-上期留抵税额。

第四步：“退”。

（1）首先计算免抵退税总额=当期出口货物离岸价格×外汇人民币折合率×出口货物退税率-当期免抵退税额抵减额，

当期免退税额抵减额=当期免税购进原材料价格出口货物退税率。

（2）其次确认出口退税，并确认退税之外的免抵税额。

当期期末留抵税额≦当期免抵退税额时，

当期应退税额＝当期期末留抵税额，

当期免抵税额＝当期免抵退税额－当期应退税额。

当期期末留抵税额>当期免抵退税额时，

当期应退税额＝当期免抵退税额，

当期免抵税额＝0。

“实耗法”与“购进法”的异同

2. 应税服务出口的免抵退税计算

应税服务出口的退税率等于征税率，故在计算出口退税时，没有“剔”的步骤，只按照免、抵、退三个环节计算免抵退税额。

3. 外贸企业出口货物劳务增值税“免退税”

外贸企业出口货物（委托加工修理修配货物除外），增值税应退税额为购进货物所取得的增值税专用发票上注明的金额或海关进口增值税专用缴款书注明的完税价格与该货物所适用的退税率的乘积。出口货物适用税率和退税率的差，与购进货物所取得的增值税专用发票上注明的金额或海关进口增值税专用缴款书注明的完税价格的积，作为当期不得免征和抵扣税额转入出口货物的销售成本。

4. 消费税应税货物出口退（免）税基本原则：

（1）消费税应税货物出口实行免税政策；

（2）消费税应税货物出口使用征税率计算退税；

（3）有出口经营权的生产企业出口自产应税货物出口采用免税但不退税政策，不计算退税；

（4）外贸企业收购应税货物出口，采用免税并退税政策，用退税依据和规定的征税率计算退税。

5. 生产企业出口业务退（免）税额计算

【例5-1】某具有进出口经营权的生产企业，对自产货物经营出口销售及国内销售。该企业2018年6月份购进所需原材料金额50 000元，允许抵扣的进项税额8 000元，取得增值税专用发票，开出转账支票支付款项；内销产品取得不含税销售额70 000元，出口货物离岸价为8 000美元，当日外汇即期汇率美元与人民币的比值为1：6. 30，出口货物离岸价折合人民币50 400元。假设上期留抵税款2 000元，增值税税率16%，退税率15%，假设没有涉及其他问题。

第一步，出口货物免征增值税。

第二步，计算不得免征和抵扣税额＝当期出口货物离岸价×人民币外汇牌价×（征税率－退税率）＝50 400×（16%－15%）＝504（元）。

第三步，计算本月应纳税额＝销项税额－进项税额＝当期内销货物的销项税额－（当期进项税额+上期留抵税款-当期不予抵扣或退税的金额）=70 000×16%-（8 000+2 000-504）=1 704元。

第四步，首先计算免抵退税额=50 400×15%=7 560，本期期末无留抵税额，

当期应退税额=0（元），

当期免抵税额=7 560（元）。

6. 外贸企业出口业务退（免）税额计算

【例5-2】某外贸公司2018年6月从某日用化妆品公司购进出口用化妆品100箱，取得的增值税专用发票注明的价款为10万元，进项税额为1.6万元，货款已用银行存款支付。当月该批商品已全部出口，售价为每箱200美元（当日汇率为1美元=6.30元人民币），申请退税的单证齐全。该化妆品的消费税税率为15%，增值税退税率为13%。要求计算应退增值税和消费税。

应退增值税税额=100 000×13%=13 000（元）

转出增值税额=16 000-13 000=3 000（元）

应退消费税额=100 000×15%=15 000（元）

二、出口退（免）税的申报

（一）认定和申报

（1）企业出口货物、劳务及适用增值税零税率的应税服务在正式申报出口退（免）税之前，应按现行申报办法向主管税务机关进行预申报，在主管税务机关确认申报凭证的内容与对应的管理部门电子信息无误后，方可提供规定的申报退（免）税凭证、资料及正式申报电子数据，向主管税务机关进行正式申报。

（2）税务机关受理企业出口退（免）税预申报后，应及时审核并向企业反馈审核结果。如果审核发现申报退（免）税的凭证没有对应的管理部门电子信息或凭证的内容与电子信息不符，企业应按下列方法处理：

①属于凭证信息录入错误，应更正后再次进行预申报；

②属于未在“中国电子口岸退税子系统”中进行出口货物报关单确认操作或未按规定进行增值税专用发票认证操作的，应进行上述操作后，再次进行预申报；

③除上述原因外，可填写《出口企业信息查询申请表》，将缺失对应凭证管理部门电子信息或凭证的内容与电子信息不符的数据和原始凭证报送至主管税务机关，由主管税务机关查找相关信息。

（3）输入特殊区域的水电气，由作为购买方的特殊区域内生产企业申报退税。但是，输入特殊区域的水电气，区内生产企业用于出租、出让厂房的，不得申报退税，进项税额须转入成本。

（4）在退（免）税申报截止之日前，如果企业出口的货物劳务及服务申报退（免）

税的凭证仍没有对应管理部门电子信息或凭证的内容与电子信息比对不符，无法完成预申报的，企业应在退（免）税申报期截止之日前，向主管税务机关报送以下资料：

①《出口退（免）税凭证无相关电子信息申报表》及其电子数据；

②退（免）税申报凭证及资料

经主管税务机关，企业报送的退（免）税凭证资料齐全，且《出口退（免）税凭证无相关电子信息申报表》且及电子数据与凭证内容一致的，企业退（免）税正式申报时间不受退（免）税申报截止之日限制。未按上述规定在退（免）税申报截止之日前向主管税务机关报送退（免）税凭证资料的，企业在退（免）税截止之日后不得进行退（免）税申报，应按规定进行免税申报或纳税申报。

（5）符合《财政部、国家税务总局关于出口货物劳务增值税和消费税政策的通知》【财政部〔2012〕39号】第九条规定第（四）项规定的生产企业，其免抵退税申报仍按原办法执行。

（二）骗取行为与处罚

出口企业和其他单位以假报出口或其他的欺骗手段，骗取国家出口退税款的主管税务机关追缴其骗取的退税款；构成犯罪的，依法追究刑事责任。

对骗取国家出口退税款的，由省级以上（含本级）税务机关批准，按规定停止其出口退（免）税资格。

第三节 出口退（免）税的会计处理

一、增值税免抵退税的会计处理

1. 增值税免抵退税账务处理涉及的主要账户设置

（1）货物出口并确认收入时，根据出口销售额（FOB价）借记“应收账款”或“银行存款”账户，贷记“主营业务收入”或“其他业务收入”账户。

（2）月末依据《免抵退税汇总申报表》计算出的不得免征和抵扣税额借记“主营业务成本”，贷记“应交税费-应交增值税（进项税额转出）”账户。

（3）月末依据《免抵退税汇总申报表》中计算出的应退税借记“其他应收款-应收补贴款”，贷记“应交税金——应交增值税（出口退税）”账户。

（4）月末依据《免抵退税汇总申报表》中计算出的“免抵税额”借记“应交税金——应交增值税（出口抵减内销产品应纳税额）”账户，贷记“应交税金——应交增值税（出口退税）”账户

2. 生产企业出口业务核算举例

【例 5-3】承【例 5-1】：

（1）购进原材料等，支付款项

借：原材料　　50 000

　　应交税费——应交增值税（进项税额）　　8 000

　贷：银行存款　　58 000

（2）内销货物

借：应收账款（银行存款）　　81 200

　贷：主营业务收入　　70 000

　　　应交税费——应交增值税（销项税额）　　11 200

（3）出口货物时，确认收入

借：应收账款（银行存款）（8 000×6.30）　　50 400

　贷：主营业务收入　　50 400

（4）月末依据《免抵退税汇总申报表》计算出的不得免征和抵扣税额 1 040 元

借：主营业务成本　　504

　贷：应交税费——应交增值税（进项税额转出）　　504

（5）缴交当期应纳增值税额 1 704 元

借：应交税费——未交增值税　　1 704

　贷：银行存款　　1 704

（6）月末依据《免抵退税汇总申报表》中计算出的免抵税额 7 560 元

借：应交税金——应交增值税（出口抵减内销产品应纳税额）　　7 560

　贷：应交税金——应交增值税（出口退税）　　7 560

【例 5-4】承【例 5-1】假设上期留抵税额为 5 000 元，则第一步与第二步的计算与【例 5-1】相同，

第三步，计算本期应纳税额＝销项税额－进项税额＝当期内销货物的销项税额－（当期进项税额＋上期留抵税款－当期不予抵扣或退税的金额）＝70 000×16%－（8 000+5 000-504）＝-1 296（元）。

第四步，计算当期免抵退税额＝50 400×15%＝7 560（元），

当期期末留抵税额（1 296 元）≤当期免抵退税额（7 560 元），

当期应退税额＝当期期末留抵税额＝1 296（元），

当期免抵税额＝当期免抵退税额－当期应退税额＝7 560－1 296＝6 264（元）。

会计处理如下：

（1）～（4）会计分录与【例 5-1】会计分录相同

（5）月末依据《免抵退税汇总申报表》计算出的当期应退税额 1 296 元，

借：其他应收款——应收补贴款　　1 296

　贷：应交税费——应交增值税（出口退税）　　1 296

（6）月末依据《免抵退税汇总申报表》中计算出的免抵税额 6 264 元

借：应交税费——应交增值税（出口抵减内销产品应纳税额）　　6 264

　贷：应交税金——应交增值税（出口退税）　　6 264

3. 外贸企业出口业务核算举例

【例 5-4】承【例 5-2】

（1）购进货物时：

借：物资采购　　100 000

　　应交税金——应交增值税（进项税额）　　16 000

　贷：银行存款　　116 000

（2）货物入库时：

借：库存商品　　100 000

　贷：物资采购　　100 000

（3）出口报关销售时：

借：应收账款　　130 000

　贷：主营业务收入　　130 000

（4）结转商品销售成本：

借：主营业务成本　　100 000

　贷：库存商品　　100 000

（5）进项税额转出：

借：主营业务成本　　3 000

　贷：应交税金——应交增值税（进项税额转出）　　3 000

（6）计算出应收增值税退税款：

借：其他应收款——应收补贴款　　13 000

　贷：应交税金——应交增值税（出口退税）　　13 000

（7）收到增值税退税款时：

借：银行存款　　13 000

　贷：其他应收款——应收补贴款　　13 000

二、消费税应税货物出口退（免）税的会计处理

根据税务机关审核通过的退税申报汇总表，结转出口商品的应退消费税款，借记“其他应收款——应收补贴款”账户，贷记“主营业务成本”

【业务 5-4】某外贸企业从国内购入高尔夫球然后出口，根据税务机关审核通过的退

税申报汇总表，共应退税款 15 000 元，其中应退增值税款 10 000 元、应退消费税款 5 000 元，会计分录如下：

借：其他应收款——应收补贴款　　15 000

　贷：应交税费——应交增值税（出口退税）　　10 000

　　　主营业务成本　　5 000

增值税纳税申报表和免抵退汇总表的关联

基本训练

一、单项选择题

1. 出口退（免）税的基本政策中不包括（　　）。

A. 出口免税并退税　　B. 出口免税不退税

C. 即征即退　　D. 出口不免税也不退税

2. 境内的单位和个人提供适用增值税零税率的应税服务，如果属于适用简易计税方法的，实行（　　）。

A. 免抵退税　　B. 免退税

C. 免税不退税　　D. 退税不免税

3. 有出口经营权的企业出口自产的消费税应税货物，实行（　　）。

A. 免抵退税　　B. 免税不退税

C. 免退税　　D. 退税不免税

4. 某外贸企业从国内购入高尔夫球然后出口，根据税务机关审核通过的退税申报汇总表，共应退税款 20 000 元，其中应退增值税款 15 000 元、应退消费税款 5 000 元，会计处理错误的是（　　）。

A. 借记“其他应收款——应收补贴款”20 000 元

B. 贷记“应交税费——应交增值税（出口退税）”15 000 元

C. 贷记“主营业务成本”5 000 元

D. 贷记“应交税费——应交消费税（出口退税）”5 000 元

5. 某具有进出口经营权的生产企业，对自产货物经营出口销售及国内销售。该企业

2018 年 6 月份购进所需原材料，允许抵扣的进项税额 1 600 元，取得增值税专用发票，内销产品取得不含税销售额 50 000 元，出口货物离岸价折合人民币 52 000 元。假设上期留抵税款 2 000 元，增值税税率 16%，退税率 15%，假设没有涉及其他问题，则此企业当月（　　）。

A. 应缴纳增值税 4 800 元　　B. 应缴纳增值税 4 920 元

C. 应退税额 1 700 元　　D. 应退税额 3 700 元

二、多项选择题

1. 消费税应税货物出口退（免）税基本原则有（　　）。

A. 消费税应税货物出口实行免税政策

B. 消费税应税货物出口使用征税率计算退税

C. 有出口经营权的生产企业出口自产应税货物出口采用免税退税

D. 外贸企业收购应税货物出口，采用免税并退税政策，用退税依据和规定的征税率计算退税

2. 下列对于生产企业出口货物劳务增值税免抵退税，说法正确的有（　　）。

A. 实行免抵退税办法的“免”税是指生产企业出口的自产或视同自产货物，免征出口环节增值税

B. “抵”税是指生产企业出口自产或视同自产货物所耗用的原材料、零部件、燃料、动力等所含应予退还的进项税额，抵顶外销货物的应纳税额

C. “退”税是指生产企业出口自产或视同自产货物在当月内应抵顶的进项税额大于应纳税额时，对未抵顶完的部分予以退税

D. “抵”税是指生产企业出口自产或视同自产货物所耗用的原材料、零部件、燃料、动力等所含应予退还的进项税额，抵顶内销货物的应纳税额

3. 增值税免抵退税账务处理涉及的主要账户设置如下，符合规定有的（　　）。

A. 货物出口并确认收入时，根据出口销售额（CIF 价）借记“应收账款”或“银行存款”账户，贷记“主营业务收入”或“其他业务收入”账户

B. 月末依据《免抵退税汇总申报表》计算出的不得免征和抵扣税额借记“主营业务成本”，贷记“应交税费——应交增值税（进项税额转出）”账户

C. 月末依据《免抵退税汇总申报表》中计算出的应退税借记“其他应收款——应收补贴款”，贷记“应交税金——应交增值税（出口退税）”账户

D. 月末依据《免抵退税汇总申报表》中计算出的“免抵税额”借记“应交税金——应交增值税（进项税额）”账户，贷记“应交税金——应交增值税（出口退税）”账户

三、判断题

1. 企业出口货物、劳务及适用增值税零税率的应税服务在正式申报出口退（免）税之前，应按现行申报办法向主管税务机关进行预申报。（　　）

2. 对骗取国家出口退税款的，由县级以上（含本级）税务机关批准，按规定停止其出口退（免）税资格。（　　）。

四、计算及业务题

某具有进出口经营权的生产企业，对自产货物经营出口销售及国内销售。该企业于2018年6月份购进所需原材料金额20 000元，允许抵扣的进项税额3 200元，取得增值税专用发票；内销产品取得不含税销售额50 000元，出口货物离岸价为6 000美元，当日外汇即期汇率美元与人民币的比值为1∶6.30。假设上期留抵税款1 000元，增值税税率16%，退税率13%，假设没有涉及其他问题

（1）计算不得免征和抵扣税额。

（2）计算本月应纳税额。

（3）计算免抵退税额。

（4）判断是否应该退税，①如应该退税，应退税金额为多少？当期免抵税额是多少？②如不应该退税，是否应该缴交税款？应该缴交多少？当期免抵金额是多少？

五、实训题

A公司是具有进出口经营权的生产企业，对自产货物经营出口销售及国内销售。该企业2018年6月份购进所需原材料金额100 000元，允许抵扣的进项税额16 000元，取得增值税专用发票；已签发转账支票支付该款项；内销产品取得不含税销售额40 000元，出口货物离岸价为10 000美元，当日外汇即期汇率美元与人民币的比值为1∶6.30，内、外销款项均已收存银行。假设上期留抵税款3 000元，增值税税率16%，退税率15%，假设没有涉及其他问题，根据上述资料计算进行出口退（免）税相关项目，并进行会计处理。

参考书目

李杰，宋俊霞．税务会计［M］．沈阳：东北大学出版社，2015.

国家税务总局关于统一小规模纳税人标准有关出口退（免）税问题的公告

第六章　资源税核算

【学习目标】

知识目标

1. 了解资源税的概念、特征、纳税期限与纳税地点。
2. 掌握资源税的纳税人与纳税范围。

能力目标

1. 能正确进行资源税的计算。
2. 熟悉资源开采企业、矿山企业等资源税的计算，并能正确进行资源税的会计处理。
3. 会填制企业资源税的纳税申报表。

第一节　资源税概述

资源税是以部分自然资源为课税对象，对在我国境内（包括领域及管辖海域）开采应税矿产品及生产盐的单位和个人，就其应税产品销售额或销售数量和自用数量为计税依据而征收的一种税。

一、资源税的纳税人与扣缴义务人

（一）资源税的纳税人

在我国领域及管辖海域开采或生产应税矿产品或者生产盐的单位和个人，为资源税的纳税人。自2016年7月1日起，在河北省利用取水工程或者设施直接从江河、湖泊（含水库）和地下取用地表水、地下水的单位和个人，为水资源税纳税人。自2017年12月1日起在北京、天津、山西、内蒙古、山东、河南、四川、陕西、宁夏9个省（自治区、直辖市）扩大水资源税改革试点。开采海洋、陆上油气资源的中外合作油气田、自营油气田，自2011年11月1日起新签订的合同缴纳资源税，不再缴纳矿区使用费。

上述单位是指企业、行政单位、事业单位、军事单位、社会团体及其他单位。个人是指个体工商户和其他个人。

（二）资源税的扣缴义务人

为加强对资源税零散税源的管控，节约征、纳成本，保证税款及时、安全入库，现行资源税规定以收购未税矿产品的独立矿山、联合企业及其他收购未税矿产品的单位作为资源税的扣缴义务人。

（1）根据《资源税暂行条例》规定，收购未税矿产品的独立矿山、联合企业及其他单位为资源税的扣缴义务人。

（2）独立矿山、联合企业收购未税矿产品的，按照本单位应税产品税额、税率标准，依据收购的数量代扣代缴资源税；其他收购单位收购未税矿产品的，按照税务机关规定的应税产品税额、税率标准，依据收购的数量代扣代缴资源税。

（3）开采海洋或陆上油气资源的中外合作油气田，按实物量计算缴纳资源税，一改油气田开采的原油、天然气扣除作业用量和损耗量之后的原油、天然气产量作为课税数量。

二、纳税人征税范围

资源税的征税范围，从理论上看可以包括一切开发和利用的国有资源，但受资源条件、征收条件等的限制，《资源税暂行条例》只将原油、天然气、煤炭、其他非金属原矿、黑色金属原矿、有色金属矿原矿和盐列入了征税范围。自 2016 年 7 月 1 日起，水资源在河北省试点。这样，现行资源税征税范围可以分为矿产品、盐和水资源三大类。

三、资源税的税目和税率

（一）税目

资源税的税目反映征收资源税的具体范围，是资源税课征对象的具体表现形式。资源税暂行条例共设置 8 个大税目。

（1）原油，是指开采的天然原油，不包括人造石油。

（2）天然气，是指专门开采或与原油同时开采的天然气。

（3）煤炭，包括原煤和以未税原煤加工的洗选煤，不包括洗煤、选煤及其他煤炭制品。

（4）其他非金属矿原矿，是指上列产品和井矿盐以外的非金属矿原矿。具体包括宝石、玉石、石墨、大理石、花岗岩、石灰石、石棉等子目。

（5）黑色金属矿原矿，是指纳税人开采后自用或销售的，用于直接入炉冶炼或作为主产品先入选精矿、制造人工矿，再最终入炉冶炼的金属原矿。具体包括铁矿石、锰矿石、铬矿石等子目。

（6）有色金属矿原矿，是指稀土矿和其他有色金属矿原矿。具体包括铜矿石、铅锌矿石、铝土矿石、钨矿石、锡矿石、锑矿石、钼矿石、镍矿石、黄金矿石及其他有色金属原矿等子目。稀土、钨、钼应税产品包括原矿和以自采原矿加工的精矿。

（7）盐，包括固体盐、液体盐。固体盐是指用海、湖水或地下湖水晒制和加工出来呈现固体颗粒状态的盐。具体包括海盐原盐、湖盐原盐和井矿盐。液体盐，俗称卤水，是指氯化钠含量达到一定溶度的溶液，是用于生产碱和其他产品的原料。

（8）水资源。水资源税的征税对象为地表水和地下水。地表水是陆地表面上动态水和静态水的总称，包括江、河、湖泊（含水库）、雪山融水等水资源。地下水是埋藏在地表以下各种形式的水资源。

（二）对伴生矿、伴采矿、伴选矿和岩金矿的征税规定

1. 伴生矿

伴生矿是指在同一矿床内，除主要矿种外，还含有多种可供工业利用的成分，这些成分即称为伴生矿。确定资源税税额时，以作为主产品的元素成分作为定额的主要考虑依据，同时也考虑作为副产品的元素成分及有关因素，但以主产品的矿石名称作为应税品目。例如，攀枝花钢铁公司所属攀枝花矿山公司开采钒钛磁铁矿，它是以铁矿山作为主产品的元素成分，其钒钛是作为副产品伴选而出的，因此，只以铁矿石作为应税品目。在确定其铁矿石的资源等级高低和适用税额时，既考虑了铁矿石资源的级差程度情况，也考虑了钒钛作为副产品的附加值的情况。

2. 伴采矿

伴采矿是指开采单位在同一矿区内开采主产品时，伴采出来非主产品元素的矿山。例如，铜矿石在同一矿区内开采铜矿石原矿时，伴采出铁矿石原矿，则伴采出的铁矿石原矿就称伴采矿。伴采矿量大的，由各省、自治区、直辖市人民政府根据规定对其核定资源税单位税额标准；量小的，在销售时，按照国家对收购单位规定的相应品目的单位税额标准缴纳资源税。

3. 伴选矿

伴选矿是指对矿石原矿中所含主产品进行选精矿的加工过程中，以精矿形式伴选出的副产品。

4. 岩金矿

岩金矿原矿已缴纳过资源税，选冶后形成的尾矿进行再利用的，只要纳税人能够在统计、核算上清楚地反映，并在堆放等具体操作上能够同应税原矿明确区隔开，不再计征资源税。尾矿与原矿如不能划分清楚的，应按原矿计征资源税。

（三）税率

资源税采取从价定率或者从量定额的办法计征，分别以应税产品的销售额乘以纳税人具体适用的比例税率或者以应税产品的销售数量乘以纳税人具体适用的定额税率计算，实施“级差调节”的原则。级差调节是指运用资源税对因资源贮存状况、开采条件、资源优劣、地理位置等客观存在的差别而产生的资源级差收入，通过实施差别税额标准进行调节。资源条件好的，

税率、税额高一些；资源条件差的，税率、税额低一些。具体规定见税目税率表6-1。

表6-1　　　　资源税税目税率表

序号	税目		征税对象	税率幅度
1	原油	天然原油		6%～10%
2	天然气	专门开采或者与原油同时开采的天然气		6%～10%
3	煤炭	原煤和以原煤加工的洗选煤		2%～10%
4	金属矿	稀土矿	轻稀土	地区差别比例税率
5			中重稀土	27%
6		钨矿		6.5%
7		钼矿		11%
8		铁矿	精矿	1%～6%
9		金矿	金锭	1%～4%
10		铜矿	精矿	2%～8%
11		铝土矿	原矿	3%～9%
12		铅锌矿	精矿	2%～6%
13		镍矿	精矿	2%～6%
14		锡矿	精矿	2%～6%
15		未列举名称的其他金属矿产品	原矿或精矿	税率不超过20%
16	非金属矿	石墨	精矿	3%～10%
17		硅藻土	精矿	1%～6%
18		高岭土	原矿	1%～6%
19		萤石	精矿	1%～6%
20		石灰石	原矿	1%～6%
21		硫铁矿	精矿	1%～6%
22		磷矿	原矿	3%～8%
23		氯化钾	精矿	3%～8%
24		硫酸钾	精矿	6%～12%
25		井矿盐	氯化钠初级产品	1%～6%
26		湖盐	氯化钠初级产品	1%～6%
27		提取地下卤水晒制的盐	氯化钠初级产品	3%～15%
28		煤层（成）气	原矿	1%～2%
29		黏土、砂石	原矿	每吨或立方米0.1元－0.5元
30		未列举名称的其他非金属矿产品	原矿或精矿	从量税率每吨或立方米不超过30元；从价税率不超过20%

表6-1(续)

<table>
<tr><th>序号</th><th colspan="2">税目</th><th>征税对象</th><th>税率幅度</th></tr>
<tr><td>31</td><td colspan="2">海盐</td><td>氯化钠初级产品</td><td>1%~5%</td></tr>
<tr><td>32</td><td rowspan="3">水资源</td><td colspan="2" rowspan="2">对水力发电和火力发电贯流式以外的取用水设置最低税额标准</td><td>地表水平均不低于每立方米0.4元</td></tr>
<tr><td>33</td><td>地下水平均不低于每立方米1.5元</td></tr>
<tr><td></td><td colspan="2">水力发电和火力发电贯流式取用水</td><td>每千瓦小时0.005元</td></tr>
</table>

纳税人开采或者生产不同税目应税产品的，应当分别核算不同税目应税产品的销售额或者销售数量；未分别核算或者不能准确提供不同税目应税产品的销售额或者销售数量的，从高适用税率。

四、资源税的纳税期限与纳税地点

（一）纳税义务的确认

资源税的纳税义务发生时间是指纳税人发生应税行为，应承担纳税义务的起始时间。根据纳税人的生产经营、货款结算方式和资源税征收的几种情况，其纳税义务的时间可分为以下几种情况：

（1）纳税人采取分期收款结算方式销售应税产品的，其纳税义务发生时间为销售合同规定的收款日期的当天。

（2）纳税人采取预收货款结算方式销售应税产品的，其纳税义务发生时间为发出应税产品的当天。

（3）纳税人采取除分期收款和预收货款以外的其他结算方式销售应税产品的，其纳税义务发生时间为收讫销售款或者取得销售款凭证的当天。

（4）纳税人自产自用应税产品的，其纳税义务发生时间为移送使用应税产品当天。

（5）水资源税的纳税义务发生时间为纳税人取用水资源的当日。

（6）扣缴义务人代扣代缴税款的，其纳税义务发生时间为支付首笔货款或首次开具支付货款凭据的当天。

（二）纳税地点

（1）纳税人应当向应税产品开采地或者盐的生产所在地缴纳资源税。

（2）纳税人在本省、自治区、直辖市范围开采或者生产应税产品，其纳税地点需要调整的，由省级地方税务机关决定。

（3）纳税人跨省开采资源税应税产品，其下属生产单位与核算单位不在同一省、自治区、直辖市的，对其开采或生产的应税产品，一律在开采地或者生产地纳税。

（4）扣缴义务人代扣代缴的资源税，应向收购地主管税务机关缴纳。

（5）海洋原油、天然气资源税向国家税务总局海洋石油税务管理机构缴纳。

（6）河北省区域内取用水的，水资源税由取水审批部门所在地的地方税务机关征收。其中，由流域管理机构审批用水的，水资源税由取水口所在地的地方税务机关征收。

（三）纳税期限

纳税期限是纳税人发生纳税义务后缴纳税款的期限。资源税的纳税期限为1日、3日、5日、10日、15日或者1个月，纳税人的纳税期限由主管税务机关根据实际情况具体核定。不能按固定期限计算纳税的，可以按次计算纳税。纳税人以1个月为一期纳税的，自期满之日起10日内申报纳税；以1日、3日、5日、10日或者15日为一期纳税的，自期满之日起5日内预缴税款，于次月1日起10日内申报纳税并结清上月税款。

水资源税按季或者按月征收，由主管税务机关根据实际情况确定。不能按固定期限计算纳税的，可以按次申报纳税。

五、资源税的优惠政策

（一）减征、免征规定

（1）纳税人开采或生产应税产品，自用于连续生产应税产品的，不缴纳资源税；自用于其他方面的，视同销售，依法缴纳资源税。

（2）有下列情形之一，减征或免征资源税：

①开采原油过程中用于加热、修井的原油，免税。

②纳税人开采或者生产应税产品过程中，因意外事故或者自然灾害等原因遭受重大损失的，由省、自治区、直辖市人民政府酌情决定减税或者免税。

③国务院规定的其他减税、免税项目。

（3）纳税人的减税免税项目，应当单独核算销售额或者销售数量；未单独核算或者不能准确提供销售额或者销售数量的，不予减税或者免税。

（二）原油、天然气资源税优惠政策

自2014年12月1日起，原油、天然气资源税优惠政策如下：

（1）对油田范围内运输稠油过程中用于加热的原油、天然气免征资源税。

（2）对稠油、高凝油和高含硫天然气资源税减征40%。

（3）对三次采油资源税减征30%。

（4）对低丰度油气田资源税减征20%。

（5）对深水油气田资源税减征30%。深水油气田是指水深超过300米（不含）的油气田。

符合上述减免规定的原油、天然气划分不清的，一律不予减免资源税；同时符合上述两项或两项以上减免税规定的，只能选择其中一项执行，不能叠加适用。

（三）煤炭资源税优惠政策

（1）对衰竭期煤矿开采的煤炭，资源税减征 30%。衰竭期煤矿是指剩余可采储量下降到原设计可采储量的 20%（含）以下，或者剩余服务年限不超过 5 年的煤矿。衰竭期煤矿以煤矿企业下属的单个煤矿为单位，而不是按该煤炭企业所有的煤矿加总确定。

（2）对充填开采置换出来的煤炭，资源税减征 50%。

纳税人开采的煤炭，同时符合上述减水清新的，纳税人只能选择其中一项执行，不能叠加适用。

（3）自 2016 年 7 月 1 日起，对实际开采年限在 15 年（含）以上的衰竭期矿山开采的矿产资源，资源税减征 30%。

（4）对依法在建筑物下、铁路下、水体下通过充填开采方式采出的矿产资源，资源税减征 50%。

（5）对鼓励利用的低品位矿、废石、尾矿、废渣、废水、废气等提取的矿产品，由省级人民政府根据实际情况确定是否给予减税或免税。

（6）关于共伴生矿产的征免税处理。为促进共伴生矿的综合利用，纳税人开采销售共伴生矿，共伴生矿与主矿产品销售额分开核算的，对共伴生矿暂不计征资源税；没有分开核算的，共伴生矿按主矿产品的税目和适用税率计征资源税。财务部、国家税务总局另有规定的，从其规定。

（四）水资源税的税收优惠

（1）对规定限额内的农业生产取用水，免征水资源税。

（2）对取用污水处理回用水、再生水等非常规水源，免征水资源税。

（3）财政部、国家税务总局规定的其他情形。

（五）进出口应税资源退（免）资源税的规定

资源税仅对在我国境内开采生产应税产品的单位和个人征收，进口应税矿产品和盐不征收资源税；对出口应税资源也不免征或者退还已纳的资源税。

六、资源税的计算

自 2016 年 7 月 1 日起全面推进资源税改革，资源税的计税依据为应税产品的销售额或销售量，但对经营分散、多为现金交易且难以控管的黏土、砂石，按照便利征管原则，仍实行从量定额计征。

（一）从价定率征收的计税依据

实行从价定率征收的以销售额作为计税依据。销售额是指为纳税人销售应税产品向购买方收取的全部价款和价外费用，但不包括增值税销项税额和运杂费用。

价外费用，包括价外向购买方收取的手续费、补贴、基金、集资费、返还利润、奖励费、违约金、滞纳金、延期付款利息、赔偿金、代收款项、代垫款项、包装费、包装物租金、储备费、优质费、运输装卸费以及其他各种性质的价外收费。但下列项目不包括在内：

（1）同时符合以下条件的代垫运输费用：承运部门的运输费用发票开具给购买方的；纳税人将该项发票转交给购买方的。

（2）同时符合以下条件代为收取的政府性基金或者行政事业性收费：由国务院或者财政部批准设立的政府性基金，由国务院或者省级人民政府及其财政、价格主管部门批准设立的行政事业性收费；收取时开具省级以上财政部门印制的财政票据；所收款项全额上缴财政。

运杂费用是指应税产品从坑口或洗选（加工）地到车站、码头或购买方指定地点的运输费用、建设基金以及随运销产生的装卸、仓储、港杂费用。运杂费用应与销售额分别核算，凡未取得相应凭据或不能与销售额分别核算的，应一并计征资源税。

（二）从量定额征收的计税依据

实行从量定额征收的以销售数量为计税依据。销售数量的具体规定为：

（1）销售数量，包括纳税人开采或者生产应税产品的实际销售数量和视同销售的自用数量。

（2）纳税人不能准确提供应税产品销售数量的，以应税产品的产量或者主管税务机关确定的折算比换算成的数量为计征资源税的销售数量。

（3）纳税人开采或者生产应税产品自用于连续生产应税产品的，不缴纳资源税；自用于其他方面的，视同销售，依法缴纳资源税。

（4）对于连续加工前无法正确计算原煤移送使用量的煤炭，可按加工产品的综合回收率，将加工产品实际销量和自用量折算为原煤数量，以此作为课税数量。

（5）金属和非金属矿产品原矿，因无法准确掌握纳税人移送使用原矿数量的，可将其精矿按选矿比折算成原矿数量，以此作为课税数量，其计算公式为：

选矿比=加工精矿耗用的原矿数量÷精矿数量

（6）纳税人以自产的液体盐加工固体盐，按固体盐税额纳税，以加工的固体盐数量为课税数量。纳税人以外购的液体盐加工成固体盐，其加工固体盐所耗用液体盐的已纳税额准予扣除。

（7）纳税人在资源税申报时，除财政部、国家税务总局另有规定外，应将其应税和减免税项目分开计算和报送。

（8）水资源的计税依据是实际取水量。

（三）计算资源税应纳税额

资源税的应纳税额按从价定率或者从量定额的办法，分别以应税产品的销售额乘以纳税人具体适用的比例税率或者以应税产品的销售数量乘以纳税人具体适用的定额税率计算。

（1）实行从价定率征收的，根据应税产品的销售额和规定的适用税率计算应纳税额，具体计算公式为：

应纳税额=销售额×适用税率

（2）实行从量定额征收的，根据应税产品的课税数量和规定的单位税额计算应纳税额，具体计算公式为：

应纳税额＝课税数量×单位税额

水资源税实行从量计征。应纳税额计算公式为：

应纳税额＝取水口所在地税额标准×实际取用水量

【例6-1】某金属矿开采企业为增值税一般纳税人，2016年9月生产经营情况如下：销售金属矿石50吨，不含税单价4 000元/吨，当地资源税4%，原矿计税。计算该金属矿应纳资源税税额如下：

应纳资源税税额＝50×4 000×4%＝8 000（元）

第二节　资源税的会计核算

资源税纳税义务人开采或者生产并销售应税产品，应依据税法规定，计算和缴纳资源税。为反映和监督资源税税额的计算和缴纳过程，纳税人应设置“应交税费——应交资源税”账户，贷方登记本期应缴纳的资源税税额，借方登记企业实际缴纳或抵扣的资源税税额，贷方余额表示企业应缴而未缴的资源税税额。

1. 企业销售应税产品应纳资源税的账务处理

企业计算出销售的应税产品应缴纳的资源税，借记“税金及附加”等科目。贷记“应交税费——应交资源税”科目；缴纳资源税时，借记“应交税费——应交资源税”科目，贷记“银行存款”科目。

【例6-2】某煤矿本月对外销售原煤1 200吨，不含税单价10 000元/吨，该煤矿所采原煤的资源税率为5%，应纳资源税600 000元。则相关会计处理为：

（1）计提资源税时：

借：税金及附加	600 000	
贷：应交税费——应交资源税		600 000

（2）缴纳资源税时：

借：应交税费——应交资源税	600 000	
贷：银行存款		600 000

2. 企业自产自用应税产品应纳资源税的账务处理

企业计算出自产自用的应税产品应缴纳的资源税，借记“生产成本”“制造费用”等科目，贷记“应交税费——应交资源税”科目；缴纳资源税时，借记“应交税费——应交资源税”科目，贷记“银行存款”科目。

【例6-3】某企业本月将黏土1 000吨自用于生产部门，根据税法规定企业自用黏土单位税额 2 元/吨，应缴资源税 2 000 元，则相关会计账务处理为：

（1）计提资源税时：

借：生产成本　　2 000

　贷：应交税费——应交资源税　　2 000

（2）缴纳资源税时：

借：应交税费——应交资源税　　2 000

　贷：银行存款　　2 000

3. 企业收购未税矿产品应缴资源税的账务处理

企业收购未税矿产品，按实际支付的收购款，借记“材料采购”或“原材料”等科目，贷记“银行存款”等科目，按代扣代缴的资源税，借记“材料采购”等科目，贷记“应交税费——应交资源税”科目；缴纳资源税时，借记“应交税费——应交资源税”科目，贷记“银行存款”科目。

【例 6-4】某炼铁厂收购某铁矿开采厂矿石 10 000 吨，每吨收购价为 125 元（其中资源税 25 元），购进价总计 1 250 000 元，增值税进项税额 200 000 元（铁矿石的增值税率为 16%），价税合计 1 450 000 元，企业代扣代缴资源税款后用银行存款支付收购款。则相关账务处理为：

借：材料采购　　1 250 000

　　应交税费——应交增值税（进项税额）　　200 000

　贷：银行存款　　1 200 000

　　　应交税费——应交资源税　　250 000

4. 企业外购液体盐加工固体盐，购入液体盐的账务处理

用已纳资源税的应税产品进一步加工应税产品销售的，不再缴纳资源税。以未税产品和已税产品混合销售或者混合加工为应税产品销售的，应当准确核算已税产品的购进金额，在计算加工后的应税产品销售额时，准予扣减已税产品的购进金额；未分别核算的，一并计算缴纳资源税。

购入液体盐不再通过借记“应交税费——应交资源税”科目核算。企业加工成固体盐后，在销售时，按计算出的销售固体盐应缴的资源税，借记“税金及附加”科目，贷记“应交税费——应交资源税”科目。

【例 6-5】某盐厂本月外购液体盐 2 000 吨，每吨不含增值税价款 50 元，该盐厂将全部液体盐加工成固体盐 500 吨，每吨不含增值税售价为 400 元。固体盐适用资源税税率为 5%，增值税税率 16%。则相关会计账务处理为：

（1）购入液体盐的分录：

借：原材料　　100 000

　　应交税费——应交增值税（进项税额）　　16 000

贷：银行存款 116 000

（2）销售固体盐时：

借：银行存款 232 000

贷：主营业务收入 200 000

应交税费——应交增值税（销项税额） 32 000

（3）计提固体盐应缴的资源税：

借：税金及附加 5 000［（200 000−100 000）×5%］

贷：应交税费——应交资源税 5 000

（4）缴纳资源税时：

借：应交税费——应交资源税 5 000

贷：银行存款 5 000

第三节 资源税的纳税申报表的编制

一、纳税单位应税资源纳税申报

（1）核查应税资源项目，确定课税数量，对于应税与非应税资源混同的企业，应具体加以区分。

（2）核查应税项目中按税法规定享受减免税政策的应税资源数量。

（3）根据资源税的明细税额和本地区的具体规定确定适用税率，计算填报纳税申报表。

【例6-5】广阔油田为增值税一般纳税人，纳税人识别号为400004000016816800000，2016年12月生产原油20万吨，当月销售19.5万吨，为连续生产原油使用0.5万吨；开采天然气1 000万立方米，当月销售900万立方米，待售100万立方米。若原油、天然气的单位售价分别为6 000元/吨和2 000元/万立方米，原油、天然气资源税税率均为6%。

要求：确定该油田应缴纳多少资源税。假设您是企业的办税人员，您如何填写资源税纳税申报表？

【分析】

（1）本月销售原油，应纳资源税＝195 000× 6 000×6%＝70 200 000（元）

（2）本月销售天然气，应纳资源税＝900×2 000×6%＝108 000（元）

（3）本月应纳资源税合计＝70 200 000+108 000＝70 308 000（元）

【核算】

（1）计提资源税时：

借：税金及附加　　70 308 000

　贷：应交税费——应交资源税　　70 308 000

（2）缴纳资源税时：

借：应交税费——应交资源税　　70 308 000

　贷：银行存款　　70 308 000

纳税申报表填制方法如表6-2：

表6-2　　资源税纳税申报表（主表）

税款所属时间：自2016年12月01日至2016年12月31日

填表日期：2016年12月31日　　金额单位：元至角分

纳税人识别号：4 0 0 0 0 4 0 0 0 0 1 6 8 1 6 8 0 0 0 0

纳税人名称	（公章）	法定代表人姓名		注册地址		生产经营地址	
开户银行及账号		登记注册类型		电话号码			

税目	子目	折算率或换算比	计量单位	计税销售量	计税销售额	适用税率	本期应纳税额	本期减免税额	本期已缴税额	本期应补（退）税额
1	2	3	4	5	6	7	8①=6×7；8②=5×7	9	10	11=8-9-10
原油	原油				1 170 000 000	6%	70 200 000			70 200 000
天然气	天然气				1 800 000	6%	108 000			108 000
合计		—	—		1 171 800 000	—	70 308 000			70 308 000

授权声明	如果你已委托代理人申报，请填写下列资料：为代理一切税务事宜，现授权　（地址）为本纳税人的代理申报人，任何与本申报表有关的往来文件，都可寄予此人。授权人签字：	申报人声明	本纳税申报表是根据国家税收法律法规及相关规定填写的，我确定它是真实的、可靠的、完整的。声明人签字：

主管税务机关：　　接收人：　　接收日期：　年　月　日

本章小结

资源税是以部分自然资源为课税对象，对在我国境内开采应税矿产品及生产盐的单位和个人，就其应税产品销售额或销售数量和自用数量为计税依据而征收的一种税。自2016年7月1日起全面推进资源税改革，资源税的计税依据为应税产品的销售额或销售量，以应税产品的销售额乘以纳税人具体适用的比例税率计算应纳税额；但对经营分散、多为现金交易且难以控管的黏土、砂石，按照便利征管原则，仍实行从量定额计征，以应税产品的销售数量乘以纳税人具体适用的定额税率计算应纳税额。会计处理时借记“税金及附加”账户，贷记“应交税费——应交资源税”账户。

基本训练

一、单项选择题

1. 根据资源税的现行规定，下列属于资源税征税范围的是（　　）。

A. 土地　　B. 空气
C. 森林　　D. 水资源

2. 下列各项中，征收资源税的是（　　）。

A. 人造石油
B. 蜂窝煤
C. 在河北省利用取水工程直接从地下取用的地表水
D. 已税原煤加工的洗选煤

3. 某油田2016年10月开采原油6.5万吨，当月销售4万吨，取得不含税收入16 000万元；将1.5万吨用于加工成品油，其余1万吨转入库存待销售。该油田当月应纳资源税（　　）万元。（原油资源税税率6%）

A. 800　　B. 1 000
C. 1 320　　D. 1 300

4. 联合企业收购未税矿产品代扣代缴资源税的计税依据是（　　）。

A. 开采数量　　B. 收购数量
C. 销售数量　　D. 使用数量

5. 资源税扣缴义务人代扣代缴的税款，其纳税义务发生时间是（　　）。

A. 支付首笔货款或首次开具支付货款凭据的当天

B. 收到货物的当天

C. 出售所购货物的当天

D. 主管税务机关确定的时间

6. 下列关于资源税的表述错误的是（　　）。

A. 对油田范围内运输稠油过程中用于加热的原油、天然气，免征资源税

B. 纳税人开采或生产的应税产品用于销售，一般在销售地纳税

C. 人造石油不纳资源税

D. 以未税原煤加工的洗选煤需要缴纳资源税

7. 某油田2016年12月销售原油200吨，开具增值税专用发票取得销售额10 000万元、增值税额1 700万元，其适用的税率为6%。该油田12月应缴纳的资源税为（　　）万元。

A. 700　　B. 600

C. 500　　D. 400

8. 纳税人开采应税矿产品销售的，其资源税的征税数量是（　　）。

A. 开采数量　　B. 实际产量

C. 计划产量　　D. 销售数量

9. 以下关于资源税计税依据的描述，正确的是（　　）。

A. 纳税人开采应税产品由其关联单位对外销售，按关联单位的销售额征收资源税

B. 纳税人开采应税产品由其关联单位对外销售，按纳税人的销售额征收资源税

C. 纳税人将其开采的应税产品直接出口的，按其到岸价格（不含增值税）为销售额

D. 纳税人既有对外销售应税产品，又有将应税产品自用于除连续生产应税产品以外的其他方面的，则自用的这部分应税产品，按纳税人对外销售应税产品的最高价格计算销售额征收资源税

10. 某煤矿企业为增值税一般纳税人，2016年12月份自行开采原煤200吨，外购原煤150吨，增值税专用发票上注明的不含税金额为30万元。该煤矿企业于2016年年底将350吨原煤全部销售完毕，其增值税专用发票上注明的不含税金额为80万元。12月份应该缴纳的资源税为（　　）万元。（煤矿资源税税率为5%）

A. 2. 5　　B. 4

C. 0　　D. 1. 5

二、多项选择题

1. 下列有关资源税税收优惠的表述中，正确的有（　　）。

A. 对三次采油资源税减征30%

B. 对低丰度油气田资源税暂减征 40%

C. 对深水油气田资源税减征 30%

D. 对稠油、高凝油和高含硫天然气资源税减征 40%

2. 下列关于资源税的说法中，正确的有（　　）。

A. 销售额是指纳税人销售应税产品向购买方收取的全部价款和价外费用，包括增值税销项税额和运杂费用

B. 运杂费用应与销售额分别核算，凡未取得相应凭据或不能与销售额分别核算的，应当一并计征资源税

C. 纳税人应在事先确定采用何种折合率计算方法，确定后 1 年内不得变更

D. 洗选煤销售额包括洗选副产品的销售额，不包括洗选煤从洗选煤厂到车站、码头等的运输费用

3. 某煤矿销售的下列矿产品，不缴纳资源税的有（　　）。

A. 已税原煤加工的洗煤　　B. 原煤

C. 未税原煤加工的选煤　　D. 用于加工洗煤的原煤

4. 下列表述符合资源税纳税义务发生时间规定的有（　　）。

A. 扣缴义务人代扣代缴税款的，其纳税义务发生时间为支付首笔货款或首次开具支付货款凭据的当天

B. 纳税人自产自用应税产品的，纳税义务发生时间为移送使用当天

C. 纳税人采用分期收款方式销售应税产品的，纳税义务发生时间为发出应税产品当天

D. 水资源税的纳税义务发生时间为纳税人取用水资源的当日

5. 资源税的纳税义务人包括（　　）。

A. 在中国境内开采并销售煤炭的个人

B. 在中国境内生产销售天然气的中外合作企业

C. 在中国境内生产海盐的盐场

D. 2017 年 5 月在河北省利用设施直接从江河取用地下水的单位

6. 下列关于水资源税的说法正确的有（　　）。

A. 水资源税目前仅在河北省范围内试点

B. 水资源税采用从量定额的征收方式

C. 水资源税计税依据是实际耗水量

D. 水资源税的征收范围仅限取用地下水

7. 下列表述中正确的有（　　）。

A. 纳税人开采或者生产应税产品自用的，应以生产数量为课税数量

B. 代理纳税审查首先应确定纳税人计税依据是否准确无误

C. 纳税人开采或者生产应税产品销售的，应以销售数量或销售额为计税依据

D. 对于从量定额征税的应税产品，纳税人不能准确提供应税产品销售数量的，以应税产品的产量或者主管税务机关确定的折算比换算成的数量为计征资源税的销售数量

8. 按照现行政策规定，有关资源税税率的表述中正确的有（　　）。

A. 经营分散的黏土采用从量定额方式计征资源税

B. 以现金交易为主的砂石采用从价计征方式征收资源税

C. 对同一类型取用水，地下水资源税税额标准要高于地表水，水资源紧缺地区地下水资源税税额标准要大幅高于地表水

D. 对特种行业取用水，从高制定税额标准

9. 下列各项中，属于资源税应税产品的有（　　）。

A. 进口原煤　　B. 湖盐原盐

C. 铜矿石　　D. 境外开采的原油

10. 下列各项中，免征资源税的有（　　）。

A. 对衰竭期煤矿开采的煤炭

B. 开采原油过程中用于加热的原油

C. 试点地区的污水处理回用水

D. 开采原油过程中用于修井的原油

三、计算题

1. 某企业为增值税一般纳税人，2016 年 5 月开采天然气 45 000 千立方米，当月销售 37 000 千立方米，取得不含税销售额 7 000 万元，天然气适用税率为 6%，试计算该企业当月应纳资源税。

2. 2016 年 9 月，某油田生产销售原油 40 000 吨，销售人造石油 20 000 吨，销售与原油同时开采的天然气 2 000 万立方米；本月赠送给关系单位未税原油 500 吨。该油田原油适用的单位不含税售价为每吨 5 000 元，天然气适用的单位不含税售价为每万立方米 1 800 元。（按照当地规定，原油、天然气资源税税率均为 6%）计算该油田应缴纳资源税。

四、实训题

甲矿山开采企业为增值税一般纳税人，纳税人识别号为 400004000016816800000，2017 年 5 月发生下列业务：

（1）开采稀土原矿并共生铁矿石，开采总量 1 000 吨，其中稀土原矿 650 吨，本月对外销售稀土原矿 300 吨，每吨不含税价格 0. 8 万元。

（2）将开采的部分稀土原矿连续加工为精矿，本月对外销售稀土精矿 100 吨，每吨不

含税价格 1.6 万元，向购买方一并收取从矿区到指定运达地运杂费 2 万元（与销售额分别核算）；后期又移送 50 吨稀土原矿继续加工稀土精矿，尚未销售。

（3）当月销售铜矿石原矿，取得不含税销售收入 600 万元，销售铜矿石精矿取得不含税销售收入 1 400 万元。

已知：按照市场法计算资源税，稀土矿原矿与精矿换算比为 3.1，稀土原矿、稀土精矿资源税税率为 11%，铜矿精矿、铁矿精矿换算比均为 2.1，铜矿石、铁矿石资源税税率均为 5%。

要求：确定该矿山应缴纳多少资源税。并填写资源税纳税申报表。

资源税纳税申报表（主表）

税款所属时间：自 2016 年 12 月 01 日至 2016 年 12 月 31 日

填表日期：2016 年 12 月 31 日　　　　金额单位：元至角分

纳税人识别号：□□□□□□□□□□□□□□□□□□□□

纳税人名称	（公章）	法定代表人姓名		注册地址		生产经营地址	
开户银行及账号		登记注册类型		电话号码			

税目	子目	折算率或换算比	计量单位	计税销售量	计税销售额	适用税率	本期应纳税额	本期减免税额	本期已缴税额	本期应补（退）税额
1	2	3	4	5	6	7	8①=3×6×7；8②=5×7	9	10	11=8-9-10
合计		—	—			—				

授权声明	如果你已委托代理人申报，请填写下列资料： 为代理一切税务事宜，现授权　（地址） 为本纳税人的代理申报人，任何与本申报表有关的往来文件，都可寄予此人。 授权人签字：	申报人声明	本纳税申报表是根据国家税收法律法规及相关规定填写的，我确定它是真实的、可靠的、完整的。 声明人签字：

主管税务机关：　　　　接收人：　　　　接收日期：　年　月　日

国家税务总局关于全面推进资料税改革的通知（部分节选）

国家税务总局关于资源税改革具体政策问题的通知（部分节选）

国家税务总局　水利部关于印发《水资源税改革试点暂行办法的通知》

财政部　税务总局　水利部关于印发《扩大水资源税改革试点实施办法》的通知

资源征收管理规范（节选）

第七章　环境保护税核算

【学习目标】

知识目标

1. 掌握环境保护税的纳税范围、税目及计税依据。
2. 掌握环境保护税应纳税额的计算。

技能目标

1. 掌握环境保护税的会计处理。
2. 会填制企业环境保护税的纳税申报表并缴纳税款。

第一节　环境保护税基本内容

《中华人民共和国环境保护税法》由中华人民共和国第十二届全国人民代表大会常务委员会第二十五次会议于2016年12月25日通过，自2018年1月1日起施行。

一、环境保护税的特点

环境保护税是为了保护和改善环境，减少污染物排放，推进生态文明建设，对在中华人民共和国领域和中华人民共和国管辖的其他海域，直接向环境排放应税污染物的企业事业单位和其他生产经营者，就其应税污染物，采用从量定额征收的方法征收的一种税。我国现行的环境保护税有以下特点：

（1）环境保护税的开征不会大幅度增加企业税收负担。我国的环境保护税是由原主管部门征收的排污费改为通过税收手段征收的税。为了保证费改税的顺利进行，环境保护税沿袭了排污费的大量内容，将排污费的缴纳人作为环境保护税的纳税人，将应税污染物排放量作为计税依据，将排污费收费标准作为环境保护税的税额下限。这种“税负平移”导致了环境保护税的开征不会影响企业的正常经营，不会使企业税负大幅增加。

（2）环境保护税的征收与管理是由税务机关和环境保护部门共同完成的。环境保护税由税务机关进行征收管理，环境保护部门负责对污染物监测管理，税务机关与环境保护部门建立涉税信息共享平台和工作配合机制，共同实现环境保护税的征收管理。

（3）环境保护税的税率的规定考虑到了各地的具体情况。由于我国各个地区经济发展水平存在较大差异，环境保护税税率在考虑地区差异的基础上，由省、自治区、直辖市人民政府统筹考虑本地区环境承载能力、污染物排放现状和经济社会生态发展目标要求，在《环境保护税税目税额表》规定的税额幅度内提出，报同级人民代表大会常务委员会决定，并报全国人民代表大会常务委员会和国务院备案。

（4）二氧化碳暂不纳入征税范围。二氧化碳排放量的增加是全球气候变暖的重要原因，国际上很多国家对二氧化碳的排放征税，如美国、丹麦都征收二氧化碳税。在我国，由于对二氧化碳征税还存在很大争议，所以二氧化碳暂未纳入征收范围。

【知识拓展】

征收环境保护税的意义：

征收环境保护税一是有利于解决排污费制度存在的执法刚性不足、地方政府干预等问题；二是有利于提高纳税人环保意识，强化企业治污减排的责任；三是有利于构建促进经济结构调整、发展方式转变的绿色税制体系，强化税收调控作用，形成有效的约束激励机制，提高全社会的环境保护意识，推进生态文明建设和绿色发展；四是通过“清费立税”，有利于规范政府分配秩序，优化财政收入结构，强化预算约束。

环境保护费改税以“税负平移”为原则，主要根据现行排污费项目设置税目，将排污费的缴纳人作为环境保护税的纳税人，将应税污染物排放量作为计税依据，将现行排污收费标准作为环境保护税的税额下限。

二、环境保护税主要内容

（一）环境保护税的纳税人

环境保护税的纳税人是指在中华人民共和国领域和中华人民共和国管辖的其他海域，直接向环境排放应税污染物的企业事业单位和其他生产经营者。

（二）征收对象

环境保护税的征税对象确定为大气污染物、水污染物、固体废物和噪声四大类。具体应税污染物包括：

1. 大气污染物

大气污染物，指由于人类活动或自然过程排入大气的并对人和环境产生有害影响的物质。大气污染物可分为颗粒状污染物和气态污染物两大类。

【知识拓展】

在干净的大气中，恒量气体的组成是微不足道的。但是在一定范围的大气中，出现了原来没有的微量物质，其数量和持续时间，都有可能对人、动物、植物及物品、材料产生不利影响和危害。当大气中污染物质的浓度达到有害程度，以至破坏生态系统和人类正常生存和发展的条件，对人或物造成危害的现象叫作大气污染。

2. 水污染物

水体污染物是指进入水体后使水体的正常组成和性质发生直接或间接有危害人类的变化的物质。这种物质有的是人类活动产生的，也有天然的。是否成为水体污染物，主要是其进入后是否对人类产生危害。有的物质进入水体后通过化学反应、物理和生物作用会转变成新的危害更大的污染物质，也可能降解成无害的物质。常见的水体污染物的种类有酸、碱、盐等无机物污染、重金属污染、耗氧物质污染和植物营养物质污染等。

3. 固体废物

固体废物是指在生产、生活和其他活动过程中产生的丧失原有的利用价值或者虽未丧失利用价值但被抛弃或者放弃的固体、半固体和置于容器中的气态物品、物质以及法律、行政法规规定纳入废物管理的物品、物质。另外，不能排入水体的液态废物和不能排入大气的置于容器中的气态物质，由于这类物质多具有较大的危害性，一般归入固体废物管理体系。固体废物是指人类在生产建设、日常生活和其他活动产生的，在一定时间和地点无法利用而被丢弃的污染环境的固体、半固体废弃物质。

4. 噪声

噪声是指发声体做无规则振动时发出的声音。声音由物体的振动产生，以波的形式在一定的介质（如固体、液体、气体）中进行传播。通常所说的噪声污染是指人为造成的。当噪声对人及周围环境造成不良影响时，就形成噪声污染。环噪声的来源很广，由于检测条件等影响，目前环境保护税应税的污染噪声主要是指工业噪声。

注意，有下列情形之一的，不属于直接向环境排放污染物，不缴纳相应污染物的环境保护税：企业事业单位和其他生产经营者向依法设立的污水集中处理、生活垃圾集中处理场所排放应税污染物的；企业事业单位和其他生产经营者在符合国家和地方环境保护标准的设施、场所贮存或者处置固体废物的。

（三）税目税额

依照表 7-1，应税大气污染物和水污染物的具体适用税额的确定和调整，由省、自治区、直辖市人民政府统筹考虑本地区环境承载能力、污染物排放现状和经济社会生态发展目标要求，在规定的税额幅度内提出，并按规定备案。

表 7-1　　环境保护税税目税额表

税目	计税单位	税额	备注
大气污染物	每污染当量	1.2~12 元	
水污染物	每污染当量	1.4~14 元	

表7-1(续)

税目		计税单位	税额	备注
固体废物	煤矸石	每吨	5元	
	尾矿	每吨	15元	
	危险废物	每吨	1 000元	
	冶炼渣、粉煤灰、炉渣、其他固体废物	每吨	25元	
噪声	工业噪声	超标1~3分贝	每月350元	(1)一个单位边界上有多处噪声超标，根据最高一处超标声级计算应纳税额；当沿边界长度超过100米有两处以上噪声超标，按照两个单位计算应纳税额。(2)一个单位有不同地点作业场所的，应当分别计算应纳税额，合并计征。(3)昼、夜均超标的环境噪声，昼、夜分别计算应纳税额，累计计征。(4)声源一个月内超标不足15天的，减半计算应纳税额。(5)夜间频繁突发和夜间偶然突发厂界超标噪声，按等效声级和峰值噪声两种指标中超标分贝值高的一项计算应纳税额。
		超标4~6分贝	每月700元	
		超标7~9分贝	每月1 400元	
		超标10~12分贝	每月2 800元	
		超标13~15分贝	每月5 600元	
		超标16分贝以上	每月11 200元	

其他附表参考电子资料。

（四）计税依据

环境保护税以污染排放量为计税依据，具体而言应税污染物的计税依据，按照下列方法确定：

（1）应税大气污染物按照污染物排放量折合的污染当量数确定；

（2）应税水污染物按照污染物排放量折合的污染当量数确定；

（3）应税固体废物按照固体废物的排放量确定；

（4）应税噪声按照超过国家规定标准的分贝数确定。

应税大气污染物、水污染物的污染当量数，以该污染物的排放量除以该污染物的污染当量值计算。每种应税大气污染物、水污染物的具体污染当量值，依照税法所附《应税污染物和当量值表》执行。每一排放口或者没有排放口的应税大气污染物，按照污染当量数从大到小排序，对前三项污染物征收环境保护税。每一排放口的应税水污染物，按照本法所附《应税污染物和当量值表》，区分第一类水污染物和其他类水污染物，按照污染当量数从大到小排序，对第一类水污染物按照前五项征收环境保护税，对其他类水污染物按照前三项征收环境保护税。省、自治区、直辖市人民政府根据本地区污染物减排的特殊需要，可以增加同一排放口征收环境保护税的应税污染物项目数，报同级人民代表大会常务委员会决定，并报全国人民代表大会常务委员会和国务院备案。

应税大气污染物、水污染物、固体废物的排放量和噪声的分贝数，按照下列方法和顺序计算：

（1）纳税人安装使用符合国家规定和监测规范的污染物自动监测设备的，按照污染物自动监测数据计算；

（2）纳税人未安装使用污染物自动监测设备的，按照监测机构出具的符合国家有关规定和监测规范的监测数据计算；

（3）因排放污染物种类多等原因不具备监测条件的，按照国务院环境保护主管部门规定的排污系数、物料衡算方法计算；

（4）不能按照本条第一项至第三项规定的方法计算的，按照省、自治区、直辖市人民政府环境保护主管部门规定的抽样测算的方法核定计算。

（五）申报缴纳

纳税义务发生时间为纳税人排放应税污染物的当日。纳税人应当向应税污染物排放地的税务机关申报缴纳环境保护税。环境保护税按月计算，按季申报缴纳。不能按固定期限计算缴纳的，可以按次申报缴纳。

（六）征收管理

环境保护税的征管模式为“企业申报、税务征收、环保协同、信息共享”，即环境保护税由地方税务机关负责征收管理；环境保护主管部门依照本法和有关环境保护法律法规的规定负责对污染物的监测管理；县级以上地方人民政府应当建立税务机关、环境保护主管部门和其他相关单位分工协作工作机制，加强环境保护税征收管理，保障税款及时、足额入库。

（七）税收减免

税法规定下列情形，暂予免征环境保护税：

（1）农业生产（不包括规模化养殖）排放应税污染物的；

（2）机动车、铁路机车、非道路移动机械、船舶和航空器等流动污染源排放应税污染物的；

（3）依法设立的城乡污水集中处理、生活垃圾集中处理场所排放相应应税污染物，不超过国家和地方规定的排放标准的；

（4）纳税人综合利用的固体废物，符合国家和地方环境保护标准的；

（5）国务院批准免税的其他情形。该项免税规定，由国务院报全国人民代表大会常务委员会备案。

纳税人排放应税大气污染物或者水污染物的浓度值低于国家和地方规定的污染物排放标准百分之三十的，按百分之七十五减征环境保护税。纳税人排放应税大气污染物或者水污染物的浓度值低于国家和地方规定的污染物排放标准百分之五十的，按百分之五十减征环境保护税。

【知识链接】

《中华人民共和国环境保护税法》规定的应税大气污染物或者水污染物的浓度值，是指纳税人安装使用的污染物自动监测设备当月自动监测的应税大气污染物浓度值的小时平均值再平均所得数值或者应税水污染物浓度值的日平均值再平均所得数值，再或是监测机构当月监测的应税大气污染物、水污染物浓度值的平均值。若应税大气污染物浓度值的小时平均值或者应税水污染物浓度值的日平均值，以及监测机构当月每次监测的应税大气污染物、水污染物的浓度值不超过国家和地方规定的污染物排放标准，可按规定减征环境保护税。按规定减征环境保护税的，应当对每一排放口排放的不同应税污染物分别计算。

【知识拓展】

环境保护税与排污费的区别

（1）依法征税，增强了执法刚性。环境保护税的开征，税务机关必须严格按照《中华人民共和国税收征收管理法》及其实施细则、《中华人民共和国环境保护税法》及其实施条例等税收法律、法规，依法征税。通过税收的强制性和固定性克服了排污费制度存在的不足，增强了执法刚性。

（2）增加了企业减排的税收减免档次。现行排污费制度只规定了一档减排税收减免，即：纳税人排放应税大气污染物或者水污染物的浓度值低于规定标准百分之五十的，减半征收环境保护税。环境保护税法增设了一档减排税收减免，即：纳税人排放应税大气污染物或者水污染物的浓度值低于规定标准百分之三十的，减按百分之七十五征收环境保护税。

（3）征收部门的变化。排污费由环保局负责征收，现在由地税局负责征收，但是由于环境保护税作为新税种，专业性强、监督检测困难，环保部门的密切合作，实现信息共享，加强征管互助。

（4）征收频率的差别。排污费的征收：重点企业按季征收，小型企业按年征收。现在环境保护税的征收：按月计算，按季申报缴纳。征收频率的变化，直接影响到工作量的增加。

（5）地方留成有变化。征收排污费，中央和地方留成按照 1∶9 的比例进行，而环保税将全部归地方留成，中央不再分成，具体省市县三级如何分配以正式文件为准。

第二节　环境保护税的计算及会计处理

一、环境保护税的计算

《中华人民共和国环境保护税法》的附件 2《应税污染物和当量值表》明确了应税大

气污染物、应税水污染物、应税固体废物和噪声的种类。应当注意的是，并不是所有污染物都是需要缴税的应税污染物。纳税人应首先确定自己应纳税的污染物种类。

（一）应税污染物的种类

根据税法规定，应税水污染物和有组织排放的应税大气污染物及噪声可以通过监测的方法确定。无组织排放的应税大气污染物的种类，则要通过分析物料的种类、生产工艺的反应原理等方式确定。采用监测的方法确定水污染物种类，将应税水污染物按污染当量数从大到小排序，对一类水污染物按前五项征收，对其他类按前三项征收；对没有排放口进行无组织排放的应税大气污染物，可以按某车间的生产工艺流程涉及的物料种类及反应过程来判断应税污染物的种类。无论采取何种手段，应税污染物的种类确定方式必须是有据可查、有法可依的。

（二）应税污染物数量的计算

应税固体废物的计税依据，按照固体废物的排放量确定。固体废物的排放量为当期应税固体废物的产生量减去当期应税固体废物的贮存量、处置量、综合利用量的余额。固体废物的贮存量、处置量，是指在符合国家和地方环境保护标准的设施、场所贮存或者处置的固体废物数量；固体废物的综合利用量，是指按照国务院发展改革、工业和信息化主管部门关于资源综合利用要求以及国家和地方环境保护标准进行综合利用的固体废物数量。纳税人如有非法倾倒应税固体废物或进行虚假纳税申报的情形的，以其当期应税固体废物的产生量作为固体废物的排放量。

应税大气污染物、水污染物的计税依据，按照污染物排放量折合的污染当量数确定。纳税人有下列情形之一的，以其当期应税大气污染物、水污染物的产生量作为污染物的排放量：

（1）未依法安装使用污染物自动监测设备或者未将污染物自动监测设备与环境保护主管部门的监控设备联网；

（2）损毁或者擅自移动、改变污染物自动监测设备；

（3）篡改、伪造污染物监测数据；

（4）通过暗管、渗井、渗坑、灌注或者稀释排放以及不正常运行防治污染设施等方式违法排放应税污染物；

（5）进行虚假纳税申报。

另外，从两个以上排放口排放应税污染物的，对每一排放口排放的应税污染物分别计算征收环境保护税；纳税人持有排污许可证的，其污染物排放口按照排污许可证载明的污染物排放口确定。纳税人未安装使用污染物自动监测设备的，按照监测机构出具的符合国家有关规定和监测规范的监测数据计算。

环保税应缴税额=污染当量数×税额

污染当量数=污染当量/污染当量值

说明：公式中的水或气，污染当量一定要换算成千克，污染当量值直接取自环保税法税目表。

污染当量=每个排放口的水或气排放总量×污染物浓度

【例 7-1】甲化工厂是环境保护税纳税人，该厂仅有 1 个污水排放口且直接向黄河排放污水，已安装使用符合国家规定和监测规范的污染物自动监测设备。检测数据显示，2018 年 1 月份，该排放口共排放污水 5 万吨（折合 5 万立方米），应税污染物为六价铬，浓度为：0.5mg/L。请计算该化工厂 1 月份应当缴纳的环境保护税（该厂所在省的水污染物税率为 3 元/污染当量，六价铬的污染当量值为 0.02）。

【解】（1）计算污染当量数

六价铬污染当量数=1 月份排放总量×浓度值÷当量值=50 000 000×0.5÷1 000 000÷0.02=1 250

（2）应纳环境保护税=1 250×3=3 750（元）

【例 7-2】某企业 2018 年 1 月产生煤矸石 800 吨，其中符合国家、地方环境保护标准和资源综合利用标准综合利用的煤矸石 200 吨，在符合国家和地方环境保护标准的设施贮存 300 吨，计算该企业 2018 年 1 月煤矸石应缴纳的环境保护税并进行账务处理。

【解】应纳税额=（800-200-300）×5=1 500（元）

二、环境保护税的会计处理

为核算环境保护税，设置“应交税费——应交环境保护税”账户。计算出应缴纳的环境保护税时，借记“税金及附加”，贷记“应交税费——应交环境保护税”，实际申报缴纳税款时，借记“应交税费——应交环境保护税”，贷记“银行存款”。

【例 7-3】某砖厂设计年产量为 3 000 万块/年，2018 年 1 月份产量为 200 万块，1 月份共生产 25 天。1 月份监测报告显示如下表 7-2 和表 7-3：

表 7-2　　窑炉废气监测结果

采样时间	采样点	标干流量 m^3/h	监测项目	二氧化硫 mg/m^3	氮氧化物 mg/m^3	烟尘 mg/m^3
1 月 8 日	窑炉烟囱监测孔	32 484	实测	20	17	5
			折算	112	95	28

注：1 千克（kg）=1 000 克（g），1 克（g）=1 000 毫克（mg）

表 7-3　　砖厂厂界噪声监测结果

监测地点	监测时间	监测结果 dB（A）	标准 dB（A）	监测时间	监测结果 dB（A）	标准 dB（A）
厂界东外 1m 处	1 月 8 日昼间	65	60	1 月 8 日夜间	43.3	50
厂界南外 1m 处		63	60		40.5	50
厂界西外 1m 处		56.4	60		41.2	50
厂界北外 1m 处		57.6	60		40.6	50
备注：夜间监测时，制坯工序未生产。实际测量，厂界东、南测点距离超过 100m。						

注：db 分贝

查《大气污染物污染当量值》表，可知二氧化硫污染当量值为 0.95kg，氮氧化物污染当量值为 0.95kg，烟尘污染当量值为 2.18kg。

【解】该砖厂 1 月份烟气总排放量 = 32 484m^3/h×24h/d×25 天 = 19 490 400m^3

二氧化硫排放量 = 19 490 400×20 = 389 808 000mg = 389.8kg

氮氧化物排放量 = 19 490 400×17 = 331 336 800mg = 331.3kg

烟尘排放量 = 19 490 400×5 = 97 452 000mg = 97.5kg

1 月份废气污染当量 = 389.8÷0.95+331.3÷0.95+97.5÷2.18 = 803.8

则该砖厂 1 月份废气应纳税额 = 803.8×2.4 = 1 929.12（元）

因该砖厂厂界东噪声超标 5dB，厂界南噪声超标 3dB，根据《环境保护税法》附表 1，超标 1~3 分贝为每月 350 元，超标 4~6 分贝为每月 700 元，一个单位边界上有多处噪声超标，根据最高一处超标声级计算应纳税额；当沿边界长度超过 100 米有两处以上噪声超标，按照两个单位计算应纳税额。

该砖厂 1 月份应纳噪声超标税额 = 700×2 = 1 400（元）

该砖厂 1 月份应纳环境保护税额 = 1 929.12+1 400 = 3 329.12（元）

会计分录如下：

借：税金及附加　　3 329.12

　贷：应交税费——应交环境保护税　　3 329.12

【例 7-4】承【例 7-1】，计算出甲化工厂 1 月应纳的环境保护税时

借：税金及附加　　3 750

　贷：应交税费—应交环境保护税　　3 750

第三节　环境保护税纳税申报表的填制

环境保护税的纳税申报有两种方式，一是网上申报；二是现场申报，即填制纸质申报表并加盖公章后到当地办税服务厅办理纳税申报。

环境保护税报表由两部分构成，分别是《环境保护税基础信息采集表》和《环境保护税纳税申报表》。《环境保护税基础信息采集表》用于一次性采集纳税人基础税源信息，《环境保护税纳税申报表》适用于纳税人按期申报及按次申报。

一、环境保护税基础信息采集表

环境保护税基础信息采集表用于一次性采集纳税人环境保护税基础信息，包括 1 张主表和 4 张附表。主表是《环境保护税基础信息采集表》，用于采集纳税人基本信息、主要污染物类别以及应税污染物排放口等相关信息项。附表用于采集纳税人各类应税污染物的相关信息以及污染物排放量计算方法。纳税人应根据实际排放污染物类别，向主管税务机关一次性报送应税污染物的基础信息采集表和相应附表。纳税人基础信息发生变化的，应在基础信息发生变化当季的纳税申报期结束前，向主管税务机关申报办理变更手续。

二、环境保护税纳税申报表

《环境保护税纳税申报表》分为 A 类申报表与 B 类申报表。

(一) A 类申报表

A 类申报表采用主表加附表的结构，包括 1 张主表和 5 张附表，主表是《环境保护税纳税申报表（A 类）》，用于纳税人对按月计算的明细数据进行季度汇总申报。

(二) B 类申报表

B 类申报表即《环境保护税纳税申报表（B 类）》适用于除 A 类申报之外的其他纳税人，包括按次申报纳税人、适用环境保护税法所附《禽畜养殖业、小型企业和第三产业水污染物当量值》表的纳税人和采用抽样测算方法计算污染物排放量的纳税人。除按次申报外，纳税人应按月填写 B 类表，按季申报。

本章小结

（1）环境保护税是2018年1月1日起开征的，是对在我国领域和管辖的其他海域，直接向环境排放应税污染物的企业事业单位和其他生产经营者，就其排放应税污染物，采用从量定额征收的方法征收的一种税。

（2）环境保护税的税征税对象是指税法规定的大气污染物、水污染物、固体废物和噪声。

（3）环境保护税的应税污染物的计税依据：应税大气污染物按照污染物排放量折合的污染当量数确定；应税水污染物按照污染物排放量折合的污染当量数确定；应税固体废物按照固体废物的排放量确定；应税噪声按照超过国家规定标准的分贝数确定。

（4）环境保护税应纳税额按照下列方法计算：应税大气污染物的应纳税额为污染当量数乘以具体适用税额；应税水污染物的应纳税额为污染当量数乘以具体适用税额；应税固体废物的应纳税额为固体废物排放量乘以具体适用税额；应税噪声的应纳税额为超过国家规定标准的分贝数对应的具体适用税额。

（5）《环境保护税法》规定，环境保护税的征收机关是应税污染物排放地的税务机关。

基本训练

一、单项选择题

1. 《环境保护税法》规定，环境保护税的征收机关是（　　）。

A. 应税污染物排放地的税务机关

B. 纳税人所在地的税务机关

C. 应税污染物排放地的税务机关或纳税人所在地的税务机关

D. 污染影响范围内的税务机关

2. 纳税人排放应税大气污染物或者水污染物的浓度值低于国家和地方规定的污染物排放标准百分之三十的，减按（　　）征收环境保护税。

A. 百分之七十五　　B. 百分之五十五

C. 百分之三十五　　D. 百分之三十

3. 环境保护税纳税义务发生时间为纳税人排放应税污染物的（　　）。

A. 当月　　　　B. 当季
C. 当年　　　　D. 当日

4. 环境保护税按月计算，按（　　）申报缴纳。不能按固定期限计算缴纳的，可以按次申报缴纳。

A. 日　　　　B. 月
C. 季　　　　D. 年

二、多项选择题

1.《环境保护税法》规定，环境保护税的征税对象包括（　　）。

A. 大气污染物　　　　B. 水污染物
C. 固体废物　　　　D. 噪声

2. 下列关于环境保护税应纳税额计算的表述中，正确的有（　　）。

A. 应税大气污染物的应纳税额为污染排放量乘以具体适用税额
B. 应税水污染物的应纳税额为污染当量数乘以具体适用税额
C. 应税固体废物的应纳税额为固体废物排放量乘以具体适用税额
D. 应税噪声的应纳税额为超过国家规定标准的分贝数对应的具体适用税额

3. 下列各项中，暂予免征环境保护税的有（　　）。

A. 农业生产（不包括规模化养殖）排放应税污染物的
B. 机动车等流动污染源排放应税污染物的
C. 依法设立的城乡污水集中处理、生活垃圾集中处理场所排放应税污染物的
D. 纳税人综合利用的固体废物，符合国家和地方环境保护标准的

4. 应税污染物的计税依据，按照下列方法确定：（　　）。

A. 应税大气污染物按照污染物排放量折合的污染当量数确定
B. 应税水污染物按照污染物排放量折合的污染当量数确定
C. 应税固体废物按照固体废物的排放量确定
D. 应税噪声按照超过国家规定标准的分贝数确定

三、判断题

1. 直接向环境排放应税污染物的企业事业单位和其他生产经营者为环境保护税的纳税人，为污染税的纳税人。（　　）

2. 企业事业单位和其他生产经营者向依法设立的污水集中处理、生活垃圾集中处理场所排放应税污染物的，不属于直接向环境排放污染物，不缴纳相应污染物的环境保护税。（　　）

3. 企业事业单位和其他生产经营者在符合国家和地方环境保护标准的设施、场所贮

存或者处置固体废物的，缴纳环境保护税。（　　）

4. 依法设立的城乡污水集中处理、生活垃圾集中处理场所超过国家和地方规定的排放标准向环境排放应税污染物的，不应当缴纳环境保护税。（　　）

5. 企业事业单位和其他生产经营者贮存或者处置固体废物不符合国家和地方环境保护标准的，应当缴纳环境保护税。（　　）

6. 每一排放口或者没有排放口的应税大气污染物，按照污染当量数从大到小排序，对前五项污染物征收环境保护税。（　　）

四、业务题

1. 某火电厂 2018 年 1 月向大气中排放二氧化硫 10 千克，氮氧化物 20 千克，一氧化碳 300 千克，汞及其化合物 1 千克。大气污染物适用税额为每污染当量 1.2 元。该电厂只有一个排放口，查《应税污染物和当量值表》，相应污染物的污染当量值分别为每千克 0.95、0.95、16.7 和 0.000 1，计算 1 月大气污染物应缴纳的环境保护税，并写出计提税金的会计分录。

2. 某水污染物排放企业 2018 年 1 月向水体直接排放第一类水污染物总汞、总镉、总铬、六价铬、总砷、总铅各 1 千克。排放其他类水污染物悬浮物（SS）、生化需氧量、总有机碳、氨氮、挥发酚各 20 千克。水污染物适用税额为每污染当量 1.4 元。（查《应税污染物和当量值表》第一类水污染物的污染当量值分别为：0.000 5、0.005、0.04、0.02、0.02、0.025；第二类水污染物的污染当量值分别为 4、0.5、0.49、0.8、0.08。）计算该企业 1 月水污染物应缴纳的环境保护税，写出会计分录。

3. 某企业 2018 年 1 月在甲、乙两地作业均存在夜间噪声超标。甲作业场所一个单位边界上有两处噪声超标，分别为超标 1 分贝 ~3 分贝、超标 7 分贝 ~9 分贝，超标天数为 16 天；乙作业场所沿边界长度 110 米有两处噪声超标，分别为超标 1 分贝 ~3 分贝、超标 7 分贝 ~9 分贝，两处超标天数为 14 天。计算该企业 1 月噪声污染应缴纳的环境保护税并进行账务处理。

环境保护税的提出

我国环境保护税的开征背景

关于环境保护税有关问题的通知

《中华人民共和国环境保护税法》

《中华人民共和国环境
保护税法实施条例》

《广东省地方税务局环境保护税
核定征收管理办法（试行）》

申报环境保护税的注意事项

第八章　土地增值税核算

【学习目标】

知识目标

1. 了解土地增值税的概念、特征、纳税期限与纳税地点。
2. 掌握土地增值税的纳税人与纳税范围。

能力目标

1. 能正确进行土地增值税的计算
2. 熟练进行土地增值税的会计处理和熟悉土地增值税报表的编制。

第一节　土地增值税概述

一、土地增值税概念

（一）土地增值税的含义

土地增值税是对有偿转让国有土地使用权及地上的一切建筑物和其他附着物产权并取得增值性收入的单位和个人所征收的一种税。

国务院于 1993 年 12 月 13 日发布了《中华人民共和国土地增值税暂行条例》（以下简称《土地增值税暂行条例》），财政部于 1995 年 1 月 27 日颁布了《中华人民共和国土地增值税暂行条例实施细则》，决定自 1994 年 1 月 1 日起在全国开征土地增值税，这是我国（除台湾地区外）开征的第一个对土地增值额或土地收益额征收的税种。

（二）土地增值税的特点

土地增值税有以下几个特点：

1. 以转让房地产取得的增值额为征税对象

我国的土地增值税属于“土地转移增值税”的类型，将土地、房屋的转让收入合并征收。作为征税对象的增值额，是纳税人转让房地产的收入减除税法规定准予扣除项目金额后的余额。

2. 征税面比较广

凡在我国境内转让房地产并取得增值收入的单位和个人，除税法规定免税的外，均应依照税法规定缴纳土地增值税。换言之，凡发生应税行为的单位和个人，不论其经济性质，也不分内、外资企业或中、外籍人员，无论专营或兼营房地产业务，均有缴纳土地增值税的义务。

3. 采用扣除法和评估法计算增值额

土地增值税在计算方法上考虑我国实际情况，以纳税人转让房地产取得的收入，减去法定扣除项目金额后的余额作为计税依据。对旧房及建筑物的转让以及对纳税人转让房地产申报不实、成交价格偏低的，采用评估价格法确定增值额，计征土地增值税。

4. 实行超率累进税率

土地增值税的税率是以转让房地产的增值率高低为依据，按照累进原则设计的，实行分级计税。增值率高的，适用的税率高、多纳税；增值率低的，适用的税率低、少纳税，税收负担较为合理，体现了国家政策。

5. 实行按次征收，其纳税时间、缴纳方法根据房地产转让情况而定

土地增值税在发生房地产转让环节，实行按次征收，每发生一次转让行为，就应根据每次取得的增值额征一次税。其纳税时间和缴纳方法根据房地产转让情况而定。

二、纳税人及征税范围

（一）纳税人

根据《土地增值税暂行条例》规定，土地增值税的纳税人是转让国有土地使用权及地上建筑物及其附着物产权并取得收入的单位和个人。包括机关、团体、部队、企业事业单位、个体工商业户及国内其他单位和个人，还包括外商投资企业、外国企业及外国机构、华侨、港澳台同胞及外国公民等。

（二）征税范围

土地增值税的课税对象是有偿转让国有土地使用权及地上建筑物和其他附着物产权所取得的增值额。

1. 征税范围的一般规定

（1）土地增值税只对转让国有土地使用权的行为课税，转让非国有土地和出让国有土地的行为均不征税。

（2）土地增值税既对转让土地使用权课税，也对转让地上建筑物和其他附着物的产权征税。

（3）土地增值税只对有偿转让的房地产征税，对以继承、赠与等方式无偿转让的房地产，不予征税。

2. 具体规定见表 8-1

表 8-1 土地增值税的征税范围

具体事项	是否征收土地增值税
合作建房（一方出地，一方出资金）	建成后自用，暂免税 建成后转让，征税
房地产交换	征收（个人之间互换自有居住用房免征）
房地产抵押	抵押期：不征税； 期满房地产抵债：征税
房地产出租	不征税
房地产评估增值	不征税
国家收回国有土地使用权、征用地上建筑物及附着物	免征土地增值税
房地产的代建房行为	不征土地增值税
土地使用者转让、抵押、置换土地	征税

三、税率

由于土地增值税的主要目的在于抑制房地产的投机、炒卖活动，限制滥占耕地的行为，并适当调节纳税人的收入分配，保障国家权益，因此，税率设计的基本原则是：增值多的多征，增值少的少征，无增值的不征。按照这个原则，土地增值税采用四级超率累进税率（见表 8-2）。其中，最低税率为 30%，最高税率为 60%，税收负担高于企业所得税实行这样的税率结构和负担水平，一方面，可以对正常的房地产开发经营，通过较低税率体现优惠政策；另一方面，对取得过高收入，尤其是对炒买炒卖房地产获取暴利的单位和个人，也能发挥一定的调节作用。

表 8-2 土地增值税四级超率累进税率表

级数	增值额与扣除项目金额的比率	税率（%）	速算扣除系数
1	不超过 50% 的部分	30	0
2	超过 50%～100% 的部分	40	5
3	超过 100%～200% 的部分	50	15
4	超过 200% 的部分	60	35

四、税收优惠

（一）一般减免税规定

（1）建造普通标准住宅出售，增值额未超过扣除项目金额之和20%的，免征土地增值税；增值额超过扣除项目金额之和20%的，应就其全部增值额按规定计税。

（2）因国家建设需要而被政府依法征用、收回的房地产，免征土地增值税。具体是指因城市实施规划、国家建设的需要而被政府批准征用的房产或收回的土地使用权。

因城市实施规划、国家建设的需要而搬迁，由纳税人自行转让原房地产的，比照本规定免征土地增值税。

符合上述免税规定的单位和个人，须向房地产所在地税务机关提出免税申请，经税务机关审核后，免予征收土地增值税。

（3）自1999年8月1日起，对居民个人拥有的普通住宅，在其转让时暂免征收土地增值税。个人因工作调动或改善居住条件而转让原自用住房（非普通住宅），经向税务机关申报核准，凡居住满5年或5年以上的免予征收土地增值税；居住3年未满5年的，减半征收土地增值税。居住未满3年的，按规定计征土地增值税。

（4）对企事业单位、社会团体以及其他组织转让旧房作为公共租赁住房房源，且增值额未超过扣除项目金额20%的，免征土地增值税。

（5）对个人之间互换自有居住用房地产的，经当地税务机关核实，可以免征土地增值税。

（6）为支持鲁甸地震灾后恢复重建工作，自2014年8月3日起至2016年12月31日止，对政府为受灾居民组织建设的安居房建设用地，转让时免征土地增值税。

（二）特殊减免税规定

（1）企业改制将国有土地、房屋权属转移、变更到改建后的企业，暂不征土地增值税。

（2）按照法律规定或者合同约定，两个或两个以上企业合并为一个企业，且原企业投资主体存续的，对原企业将国有土地、房屋权属转移、变更到合并后的企业，暂不征土地增值税。

（3）按照法律规定或者合同约定，企业分设为两个或两个以上与原企业投资主体相同的企业，对原企业将国有土地、房屋权属转移、变更到分立后的企业，暂不征土地增值税。

（4）单位、个人在改制重组时以国有土地、房屋进行投资，对其将国有土地、房屋权属转移、变更到被投资的企业，暂不征土地增值税。

（5）上述改制重组有关土地增值税政策不适用于房地产开发企业。

五、征收管理

（一）纳税时间和缴纳方法

土地增值税的纳税时间要根据房地产转让的不同情况，由主管税务机关具体确定。具体有三种情况：

（1）以一次交割、付清价款方式转让房地产的。主管税务机关可在纳税人办理纳税申报后，根据其应纳税额的大小及向有关部门办理过户、登记手续的期限等，规定其办理过户、登记手续前数日内一次性缴纳全部土地增值税。

（2）以分期收款方式转让房地产的。主管税务机关课根据合同规定的收款日期来确定具体的纳税期限。

（3）项目全部竣工结算前转让房地产的。纳税人在项目全部竣工结算前转让房地产取得的收入，由于涉及成本确定或其他原因，无法据实计算土地增值税的，可以预征土地增值税，待该项目全部竣工、办理结算后再进行清算，多退少补。

（二）纳税地点

土地增值税由房地产所在地的税务机关负责征收。所谓“房地产所在地”是指房地产的坐落地。不论纳税人的机构所在地、经营所在地、居住所在地设在何处，均应在转让的房地产所在地申报纳税。

六、土地增值税的清算管理

土地增值税清算是指纳税人在符合土地增值税清算条件后，依照税收法律、法规及土地增值税有关政策规定，计算房地产开发项目应缴纳的土地增值税税额，并填写《土地增值税清算申报表》，向主管税务机关提供有关资料，办理土地增值税清算手续，结清该房地产项目应缴纳土地增值税税款的行为。

（1）符合下列情形之一的，纳税人应当进行土地增值税的清算：

①房地产开发项目全部竣工、完成销售的；

②整体转让未竣工决算房地产开发项目的；

③直接转让土地使用权的。

（2）符合下列情形之一的，主管税务机关可要求纳税人进行土地增值税清算：

①已竣工验收的房地产开发项目，已转让的房地产建筑面积占整个项目可售建筑面积的比例在85%以上，或未超85%，但剩余可售建筑面积已经出租或自用；

②取得销售（预售）许可证满三年仍未销售完毕的；

③纳税人申请注销税务登记但未办理土地增值税清算手续的；（应在办理注销登记前进行土地增值税清算）

④省（自治区、直辖市、计划单列市）税务机关规定的其他情况。

第二节　土地增值税的计算

一、转让房地产增值额的确定

土地增值税的计税依据是纳税人转让房地产所取得的增值额。转让房地产的增值额，是纳税人转让房地产的收入减除税法规定的扣除项目金额后的余额。土地增值额的大小，取决于转让房地产的收入额和扣除项目金额两个因素对这两个因素的内涵、范围和确定方法等，税法做了较为明确的规定。

（一）收入额的确定

纳税人转让房地产所取得的收入，是指转让房地产所取得的各种收入，包括货币收入、实物收入和其他收入在内的全部价款及有关的经济利益。营改增后，纳税人转让房地产的土地增值税应税收入不含增值税。

（1）对取得的实物收入，要按收入时的市场价格折算成货币收入；

（2）对取得的无形资产收入，要进行专门的评估，在确定其价值后折算成货币收入；

（3）取得的收入为外国货币的，按取得收入当天或当月 1 日国家公布的市场汇率折算合成人民币，据以计算土地增值税税额。

（4）对于县级及县级以上人民政府要求房地产开发企业在售房时代收的各项费用：如果代收费用计入房价向购买方一并收取的，可作为转让房地产所取得的收入计税；如果代收费用未计入房价中，而是在房价之外单独收取的，可以不作为转让房地产的收入。

对于代收费用作为转让收入计税的，在计算扣除项目金额时，可予以扣除，但不允许作为加计 20%扣除的基数；对于代收费用未作为转让房地产的收入计税的，在计算增值额时不允许扣除代收费用。

（二）扣除项目及其金额

在确定房地产转让的增值额和计算应纳土地增值税时允许从房地产转让收入总额中扣除的项目及其金额，如果从征税对象或税基划分，大致可以分为三类：一是土地使用权人将未建建筑物或其他附着物的土地使用权出售给买受人时允许从收入额中扣除的项目及其金额；二是纳税人取得土地使用权后，建造商品房，并将建造的商品房连同使用范围内的土地使用权出售给买受人，允许扣除的项目及其金额；三是纳税人出售上述两种情况之外的其他房地产，如出售旧房及建筑物，允许扣除的项目及其金额。

以上三类扣除项目依据具体内容不同，又可分为以下六类：

1. 取得土地使用权所支付的金额

取得土地使用权所支付的金额是指纳税人为取得土地使用权支付的地价款和按国家统

一规定缴纳的有关费用之和。其中“取得土地使用权所支付的金额”可以有三种形式：以出让方式取得土地使用权的，为支付的土地出让金；以行政划拨方式取得的土地使用权的，为转让土地使用权时按规定补缴的出让金；以转让方式取得土地使用权的，为支付的地价款。“按国家统一规定缴纳的有关费用”是指纳税人在取得土地使用权过程中为办理有关手续，按国家统一规定缴纳的有关登记、过户手续费和契税。

2. 开发土地和新建房及配套设施的成本（简称房地产开发成本）

房地产开发成本是指纳税人开发房地产项目实际发生的成本，这些成本允许按实际发生数扣除。主要包括土地征用及拆迁补偿费、前期工程费、建筑安装工程费、基础设施费、公共配套设施费、开发间接费用等。

土地征用及拆迁补偿费，包括土地征用费、耕地占用税、劳动力安置费及有关地上、地下附着物拆迁补偿的净支出、安置动迁用房指出等。

前期工程费，包括规划、设计、项目可行性研究和水文地质、勘察、测绘、“三通一平”等支出。

建筑安装工程费，是指以出包方式支付给承包单位的建筑安装工程费，以自营方式发生的建筑工程安装费。

基础设施费，包括开发小区内的道路、供水、供电、供气、排污、排洪、通信、照明、环卫、绿化等工程发出的支出。

公共配套设施费，包括不能有偿转让的开发小区内公共配套设施发生的支出。

开发间接费用，是指直接组织、管理开发项目所发生的费用，包括工资、职工福利费、折旧费、修理费、办公费、水电费、劳动保护费、周转房摊销等。

3. 开发土地和新建房及配套设施的费用（简称房地产开发费用）

房地产开发费用是指与房地产开发项目有关的销售费用、管理费用、财务费用。根据新会计制度的规定，与房地产开发有关的费用直接计入当年损益，不按房地产项目进行归集或分摊。为了便于计算操作，《土地增值税暂行条例实施细则》对有关费用的扣除，尤其是财务费用中的数额较大的利息支出扣除，做了较为详细的规定。

对于利息支出以外的其他房地产开发费用，按取得土地使用权支付的金额和房地产开发成本金额之和，在5%以内计算扣除。

对于利息支出，分两种情况确定扣除：①凡能按转让房地产项目计算分摊利息并提供金融机构证明的，允许据实扣除，但最高不能超过按商业银行同类同期贷款利率计算的金额。②凡不能按转让房地产项目计算分摊利息支出或不能提供金融机构证明的，利息支出不得单独计算，而应并入房地产开发费用中一并计算扣除。在这种情况下，“房地产开发费用”的计算方法是，按取得土地使用权支付的金额和房地产开发成本金额之和，在10%以内计算扣除，计算扣除的具体比例，由省、自治区、直辖市人民政府规定。

上述规定的具体含义是：

纳税人能够按转让房地产项目计算分摊利息支出，并能提供金融机构的贷款证明的，其允许扣除的房地产开发费用为：利息+（取得土地使用权所支付的金额+房地产开发成本）×5%以内（注：利息最高不能超过按商业银行同类同期贷款利率计算的金额）。

纳税人不能按转让房地产项目计算分摊利息支出或不能提供金融机构贷款证明的，其允许扣除的房地产开发费用为：（取得土地使用权所支付的金额+房地产开发成本）×10%以内。

此外，财政部、国家税务总局还对扣除项目金额中利息支出的计算问题做了两点专门规定：一是利息的上浮幅度按国家的有关规定执行，超过上浮幅度的部分不允许扣除；二是对于超过贷款期限的利息部分和加罚的利息不允许扣除。

4. 与转让房地产有关的税金

指在转让房地产时缴纳的印花税、城市维护建设税，教育费附加也可视同税金扣除。营改增后，计算土地增值税增值额的扣除项目中“与转让房地产有关的税金”不包括增值税。

允许扣除的印花税，是指在转让房地产时缴纳的印花税。房地产开发企业按照《施工、房地产开发企业财务制度》的有关规定，其缴纳的印花税列入管理费用，印花税不再单独扣除。房地产开发企业以外的其他纳税人在计算土地增值税时，允许扣除在转让房地产环节缴纳的印花税。

对于个人购入房地产再转让的，其购入环节缴纳的契税，由于已经包括在旧房及建筑物的评估价格中，因此，计征土地增值税时，不另作为与转让房地产有关的税金予以扣除。

营改增后，房地产开发企业实际缴纳的城市建设维护税、教育费附加，凡能够按清算项目准确计算的，允许据实扣除。凡不能按清算项目准确计算的，则按该清算项目预缴增值税时实际缴纳的城市建设维护税、教育费附加扣除。

5. 财政部确定的其他扣除项目

财政部确定的一项重要扣除项目是，对从事房地产开发的纳税人允许按取得土地使用权时所支付的金额和房地产开发成本之和，加计20%扣除。

（三）转让旧房及建筑物评估价格及有关规定

旧房及建筑物评估价格，是指转让已使用过的房屋及建筑物时，由政府批准设立的房地产评估机构评定的重置成本价乘以成新度折扣率后的价格。评估价格须经当地税务机关确认。

对取得土地使用权时未支付的地价款或者不能提供已支付的地价款凭据的，不允许扣除取得土地使用权时所支付的金额。

纳税人转让旧房及建筑物时，因计算纳税需要对房地产进行评估，其支付的评估费用允许在计算土地增值税时予以扣除。但是，对纳税人因隐瞒、虚报房地产成交价格等情形而按房地产评估价格计算征收土地增值税时所发生的评估费用，则不允许在计算土地增值税时予以扣除。

二、应纳税额的计算

土地增值税按照纳税人转让房地产的增值额和规定的税率计算征收。在实际工作中，一般采用速算扣除数的方法来计算。

计算土地增值税简便方法：

1. 增值额未超过扣除项目金额的 50%

土地增值税税额=增值额×30%

2. 增值额超过扣除项目金额的 50%，未超过 100%的

土地增值税税额=增值额×40%-扣除项目金额×5%

3. 增值额超过扣除项目金额的 100%，未超过 200%

土地增值税税额=增值额×50%-扣除项目金额×15%

4. 增值额超过扣除项目金额的 200%

土地增值税税额=增值额×60%-扣除项目金额×60%

公式中的 5%、15%、35%为速算扣除系数。

以下就转让房地产的不同情况，分别介绍应纳税额的计算方法。

（一）转让土地使用权和出售新建房及配套设施应纳税额的计算方法

转让土地使用权和出售新建房及配套设施的情况在征管实践中较为普遍，可根据上述计税原理，分四步计算应纳税额。

第一步，计算增值额。

增值额=收入额-扣除项目金额

第二步，计算增值率。

增值率=增值额÷扣除项目金额×100%

第三步，确定适用税率。

依据计算的增值率，按其税率表确定适用税率。

第四步，依据适用税率计算应纳税额。

应纳税额=增值额×适用税率-扣除项目金额×速算扣除系数

【例 8-1】某房地产开发公司专门从事高档住宅商品房开发。2017 年 6 月，该公司出售高档住宅一幢，取得不含增值税的销售收入为 18 200 万元。该房屋支付土地出让金 2 000万元，房地产开发成本 8 800 万元，利息支出为 1 000 万元，其中 40 万元为银行罚息（不能按收入项目准确分摊）。假设城建税税率为 7%，印花税税率为 0. 05%、教育费附加征收率为 3%，不考虑地方教育附加。当地省级人民政府规定允许扣除的其他房地产开发费用的扣除比例为 10%。假设该项目缴纳增值税 910 万，请计算该项目应该计算缴纳的土

地增值税。

（1）确定转让房地产的收入为 18 200 万元。

（2）确定转让房地产的扣除项目金额：

①取得土地使用权所支付的地价款：2 000 万元

②房地产开发成本：8 800 万元

③房地产开发费用=（2 000+8 800）×10%=1 080（万元）

④与转让房地产有关的税金：

城建税及教育费附加=910×（7%+3%）=91（万元）

印花税=18 200×0. 05%=9. 1（万元）——房地产企业计算土地增值税时不扣

土地增值税中可以扣除的税金=91（万元）

⑤加计扣除=（2 000+8 800）×20%=2 160（万元）

扣除项目金额合计=2 000+8 800+1 080+91+2 160=14 131（万元）

（3）转让房地产的增值额=18 200−14 131=4 069（万元）

（4）增值额与扣除项目金额的比率=4 069÷14 131=28. 79%<50%

（5）应纳土地增值税额=4 069×30%=1 220. 7（万元）

【例 8-2】某单位（非房地产开发单位）出售了 2016 年初开始建造的一幢写字楼，取得不含税销售收入 2 000 万元（城市维护建设税税率为 7%，印花税税率为 0. 5‰，教育费附加征收率为 3%）。该单位为建造此楼支付的地价款为 400 万元；房地产开发成本为 300 万元；房地产开发费用中的利息支出为 200 万元（能够按转让房地产项目计算分摊并提供工商银行证明），但其中有 30 万元的加罚利息。按规定其他房地产开发费用的计算扣除比例为 5%，销售房地产选择简易征收增值税。则其应纳税额计算如下：

（1）确定转让房地产的收入为 2 000 万元。

（2）确定转让房地产的扣除项目金额：

①取得土地使用权所支付的金额为 400 万元；

②房地产开发成本为 300 万元；

③房地产开发费用为：（200−30）+（400+300）×5%=205（万元）

④与转让房地产有关的税金为：2 000×5%×（7%+3%）+2 000×0. 5‰=11

⑤扣除项目金额为：300+400+205+11=916（万元）

（3）转让房地产的增值额为：2 000−916=1 084（万元）

（4）增值额与扣除项目金额的比率为：1 084÷916=118. 34%

（5）应纳土地增值税额为：1 084×50%−916×15%=404. 6（万元）

（二）出售旧房应纳税额的计算方法

出售旧房及建筑物，首先按评估价格及有关因素计算、确定扣除项目金额，再根据上述方法计算应纳税额。具体计算步骤是：

（1）计算评估价格。其公式为：

评估价格＝重置成本价×成新度折扣率

（2）汇集扣除项目金额。

（3）计算增值率。

（4）依据增值率确定适用税率。

（5）依据适用税率计算应纳税额。

应纳税额＝增值额×适用税率－扣除项目金额×速算扣除系数

【例 8-3】某工业企业转让一幢 20 世纪 90 年代建造的厂房，当时造价 100 万元，无偿取得土地使用权。如果按现行市场价的材料、人工费计算，建造同样的房子需 600 万元，该房子为七成新，按 500 万元出售，支付有关税费计 27.5 万元（其中城建税 18 万元、教育费附加和地方教育费 5 万元、印花税 4.5 万元）。计算企业转让旧房应缴纳的土地增值税额。

解：（1）评估价格＝600×70%＝420（万元）

（2）允许扣除的税金 27.5 万元

（3）扣除项目金额合计＝420+27.5＝447.5（万元）

（4）增值额＝500－447.5＝52.5（万元）

（5）增值率＝52.5÷447.5×100%＝11.73%

（6）应纳税额＝52.5×30%－447.5×0＝15.75（万元）

第三节　土地增值税的会计处理

一、设置土地增值税的会计账户

按税法规定应缴土地增值税的纳税人，应在“应交税费”账户下设置“应交土地增值税”明细账户，用来核算土地增值税的发生和缴纳情况，其贷方反映企业计算出的应交土地增值税，其借方反映企业实际缴纳的土地增值税，余额在贷方反映企业应交而未交的土地增值税，余额在借方反映企业多交的土地增值税。

二、进行土地增值税的会计核算

土地增值税作为对企业经营收入所征收的一种税收，一般应当作为税金进行处理，具体可以分为如下三种情况：

（1）对于专门从事房地产经营的企业，应当直接计入“税金及附加”科目。

（2）对于非专营房地产开发的企业从事的房地产开发业务应当缴纳的土地增值税，一般应当作为其他业务支出处理，应当计入“其他业务支出”科目。

（3）对于企业转让其已经作为固定资产、在建工程等核算的土地使用权、地上建筑物及其附着物等，其应当缴纳的土地增值税应当计入“固定资产清理”等账户。

【例 8-4】某房地产开发公司转让房地产所取得的收入为 1 000 万元，其扣除项目金额为 400 万元。计算该公司应纳土地增值税的税额并进行会计处理。

（1）该公司土地增值税的计算（单位万元）如下：

计算增值额与扣除项目金额的比率：

增值额与扣除项目金额的比率 = 600÷400 = 150%

确定增值税率：因为增值额超过扣除项目金额 100%，未超过扣除项目金额 200%，所以适用 50%的税率，速算扣除系数为 15%。

计算土地增值税税额。

应纳土地增值税税额 = 600×50% − 400×15% = 240（万元）

（2）该公司土地增值税的会计处理如下：

计提土地增值税时的会计处理：

借：税金及附加	2 400 000	
贷：应交税费——应交土地增值税		2 400 000

企业缴纳土地增值税时的会计处理

借：应交税费——应交土地增值税	2 400 000	
贷：银行存款		2 400 000

【例 8-5】某企业转让国有土地使用权取得转让收入 1 000 万元，假设土地增值税扣除项目金额 800 万元，试计算应缴纳的土地增值税并做会计处理。

（1）该公司土地增值税的计算（单位万元）如下：

转让土地使用权的增值额 = 1 000 − 800 = 200（万元）

增值额与扣除项目金额的比率为：200/800×100% = 25%

应缴纳的土地增值税 = 200×30% = 60（万元）

（2）会计处理过程如下：

①计提土地增值税时的会计处理：

借：其他业务支出	600 000	
贷：应交税费——应交土地增值税		600 000

②企业缴纳土地增值税时的会计处理：

借：应交税费——应交土地增值税	600 000	
贷：银行存款		600 000

【例 8-6】某企业搬入一新办地点，将原办公楼出售转让，经核算应缴纳的土地增值税为 100 万元。试做会计处理。

（1）企业在签订办公楼出售转让合同时，会计处理如下：

借：固定资产清理　　1 000 000

　贷：应交税费——应交土地增值税　　1 000 000

（2）企业向税务机关缴纳税款时，会计处理如下：

借：应交税费——应交土地增值税　　1 000 000

　贷：银行存款　　1 000 000

第四节　土地增值税纳税申报表的编制

土地增值税纳税申报表分为两种，分别适用于房地产开发企业和适用于非从事房地产开发的纳税人。

土地增值税纳税申报表（一）

本表适用于从事房地产开发及转让的土地增值税纳税人。包括转让已完成开发的房地产取得转让收入，或预售正在开发的房地产并取得预售收入的情况。

表中各主要项目内容应根据土地增值税的基本计税单位计算填报。对同时转让两个或两个以上计税单位的房地产开发企业，应按每一基本计税单位填报一份申报表的原则操作。如果房地产开发企业同时兼有免税和征税项目单位，也应分别填报。

（1）“转让房地产收入总额”，为第 1 栏至第 3 栏的计算，包括转让房地产开发项目所取得的全部收入，即货币收入、实物收入和无形资产等其他形式的收入。

（2）“扣除项目金额合计”，为第 4 栏至第 20 栏的计算，包括：

第一，“取得土地使用权所支付的金额”，填写土地出让金及按国家规定缴纳的有关费用。

第二，“房地产开发成本”，填写实际发生的各项开发成本，如果开发成本同时包含了两个或两个以上计税单位，应按一定比例分摊。

第三，“房地产开发费用”，其中：利息支出如符合税法规定可据实填写，反之，利息支出不符合单独计算列支规定的本栏数额为零。其他房地产开发费用，利息单独计算扣除的，按取得土地使用权所支付的价款和房地产开发成本合计数的 5%计算扣除；利息不允许单独计算扣除的，在合计数 10%以内计算扣除。

第四，“与转让房地产有关的税金”，按转让房地产时实际缴纳的营业税、城市维护建设税、教育费附加三项合计数填写。

第五，“财政部规定的其他扣除项目”，填写按税法规定可根据取得土地使用权时支付的价款和房地产开发成本之和加计 20%的扣除。

（3）“适用税率”，本栏按土地增值税所适用的最高一级税率填写。如果属于免税项目，税率应为零。

（4）其他各栏的内容及计算关系税法一已有详细规定，不再赘述。

土地增值税纳税申报表（二）

本表由非从事房地产开发的纳税人在签订房地产转让合同7日内，向主管税务机关报送，该表填报的基本要求与表（一）相同的栏目同前述，下面仅对不同栏目的内容做出说明。

（1）“旧房及建筑物的评估价格”，是按重置成本法并经主管税务机关确认的评估旧房及建筑物价格。其中：旧房及建筑物的重置成本价，是由政府批准设立的房地产评估机构评定的重置成本价，成新度折扣率是旧房及建筑物新旧程度折扣率。

（2）“与转让房地产有关的税金”，除营业税、城市维护建设税和教育费附加外。还包括与转让房地产有关的印花税。

【案例】江南房地产开发企业开发的一个房地产开发项目已经竣工结算，此项目已缴纳土地出让金300万元，获得土地使用权后，立即开始开发此项目，建成10 000平方米的普通标准住宅，以每平方米4 000元价格全部出售，开发土地、新建房及配套设施的成本共1 500万元（其中：土地征用及拆迁补偿费200万元，前期工程费200万元，建筑安装工程费500万元，基础设施费400万元，开发间接费用200万元），不能按转让房地产项目计算分摊利息支出，账面房地产开发费用为200万元。已经缴纳税金共170万元，其中城建税100万元、教育费附加和地方教育费70万元，请问如何缴纳土地增值税并填报纳税申报表。

【分析】

第一步，计算商品房销售收入：4 000×10 000＝4 000万元

第二步，计算扣除项目金额

（1）购买土地使用权费用：300万元

（2）开发土地、新建房及配套设施的成本：1 500元×10 000平方米＝1 500万元

（3）房地产开发费用：

因为不能按转让房地产项目计算分摊利息支出，房地产开发费用扣除限额为：（300+1 500）×10%＝180万元，应按照180万元作为房地产开发费用扣除。

（4）计算加计扣除：（300+1 500）×20%＝1 800×20%＝360万元

（5）税金：170万元

扣除项目金额＝300+1 500+180+360+170＝2 510万元

第三步，计算增值额

增值额＝商品房销售收入−扣除项目金额合计＝4 000−2 510＝1 490万元

第四步，确定增值率

增值率＝1 490/2 510×100%＝59. 36%　增值率超过扣除项目金额50%，未超过100%

第五步，计算土地增值税税额

土地增值税税额=增值额×40%-扣除项目金额×5%

=1 490×40%-2 510×5%

=596-125. 50=470. 50 万元

【核算】

1. 计提土地增值税时的会计处理。

借：税金及附加　　4 705 000

　贷：应交税费——应交土地增值税　　4 705 000

2. 企业缴纳土地增值税时的会计处理

借：应交税费——应交土地增值税　　4 705 000

　贷：银行存款　　4 705 000

纳税申报表填制方法表 8-3：

表 8-3　　土地增值税纳税申报表（一）

（从事房地产开发的纳税人适用）

纳税人识别号□□□□□□□□□□□□□□□□□□

填表日期：　年　月　日　金额单位：元（列至角分）　　面积单位：平方米

纳税人名称	某房地产公司	税款所属时期	
项目		行次	金额
一、转让房地产收入总额 1=2+3		1	40 000 000
其中	货币收入	2	40 000 000
	实物收入及其他收入	3	
二、扣除项目金额合计 4=5+6+13+16+20		4	25 100 000
1. 取得土地使用权所支付的金额		5	3 000 000
2. 房地产开发成本 6=7+8+9+10+11+12		6	15 000 000
其中	土地征用及拆迁补偿费	7	2 000 000
	前期工程费	8	2 000 000
	建筑安装工程费	9	5 000 000
	基础设施费	10	4 000 000
	公共配套设施费	11	
	开发间接费用	12	2 000 000
3. 房地产开发费用 13=14+15		13	1 800 000
	利息支出	14	

表8-3(续)

其中	其他房地产开发费用·	15	1 800 000
4. 与转让房地产有关的税金 16=17+18+19		16	1 700 000
其中	营业税	17	
	城市维护建设税	18	1 000 000
	教育费附加	19	700 000
5. 财政部规定的其他扣除项目		20	3 600 000
三、增值额 21=1-4		21	14 900 000
四、增值额与扣除项目金额之比（%）22=21÷4		22	59. 36%
五、适用税率（%）		23	40%
六、速算扣除系数（%）		24	5%
七、应缴土地增值税税额 25=21×23—4×24		25	4 705 000
八、已缴土地增值税税额		26	
九、应补（退）土地增值税税额 27=25-26		27	4 705 000

<table>
<tr><td colspan="3">如纳税人填报，由
纳税人填写以下各栏</td><td colspan="5">如委托代理人填报，由
代理人填写以下各栏</td><td rowspan="3">备注</td></tr>
<tr><td rowspan="1">会计主管</td><td>经办人</td><td>纳税人</td><td colspan="4">代理人名称 I
代理人地址</td><td>代理人</td></tr>
<tr><td>（签章）</td><td>（签章）</td><td>（签章）</td><td>经办人</td><td></td><td>电话</td><td></td><td>（签章）</td></tr>
<tr><td colspan="9">以下由税务机关填写</td></tr>
<tr><td>收到申报表日期</td><td colspan="3"></td><td>接收人</td><td colspan="4"></td></tr>
</table>

根据【例 8-3】资料填报土地增值税纳税申报表（二）（表 8-4）

表 8-4　　　　**土地增值税纳税申报表（二）**

（非从事房地产开发的纳税人适用）

纳税人识别号□□□□□□□□□□□□□□□□□□□

填表日期：　年　月　日　金额单位：元（列至角分）　　　　面积单位：平方米

纳税人名称		税款所属时期	
项目		行次	金额
一、转让房地产收入总额 1：2+3		1	5 000 000
其中	货币收入	2	5 000 000
	实物收入及其他收入	3	

表8-4(续)

二、扣除项目金额合计 4＝5+6+9		4	4 475 000
1. 取得土地使用权所支付的金额		5	
2. 旧房及建筑物的评估价格 6＝7×8		6	4 200 000
其中	旧房及建筑物的重置成本价	7	6 000 000
	成新度折扣率	8	70%
3. 与转让房地产有关的税金 9＝10+11+12+13		9	275 000
其中	营业税	10	
	城市维护建设税	11	180 000
	印花税	12	45 000
	教育费附加	13	50 000
三、增值额 14＝1−4		14	525 000
四、增值额与扣除项目金额之比（%）15：14÷4		15	11. 73%
五、适用税率（%）		16	30%
六、速算扣除系数（%）		17	0
七、应缴土地增值税税额 18＝14×16−4×17		18	157 500

如纳税人填报，由纳税人填写以下各栏			如委托代理人填报，由代理人填写以下各栏				备注
会计主管	经办人	纳税人	代理人名称			代理人	
			代理人地址				
（签章）	（签章）	（签章）	经办人		电话	（签章）	
以下由税务机关填写							
收到申报表日期			接收人				

本章小结

土地增值税是对有偿转让国有土地使用权及地上的一切建筑物和其他附着物产权并取得增值性收入的单位和个人所征收的一种税。营改增后，纳税人转让房地产的土地增值税应税收入不含增值税，房地产开发企业实际缴纳的城市维护建设税、教育费附加，凡能够按清算项目准确计算的，允许据实扣除。凡不能按清算项目准确计算的，则按该清算项目预缴增值税时实际缴纳的城建税、教育费附加扣除。房地产开发企业销售开发产品负担的土地增值税借记“税金及附加”账户，贷记“应交税费——应交土地增值税”账户。

基本训练

一、单项选择题

1. 下列项目中，属于土地增值税免税范围的是（　　）。

A. 建造普通标准住宅出售，增值额超过扣除项目金额之和20%的

B. 个人之间互换自有居住用房地产的

C. 企业对外出租办公楼

D. 企事业单位转让旧房

2. 对房地产开发企业进行土地增值税计算时，下列表述正确的是（　　）。

A. 房地产开发企业发生的期间费用可以据实扣除

B. 房地产开发企业发生的开发费用，不能提供金融机构证明的，不得扣除

C. 房地产开发企业发生的土地闲置费用，可以扣除

D. 房地产开发企业发生的超过贷款期限的利息部分和加罚的利息不得扣除

3. 根据我国《土地增值税暂行条例》的规定，我国现行的土地增值税适用的税率是（　　）。

A. 比例税率　　B. 超额累进税率

C. 定额税率　　D. 超率累进税率

4. 下列不属于计算土地增值税时的房地产开发成本的是（　　）。

A. 取得土地使用权所支付的金额

B. 前期工程费

C. 建筑安装工程费

D. 基础设施费

5. 出售旧房及建筑物计算土地增值税的增值额时，其扣除项目金额中的旧房及建筑物的评估价格应按（　　）计算。

A. 账载余额

B. 重置成本

C. 账载原值乘以成新度折扣率

D. 重置成本价乘以成新度折扣率

6. 土地增值税纳税申报表（一）中，“与转让房地产有关的税金”中不包括（　　）。

A. 增值税　　B. 地方教育费附加

C. 城市维护建设税　　D. 教育费附加

7. 某国有企业2014年5月在市区购置一栋办公楼，支付价款8 000万元。2017年3月，该企业将办公楼转让，取得收入10 000万元，签订产权转移书据。办公楼经税务机关认定的重置成本价为12 000万元，成新率70%。计算土地增值税时准予扣除的税金为60万元（不含印花税）该企业在缴纳土地增值税时计算的增值额为（　　）万元。

A. 400　　B. 1 535

C. 1 490　　D. 1 530

8. 下列房地产交易行为中，不需要缴纳土地增值税的是（　　）。

A. 贷款企业以房产抵债

B. 非营利的慈善组织将合作建造的房屋转让

C. 房地产开发企业代客户进行房地产开发，开发完成后向客户收取代建收入

D. 房地产公司转让土地

9. 2016年某房地产开发公司销售其新建商品房一幢，取得不含增值税销售收入14 000万元，已知该公司支付与商品房相关的土地使用费及开发成本合计为4 800万元；该公司没有按房地产项目计算分摊银行借款利息；该商品房所在地的省政府规定计征土地增值税时房地产开发费用扣除比例为最高比例；准予扣除的有关税金770万元。该商品房应缴纳的土地增值税为（　　）万元。

A. 2 256. 5　　B. 2 445. 5

C. 3 070. 5　　D. 3 080. 5

10. 土地增值税规定，房地产开发企业在进行纳税申报时，如果同时兼有免税和征税项目单位，正确的申报方法是（　　）。

A. 合并填报　　B. 分别填报

C. 只填报征税项目　　D. 由主管税务机关核定填报

二、多项选择题

1. 下列项目中，属于房地产企业的开发费用的有（　　）。

A. 开发销售费用　　B. 耕地占用税

C. 前期工程费　　D. 借款利息费用

2. 下列各项中，不征或免征土地增值税的有（　　）。

A. 以房地产使用权抵债而尚未发生房地产权属转让的

B. 以房地产对外出租的

C. 居民个人转让其拥有的普通住宅

D. 以出地、出资双方合作建房，建成后又转让给其中一方的

3. 在房地产开发企业土地增值税清算时，属于土地增值税扣除项目的有（　　）。

A. 销售开发产品缴纳的印花税

B. 取得土地使用权时缴纳的契税

C. 城建税

D. 教育费附加

4. 企业在转让旧房时，其扣除项目金额包括（　　）。

A. 房屋及建筑物的评估价格

B. 取得土地使用权支付的地价款

C. 按国家统一规定交纳的有关费用

D. 转让环节缴纳的税金

5. 下列房地产交易行为中，需要缴纳土地增值税的是（　　）。

A. 贷款企业以房产抵债

B. 非营利的慈善组织将合作建造的房屋转让

C. 房地产开发企业代客户进行房地产开发，开发完成后向客户收取代建收入

D. 房地产公司转让土地

6. 下列情形，不征收土地增值税的是（　　）。

A. 继承房地产

B. 房地产的评估增值

C. 房地产开发企业将自建的商品房用于职工福利

D. 企业将自有房产等价交换其他企业的土地使用权

7. 纳税人为取得土地使用权所支付的地价款准予扣除，其中关于地价款的说法正确的有（　　）。

A. 以出让方式取得土地使用权的，为支付的土地出让金

B. 以转让方式取得土地使用权的，为实际支付的地价款

C. 以拍卖方式取得土地使用权的，为支付的土地出让金

D. 以行政划拨方式取得土地使用权的，为转让土地使用权时按规定补缴的出让金

8. 下列情形中，纳税人应当进行土地增值税清算的有（　　）。

A. 直接转让土地使用权的

B. 整体转让未竣工决算房地产开发项目的

C. 已竣工验收的房地产开发项目，已转让的房地产建筑面积占整个项目可售建筑面积的比例为90%

D. 房地产开发项目全部竣工、完成销售的

三、计算题

1. 2016 年某房地产开发公司销售其新建商品房一幢，取得不含增值税销售收入 14 000 万元，已知该公司支付与商品房相关的土地使用费及开发成本合计为 4 800 万元；该公司没有按房地产项目计算分摊银行借款利息；该商品房所在地的省政府规定计征土地增值税时房地产开发费用扣除比例为最高比例；准予扣除的有关税金 770 万元。计算该商品房应缴纳的土地增值税。

2. 某市一房地产开发企业委托建造住宅楼。2016 年底建成后，将其中的 60%的建筑面积直接对外出售，取得不含增值税销售收入 8 000 万元，缴纳除增值税以外的相关税金 40 万元；剩余 40%部分用于对外出租，本年度取得不含税租金收入 50 万元。与该住宅楼开发项目相关的成本、费用情况如下：

（1）为取得土地使用权所支付的地价款为 1 600 万元。

（2）取得土地使用权按国家规定缴纳相关税费 62 万元。

（3）前期拆迁补偿费 120 万元，建筑安装工程费 2 500 万元，绿化工程费用 70 万元。

（4）开发过程中发生销售费用 300 万元，利息费用 400 万元，管理费用 380 万元，利息不能准确按转让房地产项目分摊，且不能提供金融机构证明。

其他资料：当地省政府规定，计算土地增值税时房地产开发费用的扣除比例为 8%。本题不考虑地方教育附加。试计算该房地产开发企业应该缴纳的土地增值税。

四、实训题

阳光房地产开发有限公司，该企业的纳税人识别号为：44010166199122200000，2017 年 8 月转让一幢写字楼取得收入 1 000 万元。已知该企业为取得土地使用权所支付的金额为 50 万元，房地产开发成本为 200 万元（前期拆迁补偿费 20 万元，建筑安装工程费 120 万元，基础设施费用 60 万元），房地产开发费用为 40 万元，该企业没有按房地产项目计算分摊银行借款利息，该项目在省政府规定计征土地增值税时房地产开发费用扣除比例按 10%计算，转让房地产有关的税金为 60 万元（其中城建税 42 万元，教育费附加 28 万元）。要求：

（1）计算该公司应缴纳的土地增值税。

（2）写出会计分录。

（3）填制土地增值税纳税申报表（见下表）。

土地增值税纳税申报表（一）

（从事房地产开发的纳税人适用）

纳税人识别号：

填表日期：　年　月　日　　　金额单位：元（列至角分）　　　面积单位：平方米

纳税人名称	某房地产公司	税款所属时期	

项目		行次	金额
一、转让房地产收入总额 1=2+3		1	
其中	货币收入	2	
	实物收入及其他收入	3	
二、扣除项目金额合计 4=5+6+13+16+20		4	
1. 取得土地使用权所支付的金额		5	
2. 房地产开发成本 6=7+8+9+10+11+12		6	
其中	土地征用及拆迁补偿费	7	
	前期工程费	8	
	建筑安装工程费	9	
	基础设施费	10	
	公共配套设施费	11	
	开发间接费用	12	
3. 房地产开发费用 13=14+15		13	
其中	利息支出	14	
	其他房地产开发费用·	15	
4. 与转让房地产有关的税金 16=17+18+19		16	
其中	营业税	17	
	城市维护建设税	18	
	教育费附加	19	
5. 财政部规定的其他扣除项目		20	
三、增值额 21=1−4		21	
四、增值额与扣除项目金额之比（%）22=21÷4		22	
五、适用税率（%）		23	
六、速算扣除系数（%）		24	
七、应缴土地增值税税额 25=21×23−4×24		25	

表(续)

<table>
<tr><td colspan="12">八、已缴土地增值税税额</td><td>26</td><td></td></tr>
<tr><td colspan="12">九、应补（退）土地增值税税额 27＝25－26</td><td>27</td><td></td></tr>
<tr><td colspan="4">如纳税人填报，由
纳税人填写以下各栏</td><td colspan="8">如委托代理人填报，由
代理人填写以下各栏</td><td colspan="2">备注</td></tr>
<tr><td rowspan="2">会计主管</td><td colspan="2" rowspan="2">经办人</td><td rowspan="2">纳税人</td><td colspan="7">代理人名称 I</td><td rowspan="2">代理人</td><td colspan="2" rowspan="3"></td></tr>
<tr><td colspan="3">代理人地址</td><td colspan="4"></td></tr>
<tr><td>（签章）</td><td colspan="2">（签章）</td><td>（签章）</td><td>经办人</td><td colspan="3"></td><td colspan="2">电话</td><td></td><td>（签章）</td></tr>
<tr><td colspan="14">以下由税务机关填写</td></tr>
<tr><td colspan="2">收到申报表日期</td><td colspan="4"></td><td colspan="3">接收人</td><td colspan="5"></td></tr>
</table>

电子资料 1：

关于营改增后土地增值税若干征管规定的公告

电子资料 2：

关于房地产开发企业土地增值税清算涉及企业

所得税退税有关问题的公告

第九章　其他税核算

【学习目标】

知识目标

1. 了解我国现行税法中房产税、契税、城镇土地使用税、城市维护建设税、车船税、车辆购置税、印花税的纳税知识。

2. 会进行相关税纳税金额的计算。

技能目标

能熟练进行相关税纳税的会计处理方法及编制纳税申报表。

第一节　房产税核算

一、房产税的概念

房产税是以房产为征税对象，按照房主的计税价值或者房产租金收入向房产所有人或经营管理人征收的一种税。

二、纳税人、征税范围和税率

（一）房产税的纳税义务人

房产税以在征税范围内的房屋产权所有人为纳税人，具体规定如下：

（1）产权属国家所有的，由经营管理单位纳税；产权属集体和个人所有的，由集体和个人纳税。

（2）产权出典的，由于承典人纳税。所谓产权出典，是指产权所有人将房屋、生产资料等的产权，在一定期限内典当给他人使用而取得资金的一种融资业务。

（3）产权所有人、承典人不在房产所在地的，由房产代管人或者使用人纳税。

（4）产权未确定及租典纠纷未解决的，由房产代管人或者使用人纳税。

（5）纳税单位和个人无租使用房产管理部门、免税单位及纳税单位的房产，应由使用人代为缴纳房产税。

（二）征税范围

房产是以房屋形态表现的财产，房屋是指有屋面和围护结构（有墙或两边有柱），能够遮风避雨，可供人们在其中生产、学习、工作、娱乐、居住或者储藏物资的场所。房产税的征税范围为城市、县城、建制镇和工矿区的房屋。不包括农村，这主要是为了减轻农民的负担，有利于农业发展，繁荣农村经济，有利于社会稳定。

独立与房屋之外的建筑物、如围墙、烟囱、水塔、菜窖、室外游泳池等不属于房产税的征税范围。

（三）房产税的税率

我国现行房产税采用的是比例税率。房产税的计税办法分为从价计征和从租计征两种：

（1）从价计征为按房产原值一次减除10%~30%后的余值计征的，税率为1.2%。

（2）从租计征为按房产出租的租金收入计征的，税率为12%。

三、应纳税额的计算

（一）计税依据

房产税的计税依据是房产的计税价值或房产的租金收入。按照房产计税价值征税的称为从价计征；按照房产租金收入计征的，称为从租计征。

（1）从价计征的房产税应纳税额的计算。从价计征是依照房产的原值减除一定比例后的余值计税缴纳，具体减除幅度由省、自治区、直辖市人民政府确定。其计算公式为：

从价计征房产税应纳税额＝应税房产原值×（1－扣除比例）×1.2%

公式中的扣除比例是省、自治区、直辖市人民政府规定的10%~30%的减除比例；

（2）从租计征的房产税应纳税额的计算。从租计征是依照房产的租金收入计征，其计算公式为：

从租计征的房产税应纳税额＝租金收入×12%（或4%）

【例9－1】A企业2018年的经营用房原值为6 000万元，按照当地规定允许减除20%后的余值计税，适用税率为1.2%，请计算其房产税应纳税额。

应纳税额＝6 000×（1－20%）×1.2%＝57.6（万元）

【例9－2】B汽车修理厂2018年自用房屋8间，原值共3 000万元。当地规定的减除比例为30%。出租一处门市，年租金20万元。B汽修厂按年计算、按季度预缴房产税。

要求：计算该汽修厂2018年第1季度应纳的房产税。

（1）从价计征的全年应纳房产税＝3 000×（1－30%）×1.2%＝25.2（万元）

每月应缴纳的房产税＝25.2÷12＝2.1（万元）

第 1 季度应纳的房产税 = 2. 1×3 = 6. 3（万元）

（2）从租计征的全年应纳房产税 = 20×12% = 2. 4 万元

每月应缴纳的房产税 = 2. 4÷12 = 0. 2（万元）

第 1 季度应纳的房产税 = 0. 2×3 = 0. 6（万元）

第 1 季度应纳房产税合计：6. 3+0. 6 = 6. 9（万元）

四、会计处理

纳税人在核算房产税时，应设置“税金及附加”和“应交税费——应交房产税”科目进行核算。纳税人按规定计算应缴的房产税时，借记“税金及附加”科目，贷记“应交税费——应交房产税”科目；上缴时，借记“应交税费——应交房产税”科目，贷记“银行存款”科目。

沿用例 8-2，会计处理如下：

（1）每月计提房产税时：

借：税金及附加	2. 3	
贷：应交税费——应交房产税		2. 3

（2）按季度缴纳房产税时：

借：应交税费——应交房产税	6. 9	
贷：银行存款		6. 9

五、税收优惠

根据《房产税暂行条例》，下列房产免征房产税：

（1）国家机关、人民团体、军队自用的房产免税。但上述免税单位的出租房产以及非自身业务使用的生产、营业用房不属于免税范围。

（2）由国家财政部门拨付事业经费的单位，如学校、医疗卫生单位、托儿所、幼儿园、敬老院、文化、体育、艺术这些实行全额或者差额预算管理的事业单位所有的，本身业务范围内使用的房产免征房产税。

（3）宗教寺庙、公园、名胜古迹自用的房产免征房产税。宗教寺庙自用的房产是指举行宗教仪式等的房屋和宗教人员使用的生活用房屋。公园、名胜古迹自用的房产是指供公共参观游览的房屋及其管理单位的办公用房屋。宗教寺庙、公园、名胜古迹中附设的营业单位，如影剧院、饮食部、茶社、照相馆等所使用的房产及出租的房产，不属于免税范围，应照章纳税。

（4）个人所有非营业用的房产免税。个人所有的非营业用房产要是指居民住房，不分面积多少，一律免征房产税。对个人拥有的营业用房或者出租的房产，不属于免税房产，应照章纳税。

（5）对行使国家等管理职能的中国人民银行总行（含国家外汇管理局）所属分支机构自用的房产，免征房产税。

经财政部批准免税的其他房产。

六、征收管理

（一）纳税义务发生时间

（1）纳税人将原有房产用于生产经营的，从生产经营之月起缴纳房产税。

（2）纳税人自行新建房屋用于生产经营，从建成之次月起缴纳房产税。

（3）纳税人委托施工企业建设的房屋，从办理验收手续之次月起缴纳房产税。

（4）纳税人购置新建商品房，自房屋交付使用之次月起缴纳房产税。

（5）纳税人购置存量房，自办理房屋权属转移，变更登记手续，房地产权属登记机关签发房屋权属之次月起，缴纳房产税。

（6）纳税人出租、出借房产，自交付出租、出借房产之次月起，缴纳房产税。

（7）房地产开发企业自用、出租、出借本企业建造的商品房，自房屋使用或者交付之次月起，缴纳房产税。

（8）自2009年1月1日起，纳税人因房产的实物或者权利状态发生变化而依法终止房产税纳税义务的，其应纳税款的计算应截至房产的实物或者权利状态发生变化的当月末。

（二）纳税期限

房产税实行按年计算、分期缴纳的征收方法，具体纳税期限由省、自治区、直辖市人民政府确定。

（三）纳税地点

房产税在房产所在地缴纳。房产不在同一地方的纳税人，应按房产的坐落地点分别向房产所在地的税务机关纳税。

第二节 契税核算

一、契税概念

契税是以在我国境内权属发生转移的土地和房屋为征税对象，向产权承受人征收的一种财产税。

二、契税的纳税义务人

在我国境内转移土地、房屋权属，承受的单位和个人为契税的纳税人。所谓承受，是指以受让、购买、受赠、交换等方式取得土地、房屋权属的行为。土地、房屋权属是指土地使用权和房屋所有权。

三、契税的征税对象

（1）国有土地使用权出让。国有土地使用权出让是指土地使用者向国家交付土地使用权出让费用，国家将国有土地使用权在一定年限内让予土地使用的行为。出让费包括出让金、土地收益等。

（2）土地使用权转让。土地使用权转让是指土地使用者以出售、赠予、交换或者其他方式将土地使用权转移给其他单位和个人的行为。土地使用权的转让不包括农村集体土地承包经营权的转让。

（3）房屋买卖。房屋买卖是指房屋所有人将房屋出售，由承受者交付货币、实物、无形资产或者其他经济利益的行为。以下几种特殊情况，视同买卖房屋：

①以房产抵债或实物交换房屋。

②以房产作投资或作股权转让。

③买房拆料或翻建新房，应照章征收契税。

④房屋赠予。房屋赠予是指房屋所有者将其房屋无偿转让给受赠人的行为。

⑤房屋交换。房屋交换是指房屋所有者之间相互交换房屋的行为。

四、契税的税率

契税实行3%~5%的幅度税率。各省、自治区、直辖市人民政府可在3%~5%的幅度税率范围内按照本地区的实际情况决定本地区的适用税率。

自2016年2月22日起，对个人购买家庭唯一住房（家庭成员范围包括购房人、配偶以及未成年子女，下同），面积为90平方米及以下的，减按1%的税率征收契税；面积为90平方米以上的，减按1.5%的税率征收契税。

对个人购买家庭第二套改善性住房，面积为90平方米及以下的，减按1%的税率征收契税；面积为90平方米以上的，减按2%的税率征收契税。家庭第二套改善性住房是指已拥有一套住房的家庭，购买家庭第二套住房。北京市、上海市、广州市、深圳市暂不实施此优惠政策。

五、契税应纳税额的计算

1. 契税的计税依据

契税计税依据为不动产的价格。由于土地、房屋权属转移方式不同，定价方法不同，其具体计税依据分以下情况确定：

（1）国有土地使用权出让、土地使用权出售、房屋买卖为成交价格。

（2）土地使用权赠予、房屋赠予，由征收机关参照土地使用权出售，房屋买卖市场价格核定。

（3）土地使用权交换、房屋交换，为所交换的土地使用权、房屋的价格的差额，由多交付货币、实物、无形资产或者其他经济利益的一方交纳。如果交换价格相等，免征契税。

（4）以划拨方式取得土地使用权的，经批准转让房地产时，应补缴契税。其计税依据为补交的土地使用权出让费用或者土地收益。

（5）成交价格明显低于市场价格且无正当理由，或者所交换土地使用权、房屋的价格的差额明显不合理并且无正当理由的，由征收机关参照市场价格核定。

2. 契税应纳税额的计算

采用比例税率，其计算公式为：

契税应纳税额=计税依据×税率

六、契税的会计核算

企业缴纳契税应设置“应交税费——应交契税”账户进行核算，企业取得所有权，按规定计算应纳契税时，借记“固定资产”“在建工程”等，贷记“应交税费——应交契税”；实际缴纳时，借记“应交税费——应交契税”，贷记“银行存款”等。

【例 9-3】2018 年 1 月，A 企业以 10 000 000 元购入一块土地使用权，当地规定契税的税率为 3%，请计算契税应纳税额并进行相应的会计处理。

应纳税额=10 000 000×3%=300 000（元）

（1）预提税金时：

借：固定资产——土地使用权　　300 000

　贷：应交税费——应交契税　　300 000

（2）缴纳时：

借：应交税费——应交契税　　600 000

　贷：银行存款　　600 000

可以不通过“应交税费——应交契税”账户进行处理，当实际缴纳契税时，可借记“固定资产——土地使用权”，贷记“银行存款”。

七、契税的税收优惠

（1）国家机关、事业单位、社会团体、军事单位承受土地、房屋用于公办、教学、医疗、科研和军事设施的，免征契税。

（2）城镇职工按规定第一次购买公有住房、免征契税。

（3）因不可抗力灭失住房而重新购买住房的，酌情减免。不可抗力是指自然灾害、战争等不能预见、不可避免，并不能克服的客观情况。

（4）土地、房屋被县级以上人民政府征用、占用后，重新承受土地、房屋权属的，由省级人民政府确定是否减免。

（5）承受荒山、荒沟、荒丘、荒滩土地使用权，并用于农、牧、渔业生产的，免征契税。

（6）经外交部确认，依照我国有关法律规定及我国缔结或参加的双边和多边条约或协定，应当予以免税的外国驻华使馆、领事馆、联合国驻华机构及其外交代表、领事官员和其他外交人员承受土地、房屋权属。经批准减征、免税征契税的纳税人，改变有关土地、房屋的用途的，就不再属于减征免征契税范围，并且应当补交已减免的税款。

八、契税的税收管理

1. 纳税义务发生时间

契税的纳税义务发生时间是纳税人签订土地、房屋权属转移合同的当天，或者纳税人取得其他具有土地、房屋权属转移合同性质凭证的当天。

2. 纳税期限

纳税人应当自纳税义务发生之日起 10 日内，向土地、房屋所在地的契税征收机关办理纳税申报，并在契税征收机关核定的期限内缴纳税款。

3. 纳税地点

契税在土地、房屋所在地的税务征收机关缴纳。

第三节　城镇土地使用税核算

一、城镇土地使用税概述

城镇土地使用税（简称土地使用税）是以城镇土地为征税对象，以实际占用的土地面积为计税标准，按规定税额对拥有土地使用权的单位和个人征收的一种税。

二、城镇土地使用税的征收范围

城镇土地使用税的使用范围是税法规定的纳税区域内的土地，主要有城市、县镇、建制镇和工矿区。城市、县城、建制镇、工矿区的具体征税范围由各省、自治区、直辖市人民政府规定。建立在城市、县城、建制镇和工矿区以外的工矿企业则不需缴纳城镇土地使用税。

三、城镇土地使用税的纳税人

在城市、县城、建制镇、工矿区范围内使用土地的单位和个人为城镇土地使用税的纳税人。城镇土地使用税的纳税人通常包括以下几类：

（1）拥有土地使用权的单位和个人。

（2）拥有土地使用权的单位和个人不在土地所在地的，其土地的实际使用人和代管人为纳税人。

（3）土地使用权未确定或权属纠纷未解决的，其实际使用人为纳税人。

（4）土地使用权共有的，共有各方都是纳税人，由共有各方分别纳税。

四、城镇土地使用税的税率

城镇土地使用税采用定额税率，具体规定如下：

（1）大城市 1.5~30 元。

（2）中等城市 1.2~24 元。

（3）小城市 0.9~18 元。

（4）县城、建制镇、工矿区 0.6~12 元。

根据国务院颁布的《城市规划条例》中规定的标准划分，50 万以上人口为大城市；20 万~50 万人口为中等城市；20 万以下人口为小城市。

经省、自治区、直辖市人民政府批准，经济落后地区土地使用税的适用标准可以适当降低，但降低幅度不得超过最低税额的 30%。经济发达地区土地使用税的适用税额标准可以适当提高，但须经财政部批准。

五、应纳税额的计算

城镇土地使用税是以纳税人实际占用的土地面积为计税依据，按照规定的适用税额计算征收。其应纳税额计算公式为：

年应纳税额＝实际占用应税土地面积 ×适用税额

【例 9-4】企业实际占用面积为 33 000 平方米，经税务机关认定，该企业适用城镇土地使用税税率每平方米税额为 5 元，请计算该企业全年应缴纳城镇土地使用税税额。

该企业年应纳税额＝实际占用应税土地面积 ×适用税额

＝33 000 ×5＝165 000（元）

六、城镇土地使用税的会计核算

企业缴纳城镇土地使用税应设置“应交税费——应交城镇土地使用税”账户进行核算，企业在计算应纳城镇土地使用税时，借记“管理费用”，贷记“应交税费——应交城镇土地使用税”。

【例9-5】A 股份有限公司与土地使用税相关的资料如下：公司提供的政府部门核发的土地使用证书显示：公司实际占地面积 40 000 平方米，其中：企业内学校和医院共占地 1 000平方米；厂区以外的公用绿化用地 6 000 平方米，厂区内生活小区的绿化用地 500 平方米，其余土地均为公司生产经营用地。2017 年 3 月 31 日，A 公司将一块 2 000 平方米的土地对外出租给 B 公司使用；2017 年 11 月 30 日，将一块 1 000 平方米的土地无偿借给 C 公司使用。

要求：假设当地的城镇土地使用税每年征收一次，该地每平方米土地年税额 8 元，请根据上述资料，分析计算 A 公司 2017 年应缴纳多少城镇土地使用税？

解释：

（1）校医院、托儿所、幼儿园自用的土地，比照由国家财政部门拨付事业经费的单位自用的土地，免征土地使用税。对企业厂区（包括生产、办公及生活区）以内的绿化用地，应按规定缴纳土地使用税，厂区以外的公共绿化用地和向社会开放的公园用地，暂免征收土地使用税。

应纳税额 =（40 000−1 000−6 000）×8 = 264 000（元）

（2）A 公司对外出租土地，2017 年应纳税额为：2 000×8×9/12 = 12 000（元）

（3）A 公司无偿借给 C 公司使用，2017 年应纳税额为：1 000 ×8 ×1/12 = 666. 7（元）

（4）A 公司 2017 年合计应纳土地使用税为：264 000+12 000+666. 7 = 276 666. 7（元）

因此，会计处理为：

（1）计算城镇土地使用税时：

借：管理费用　　　　　　　　　　　　　　　　　　276 666. 7

　贷：应交税费——应交城镇土地使用税　　　　　　　　　276 666. 7

（2）缴纳城镇土地使用税时，编制会计分录如下：

借：应交税费——应交城镇土地使用税　　　　　　　　276 666. 7

　贷：银行存款　　　　　　　　　　　　　　　　　　　276 666. 7

七、城镇土地使用税的税收优惠

适用城镇土地使用税法定减免项目有以下几种：

（1）国家机关、人民团体、军队自用的土地。

（2）由国家财政部门拨付事业经费的单位自用土地。

（3）宗教寺庙、公园、名胜古迹自用的土地。

（4）市政街道、广场、绿化地带等公共用地。

（5）直接用于农、林、牧、渔业的生产用地。

（6）经批准开山填海整治的土地和改造的废弃土地，从使用的月份起免缴土地使用税

5~10年。

（7）非营利性医疗机构、疾病控制机构和妇幼保健机构等卫生机构自用的土地，免征城镇土地使用税。

（8）由财政部另行规定免税的能源、交通、水利设施用地和其他用地。

八、城镇土地使用税征收管理

（一）纳税义务发生时间

（1）纳税人购置新建商品房，自房屋交付使用之次月起，缴纳城镇土地使用税。

（2）纳税人购置存量房，自办理房屋权属转移、变更登记手续，房地产权属登记机关签发房屋权属证书之次月起，缴纳城镇土地使用税。

（3）纳税人出租、出借房产，自交付出租、出借房产之次月起，缴纳城镇土地使用税。

（4）以出让或转让方式有偿取得土地使用权的，应由受让方从合同约定交付土地时间的次月起缴纳城镇土地使用税；合同未约定交付时间的，由受让方从合同签订的次月起缴纳城镇土地使用税。

（5）纳税人新征用的耕地，自批准征用之日起满一年时开始缴纳城镇土地使用税。

（6）纳税人新征用的非耕地，自批准征用次月起缴纳城镇土地使用税。

（二）纳税地点

城镇土地使用税在土地所在地缴纳。

纳税人使用的土地不属于同一省、自治区、直辖市管辖的，由纳税人分别向土地所在地税务机关缴纳城镇土地使用税；同一省、自治区、直辖市管辖范围内，纳税人跨地区使用的土地，其纳税地点由各省、自治区、直辖市地方税务局确定。

（三）纳税期限

城镇土地使用税按年计算，分期缴纳，具体纳税期限由省、自治区、直辖市地方人民政府确定。

第四节　城市维护建设税核算

城市维护建设税是以纳税人实际缴纳增值税和消费税为计税依据而征收的一种税，主要目的是筹集城镇建设和维护资金。

一、城市维护建设税的纳税人

城市维护建设税的纳税人是指实际缴纳增值税和消费税的单位和个人，包括各类企业、行政单位、事业单位、军事单位、社会团体和其他单位，以及个体工商户和其他个人。为统一税制，公平税负，2010 年 12 月 1 日，对外商投资企业、外国企业和外籍个人征收城市维护建设税。

二、城市维护建设税的征税范围

城市维护建设税的征税范围很广，具体包括城市、县城、建制镇，以及税法规定征收增值税、消费税的其他地区。

三、城市维护建设税的税率

（一）税率的具体规定

城市维护建设税根据纳税人所在地的不同，设置了三档地区差别比例税率：

（1）纳税人所在地为市区的，税率为 7%；

（2）纳税人所在地为县城、镇的，税率为 5%；

（3）纳税人所在地不在市区、县城或者镇的，税率为 1%。

（二）适用税率的确定

（1）由受托方代扣代缴、代收代缴增值税、消费税的单位和个人，其代扣代缴、代收代缴的城市维护建设税按受托方所在地税率执行。

（2）无固定经营地点的单位和个人，在经营地缴纳增值税和消费税的，其城市维护建设税的缴纳按经营地适用税率执行。

四、城市维护建设税的计税依据

城市维护建设税的计税依据是纳税人实际缴纳的增值税和消费税税额。纳税人违反增值税和消费税有关税法而加收的滞纳金和罚款，不作为城市维护建设税的计税依据，但纳税人在被查补增值税和消费税和被处以罚款时，应同时对其城市维护建设税进行补税、征收滞纳金和罚款。

五、城市维护建设税应纳税额的计算

城市维护建设税的应纳税额以其缴纳的增值税和消费税为依据，具体公式为：

应纳税额=实际缴纳的增值税和消费税税额之和 ×适用税率

【例 9-6】A 企业位于市区，2017 年其应纳增值税税额为 700 万元，实际缴纳了 650 万元，应纳消费税税额为 400 万元，实际缴纳了 380 万元，请计算该企业应缴纳的城市维护建设税。

应纳税额=（650+380）×7%=72.1（万元）

六、城市维护建设税的会计处理

企业缴纳城镇土地使用税应设置“应交税费——应交城市维护建设税”账户进行核算，企业在计算应纳城市维护建设税时，借记“税金及附加”科目，贷记“应交税费——应交城市维护建设税”科目。实际缴纳税款时，借记“应交税费——应交城市维护建设税”科目，贷记“银行存款”科目。该科目期末贷方余额表示企业应交未交的城市维护建设税。

【例 9-7】B 企业位于市区，2017 年 8 月实际缴纳增值税为 135 万元，实际缴纳消费税为 268 万元，请计算该企业应缴纳的城市维护建设税，并编制相关的会计分录。

应纳城市维护建设税 =（135+268）×7% = 28.21（万元）

（1）计提应交城市维护建设税时，编制会计分录如下：

借：税金及附加　　282 100

　贷：应交税费——应交城市维护建设税　　282 100

（2）实际缴纳时，编制会计分录如下：

借：应交税费——应交城市维护建设税　　282 100

　贷：银行存款　　282 100

七、城市维护建设税的税收优惠

城市维护建设税属于增值税、消费税的一种附加税，原则上不单独规定税收减免条款。如果税收规定减免增值税、消费税，也就相应减免了城市维护建设税。现行城市维护建设税的减免规定主要有：

（1）海关对进口产品代征的增值税、消费税，不征收城市维护建设税。

（2）对由于减免增值税、消费税的，而发生退税的，可同时退还已征收的城市维护建设税。但对出口产品退还增值税、消费税的，不退还已缴纳的城市维护建设税。

（3）对增值税、消费税实行先征后返、先征后退、即征即退办法的，除另有规定外对随增值税、消费税附征的城市维护建设税，一律不予退（返）。

八、城市维护建设税征收管理

（一）纳税义务发生时间

城市维护建设税以纳税人实际缴纳的增值税、消费税为计税依据，分别与增值税、消费税同时缴纳、说明城市维护建设税纳税义务发生时间基本与增值税和消费税的纳税义务发生时间一致，应该参照“销售货物或者提供应税劳务为收讫销售款或者取得索取销售款凭据的当天”的原则确定。

（二）纳税地点

纳税人缴纳增值税、消费税的地点，就是该纳税人缴纳城市维护建设税的地点。有特殊情况的，按下列原则和办法确定纳税地点：

（1）代扣代缴、代收代缴增值税、消费税的单位和个人，同时也是城市维护建设税代扣代缴、代收代缴义务人，其纳税地点为代扣代收地。

（2）对流动经营等无固定纳税地点的单位和个人，由于城市维护建设税是由纳税人在缴纳增值税和消费税的同一时间缴纳的，所以其纳税期限分别与增值税、消费税的纳税期限一致。根据增值税和消费税暂行条例规定，增值税和消费税的纳税期限均分别为1日、5日、10日、15日、一个月或者一个季度。城市维护建设税的纳税期限应比照上述增值税、消费税的纳税期限，由主管税务机关根据纳税人应纳税额大小分别是核定；不能按照固定期限纳税的，可以按次纳税。

第五节　车船税核算

车船税是指对在中华人民共和国境内的车辆、船舶的所有人或者管理人按照《中华人民共和国车船税法》应缴纳的一种财产税。

一、车船税的纳税义务人与征税范围

（一）纳税义务人及扣缴义务人

车船税的纳税人是在我国境内的车辆、船舶的所有人或管理人，即在我国境内拥有车船的单位和个人。单位是指行政机关、事业单位、社会团体以及各类企业。个人是指我国境内的居民和外籍个人。应税车船的所有人或管理人未缴纳车船税的扣缴义务人，应当依法代收代缴车船税。

从事机动车第三者责任强制保险业务的保险机构为机动车车船税的扣缴义务人，在销售机动车交通事故责任强制保险时代收车船税，并出具代收税款凭证。

（二）征税范围

车船税的征税范围是指在中华人民共和国境内属于船舶税法所附《车船税税目税额表》规定的车辆、船舶。

车辆包括机动车辆和非机动车辆。机动车辆是指依靠燃油、电力等能源作为动力运行的车辆，如汽车、拖拉机、无轨车电车等；非机动车辆是指导依靠人力、畜力运行的车辆，如三轮车、自行车、畜力驾驶车等。

船舶包括机动船舶和非机动船舶。机动船舶是指依靠燃料等能源作为动力运行的船舶，如客轮、货船、气垫船等；非机动船舶是指依靠人力或者其他力量运行的船舶，如木

船、帆船、舢板等。

在机场、港口以及其他企业内部场所行驶或作业，并在车船管理部门登记的车船，应当缴纳车船税。

二、车船税的税目和税率

车船税实行定额税率，对征税的车辆执行有幅度的定额税率，即对各类车船分别规定一个最低到最高限度的年税额，属于从量计征的税种。

车船税税目税额见表9-1。

表9-1　　车船税税目税额表

车船税的税目	车船税的计税单位	年基准税	备注
乘用车［按发动机汽缸容量（排气量）分档］1.0升（含）以下的	每辆	60元至360元	核定载客人数9人（含）以下
乘用车［按发动机汽缸容量（排气量）分档］1.0升以上至1.6升（含）的	每辆	300元至540元	核定载客人数9人（含）以下
乘用车［按发动机汽缸容量（排气量）分档］1.6升以上至2.0升（含）的	每辆	360元至660元	核定载客人数9人（含）以下
乘用车［按发动机汽缸容量（排气量）分档］2.0升以上至2.5升（含）的	每辆	660元至1 200元	核定载客人数9人（含）以下
乘用车［按发动机汽缸容量（排气量）分档］2.5升以上至3.0升（含）的	每辆	1 200元至2 400元	核定载客人数9人（含）以下
乘用车［按发动机汽缸容量（排气量）分档］3.0升以上至4.0升（含）的	每辆	2 400元至3 600元	核定载客人数9人（含）以下
乘用车［按发动机汽缸容量（排气量）分档］4.0升以上的	每辆	3 600元至5 400元	核定载客人数9人（含）以下
商用车客车	每辆	480元至1 440元	核定载客人数9人以上，包括电车
商用车货车	整备质量每吨	16元至120元	包括半挂牵引车、三轮汽车和低速载货汽车等
挂车	整备质量每吨	按照货车税额的50%计算	
其他车辆专用作业车	整备质量每吨	16元至120元	不包括拖拉机
其他车辆轮式专用机械车	整备质量每吨	16元至120元	不包括拖拉机
摩托车	每辆	36元至180元	

表9-1(续)

车船税的税目	车船税的计税单位	年基准税	备注
船舶机动船舶	净吨位每吨	3元至6元	拖船、非机动驳船分别按照机动船舶税额的50%计算
船舶游艇	艇身长度每米	600元至2 000元	无

三、车船税的应纳税额的计算

1. 车船税各税目应纳税额的计算公式

乘用车、客车、摩托车应纳税额=车辆数 ×适用年基准税额

货车、专业作业车、轮式专用机械车应纳税额=整备质量吨位 ×适用年基准税额

机动船舶应纳税额=净吨位 ×适用年基准税额

游艇应纳税额=艇身长度 ×适用年基准税额

2. 购置的新车船、购置当年的应纳税自纳税义务发生的当月起按月计算

购置的新车船、购置当年的应纳税额的计算公式为：

应纳税额=适用年基准税额/12 ×应纳税月份数

【例9-8】大佳运输公司2017年拥有载货汽车10辆（货车载重净吨位全部为8吨），乘人大客车30辆，小客车20辆。请计算该公司应纳车船税。（注：载货汽车每吨年应纳税额80元，乘人大客车每辆年应纳税额为800元。小客车每辆年应纳税额为700元）

载货汽车应纳税额=10 ×8 ×80=6 400（元）

乘人客车应纳税额=30 ×800+20 ×700=38 000（元）

全年应纳车船税额=6 400+38 000=44 400（元）

【例9-9】王某2017年5月12日购买一辆发动机气缸容量为2.4升的乘用车，已知适用年基准备税额为800元。

要求：请计算王某2017年应缴纳的车船税税额。

购置的新车船，购置当年的应纳税额自纳税义务发生的当月超按月计算

王某2017年应缴纳车船税税额=800 ×8/12=533.33（元）

四、车船税的会计处理

企业缴纳的车船税应记入“税金及附加”科目，并在“应交税费”科目下设置“应交车船税”明细科目进行核算。分期计提车船税时，借记“税金及附加”，贷记“应交税费——应交车船税”，实际缴纳时，借记“应交税费——应交车船税”，贷记“银行存款”。

【例 9-10】A 企业 2017 年自有乘用车 3 辆，排气量分别为 1.4 升、1.8 升和 2.5 升；自有商用货车 1 辆，整备质量 9 吨，挂车 2 辆，整备质量 15 吨。该地区 1.0 升以上至 1.6 升（含）的乘用车车船税为 300 元/辆，该地区 1.6 升以上至 2.0 升（含）的乘用车车船税为 450 元/辆，该地区 2.0 升以上至 2.5 升（含）的乘用车车船税为 750 元/辆，商用货车车船税适用年基准税额为 60 元/吨。

要求：计算该企业 2017 年应纳的车船税税额并进行会计处理。

解析：

（1）计算应纳的车船税税额：

乘用车全年应纳车船税税额＝300+450+750＝1 500（元）

商用货车全年应纳车船税税额＝9 ×60＝540（元）

挂车全年应纳车船税税额＝2 ×15 ×60 ×50%＝900（元）

全年应纳车船税税额＝1 500+540+900＝2 940（元）

（2）会计处理如下：

按月计提车船税时：

每月车船税＝2 940÷12＝245（元）

借：税金及附加　245

　贷：应交税费——应交车船税　245

按年实际缴纳车船税时：

借：应交税费——应交车船税　2 940

　贷：银行存款　2 940

五、车船税的税收优惠

（一）法定免税项目

（1）捕捞、养殖渔船。

（2）军队、武装警察部队专用的车船。

（3）警用车船。

（4）依照法律规定应当予以免税的外国驻华使领馆，国际组织驻华代表机构及其有关人员的车船。

（5）对使用新能源车船、免征车船税。

（6）临时入境的外国车船和香港特别行政区、澳门特别行政区、台湾地区的车船，不征收车船税。

（7）按照规定缴纳船舶吨税的机动船舶，自《中华人民共和国车船税法》规定之日起 5 年内免征车船税。

（8）依法不需要在车船登记管理部门登记的机场、港口、铁路站内部行驶或者作业的车船，自车船税法实施之日起5年内免征车船税。

（二）车船税其他税收优惠

（1）对节约能源车船，减半征收车船税。

（2）对受地域、洪涝等严重自然灾害影响纳税困难的以及其他特殊原因确需减免税的车船，可以在一定期限内减征或免征车船税。具体减免期限和数额由省、自治区、直辖市人民政府确定，报国务院备案。

（3）省、自治区、直辖市人民政府根据当地实际情况，可以对公共交通车船，农村居民拥有并主要在农村地区使用的摩托车、三轮汽车和低速载货汽车定期减征或免征车船税。

六、车船税的申报与缴纳

（一）纳税义务发生时间

车船税的纳税义务发生时间为车船管理部门核发的登记证书或者行驶证书所记载的日期的当月。纳税人未按照规定到车船管理部门办理应税车船登记手续的，以车船购置发票所载开具时间的当月作为车船税的纳税义务发生时间。对未办理应税车船登记手续且无法提供车船购置发票的，由主管地方税务机关核定纳税义务发生时间。

（二）车船税的纳税期

车船税按年申报，分月计算，一次性缴纳。纳税年度为公历1月1日至12月31日。车船税按年申报缴纳。具体申报纳税期限由省、自治区、直辖市人民政府规定。

（三）纳税地点

车船税的纳税地点为车船的登记地或者车船税扣缴义务人所在地。依法不需要办理登记的车船，车船税的纳税地点为车船的所有人或者管理人所在地。

（四）车船税的纳税申报

纳税人向税务机关申报车船税，税务机关应当受理，并向纳税人开具含有车船信息的完税凭证。

从事机动车第三者责任强制保险业务的保险机构为机动车车船税的扣缴义务人，在代收车船税时，应当在机动车交通事故责任强制保险的保险单以及保费发票上注明已收税款的信息，作为代收税款凭证。保险机构应当按照本地区车船税代收代缴管理办法规定的期限和方式，及时向保险机构所在地的税务机关办理申报、结报手续，报送代收代缴税款报告表和投保机动车缴税的明细信息。

对已经向主管税务机关申报缴纳车船税的纳税人，保险机构在销售机动车第三者责任强制保险时，不再代收车船税，但应当根据纳税人的完税凭证原件，将车辆的完税凭证号和出具该凭证的税务机关的名称录入交强险业务系统。

扣缴义务人已代收代缴车船税的，纳税人不再向车辆登记地的主管税务机关申报缴纳车船税。没有扣缴义务人的，纳税人应当向主管税务机关自行申报缴纳车船税。

车船税由地方税务机关负责征收。公安、交通运输、农业、渔业等车船登记管理部门、船舶检验机构和车船税扣缴义务人的行业主管部门应当协助税务机关加强车船税的征收管理。车辆所有人或者管理人在申请办理车辆相关登记、定期检验手续时，应当向公安机关交通管理部门提交依法纳税或者免税证明。公安机关交通管理部门核查后办理相关手续。

第六节 车辆购置税核算

车辆购置税是以在中国境内购置规定的车辆为征税对象，在特定环节向车辆购置者征收的一种税。

一、车辆购置税的概述

（一）纳税义务人

车辆购置税是的纳税义务人是指在我国境内购置应税车辆的单位和个人。购置是指购买、进口、自产、受赠、获奖或者以拍卖、抵债、走私、罚没等方式取得并自用应税车辆的行为，这些行为都属于车辆购置税的应税行为。

（二）征税对象

车辆购置税以列举的车辆作为征税对象，未列举不征税。其征税范围主要包括：汽车、摩托车、电车、挂车、农用运输车。

（三）车辆购置税的税率

车辆购置税实行单一比例税率，税率为10%。

二、车辆购置税应纳税额的计算

（一）计税依据

车辆购置税实行从价定率的方法来计算应纳税额，车辆的价格即计税价格是车辆购置税的计税依据。但由于应税车辆车的购置来源不同，应税行为的发生不同，计税价格的组成也就不一样，计税依据主要有以下几种情况：

（1）购买自用的应税车辆，计税依据为以纳税人购买应税车辆而支付给销售方的全部价款和价外费用（不包含增值税）为计税依据。

（2）进口自用的应税车辆，以组成计税价格为计税依据。其计算公式为：

组成计税价格=关税完税价格+关税+消费税

（3）自产、受赠、获奖或者以其他方式取得并自用的应税车辆的计税价格，由主管税务机关参照国家税务总局规定的最低计税价格核定。

（4）购买自用或者进口自用应税车辆，申报的计税价格低于同类型应税车辆的最低计税价格，又无正当理由的，按照最低计税价格计税。

（二）应纳税额的计算

车辆购置税实行从价定率的计税办法，所以应纳税额的计算公式为：

应纳税额=计税价格 ×税率

三、车辆购置税的会计处理

企业购置应税车辆按规定缴纳车辆购置税、企业购置减税、免税车辆后改变用途，按规定应补交车辆购置税，均应当作为所购置车辆的成本，借记“固定资产”，贷记“银行存款”，一般不通过“应交税费——应交车辆购置税”科目核算。

【例 9-11】大理企业从北京吉普汽车有限公司购买了一辆国产吉普自由光轿车，支付含税价款共多少 269 800 元，汽车公司代收临时牌照费 200 元，代收保险费 580 元，收取车辆装饰费 780 元，支付的各项费用均用北京吉普汽车有限公司开具“机动车销售统一发票”和有关票据。

要求：计算该企业应缴纳的车辆购置税，并编制相关会计分录。

车辆购置税的计税依据=（269 800+200+580+780）÷（1+17%）= 231 931. 62 元

应纳车辆购置税=231 931. 62 ×10% =23 193. 16 元

借：固定资产	231 931. 62	
应交税费——应交增值税（进项税额）	39 428. 38	
贷：银行存款		271 360

四、车辆购置税的税收优惠

（1）外国驻华使馆、领事馆和国际组织驻华机构及其外交人员自用的车辆免税。

（2）中国人民解放军和中国武装警察部队列入军队武器装备订货计划的车辆免税。

（3）设有固定装置的非运输车辆免税。

（4）防汛部门和森林消防部门购置的由指定厂家生产的指定型号的用于指挥、检查、调度、防汛（警）、联络的专用车辆免税。

（5）来华定居专家进口自用的 1 辆小汽车免税。

（6）有国务院规定予以免税或者减税的其他情形，按照规定免税或者减税。

五、车辆购置税的征收管理

纳税人应当在向公安机关等车辆管理机构办理车辆登记注册手续前，缴纳车辆购置税。车辆购置税税款应当一次缴清。纳税人应当持主管税务机关出具完税证明或者免税证明，向公安机关车辆管理机构办理车辆登记注册手续；没有完税证明或免税证明的，公安机关车辆管理机构不得办理车辆登记注册手续。

（一）纳税地点

纳税人购置应税车辆，应当向车辆登记注册地的主管税务机关申报纳税；购置不需要办理车辆登记注册手续的应税车辆，应当向纳税人所在地的主管税务机关申报纳税。车辆购置税实行一次性征收制度，购置已经征收过车辆购置税的车辆，不再征收车辆购置税。

（二）纳税期限

纳税人购买自用应税车辆的，应当自购买之日起 60 日内申报纳税；进口自用应税车辆的，应当自进口之日内申报纳税；自产、受赠、获奖或者以其他方式取得并自用应税车辆的，应当自取得之日起 60 日内申报纳税。

（三）纳税申报

车辆购置税实行一车一申报制度。纳税人办理纳税申报时应如实填写“车辆购置税纳税申报表”，同时，提供车主身份证明、车辆价格证明、车辆合格证明和税务机关要求提供的其他资料的原件和复印件。

第七节 印花税核算

印花税是对经济活动和经济交往中书立、使用、领受具有法律竞争力的凭证的单位和个人征收的一种税。

一、印花税的纳税义务人

在中华人民共和国境内书立、使用、领受《印花税暂行条例》所列举的凭证的单位和个人，为印花税的纳税人，应当按照条例规定缴纳印花税。

根据书立、使用、领受凭证的不同，分别确定为立合同人、立账簿人、立据人、领受人、使用人、各类电子应税凭证的签订人：

（1）立合同人。是指合同的当事人，但不包括合同的担保人、证人、鉴定人。各类合同的纳税人是立合同人。

（2）立账簿人。是设立并使用营业账簿的单位和个人，是印花税的纳税人。

（3）立据人。是指书立产权转移书据的单位和个人。

（4）领受人。是指领取并持有权利、许可证照的单位和个人。

（5）使用人。是指在国外书立、领受，但在国内使用应税凭证的单位和个人。

（6）各类电子应税凭证的签订人。指以电子形式签订的各类应税凭证的当事人。

由两方或者两方以上当事人共同书立的，当事人各方均为印花税的纳税人，应各就其所持凭证的计税金额履行纳税义务。

二、印花税的税目与税率

根据应纳税凭证的不同，印花税分别采用比例税率和定额税率两种形式。具体税目与税率如表 9-2 所示。

表 9-2　　印花税税目税率表

序号	税目	范围	税率	纳税人	说明
1	购销合同	包括供应、预购、采购、购销、结合及协作、调剂、补偿、易货等合同	按购销金额 0.3‰贴花	立合同人	
2	加工承揽合同	包括加工、定作、修缮、修理、印刷广告、测绘、测试等合同	按加工或承揽收入 0.5‰贴花	立合同人	
3	建设工程勘察设计合同	包括勘察、设计合同	按收取费用 0.5‰贴花	立合同人	
4	建筑安装工程承包合同	包括建筑、安装工程承包合同	按承包金额 0.3‰贴花	立合同人	
5	财产租赁合同	包括租赁房屋、船舶、飞机、机动车辆、机械、器具、设备等合同	按租赁金额 1‰贴花。税额不足 1 元，按 1 元贴花	立合同人	
6	货物运输合同	包括民用航空运输、铁路运输、海上运输、内河运输、公路运输和联运合同	按运输费用 0.5‰贴花	立合同人	单据作为合同使用的，按合同贴花
7	仓储保管合同	包括仓储、保管合同	按仓储保管费用 1‰贴花	立合同人	仓单或栈单作为合同使用的，按合同贴花
8	借款合同	银行及其他金融组织和借款人（不包括银行同业拆借）所签订的借款合同	按借款金额 0.05‰贴花	立合同人	单据作为合同使用的，按合同贴花
9	财产保险合同	包括财产、责任、保证、信用等保险合同	按保险费收入 1‰贴花	立合同人	单据作为合同使用的，按合同贴花
10	技术合同	包括技术开发、转让、咨询、服务等合同	按所载金额 0.3‰贴花	立合同人	

表9-2(续)

序号	税目	范围	税率	纳税人	说明
11	产权转移书据	包括财产所有权和版权、商标专用权、专利权、专有技术使用权等转移书据、土地使用权出让合同、土地使用权转让合同、商品房销售合同	按所载金额 0.5‰贴花	立据人	
12	营业账簿	生产、经营用账册	记载资金的账簿，按实收资本和资本公积的合计金额 0.5‰贴花。其他账簿按件贴花 5 元	立账簿人	
13	权利、许可证照	包括政府部门发给的房屋产权证、工商营业执照、商标注册证、专利证、土地使用证	按件贴花 5 元	领受人	

三、印花税应纳税额的计算

（一）印花税的计税依据

印花税的计税依据为应税凭证上所记载的计税金额或应税凭证的件数，具体规定如下：

（1）购销合同的计税依据为合同记载的购销金额。

（2）加工承揽合同的计税依据是加工或承揽收入的金额，具体规定如下：

合同或具有合同性质的凭证，以凭证所载金额作为计税依据。如加工承揽合同、购销合同的承揽或加工收入、建设工程勘察设计合同的收取的费用、建筑安装工程承包合同的承包金额、财产租赁合同的租赁金额；货物运输合同的运输费用（即运输收入）、仓储保管合同的仓储保管费用、借款合同的借款金额、财产保险合同的保险费、技术合同的价款、报酬或使用费、产权转移书据的金额等。上述凭证以“金额”“费用”作为计税依据的，不得扣除。

（3）营业账簿中记载资金的账簿的计税依据为“实收资本”与“资本公积”两项的合计金额。

（4）不记载金额的营业账簿、房屋产权证、工商营业执照、专利证等权利许可证照 、日记账簿和各种明细分类账簿等辅助性账簿计税依据为应税凭证件数。

（二）印花税应纳税额的计算

（1）实行比例税率的凭证，印花税应纳税额的计算公式为：

应纳税额=应税凭证计税金额×比例税率

（2）印花税采用定额税率的凭证，印花税应纳税额的计算公式为：

应纳税额=应税凭证件数×单位税额

（3）营业账簿中记载资金的账簿，印花税应纳税额的计算公式为：

应纳税额=（实收资本+资本公积）×0.5‰

（4）其他账簿按件贴花，每件5元。

【例9-12】A塑料厂与B运输公司签订了两份合同：第一份合同载明的金额合计为60万元，（运输费与保管费并未单独载明）；第二份合同中注明运费40万元，保管费20万元。请分别计算这两份合同应缴纳的印花税费。

第一份合同应缴纳的印花税费600 000×1‰=600（元）

第一份合同应缴纳的印花税费400 000×0.5‰+200 000×1‰=400（元）

【例9-13】某公司发生以下业务：

（1）领受工商营业执照、商标注册证各1件；

（2）与其他企业订立产品采购合同1份，合同金额共计88万元；

（3）订立借款合同1份，所载金额为300万元；

（4）公司记载资金的账簿"实收资本""资本公积"为1 000万元；

要求：计算该公司当年应纳印花税税额。

（1）领受工商营业执照、商标注册应纳印花税=2×5=10（元）

（2）与其他企业订立产品购采购合同应纳印花税=880 000×0.3‰=264（元）

（3）订立借款合同=3 000 000×0.05‰=150（元）

（4）公司记载资金的账簿=10 000 000×0.05‰=500（元）

（5）公司当年应纳印花税=10+264+150+500=924（元）

（三）印花税的会计处理

企业自行购买并一次贴足印花税票的方法缴纳税款，不会发生应付未付税款的情况，也不存在与税务机关结算或清算的问题，因此不需要预提应纳税额，也不需要通过"应交税费"科目进行核算。企业在购买印花税票时，借记"税金及附加"科目，贷记"银行存款""库存现金"等科目。

【例9-14】企业直接缴纳印花税200元。

借：税金及附加　　200

　贷：库存现金　　200

四、印花税的税收优惠

下列凭证免征印花税：

（1）已缴纳印花税的副本或抄本；

（2）财产所有人将财产赠给政府、社会福利单位、学校所立的书据；

（3）应纳税额不足 1 角的，免征印花税；

（4）国家指定的收购部门与村委会、农民个人书立的农副产品收购合同；

（5）无息、贴息贷款合同免税；

（6）外国政府或者国际金融组织向中国政府及国家金融机构提供优惠贷款所书立的合同；

（7）房地产管理部门与个人订立的用于生活居住的租房合同；

（8）农牧业保险合同；

（9）企业兼并并入资金免税；对企业兼并的并入资金，凡已按资金总额贴花的，接收单位对并入的资金，不再补贴印花。

（10）租赁承包经营合同免税；

（11）外国运输企业免税。由外国运输企业运输进口货物的，外国运输企业所持有的一份结算凭证，免征印花税。

五、印花税征收管理

（一）纳税义务发生时间

印花税应当在书立或领受时贴花，具体是指在合同签订时、账簿启用时和证照领受时贴花。如果合同是在国外签订的，并且不便在国外贴花的，应在将合同带入境时办理贴花纳税手续。

（二）纳税地点

印花税一般实行就地纳税。对于全国性商品物资订货会（包括展销会、交易会等）上所签订合同应纳的印花税，由纳税人回其所在地后及时办理贴花完税手续；对地方主办、不涉及省际关系的订货会、展销会上所签合同的印花税，其纳税地点由各省、自治区、直辖市人民政府自行确定。

（三）纳税方法

（1）自行贴花。纳税人在书立、领受应税凭证时，自行计算应纳印花税额，向当地纳税机关或印花税票代售点购买印花税票，并在应税凭证上一次贴足印花并自行注销或划销，纳税义务才算全部履行完毕。

印花税票一经售出，国家即取得印花税收入，但只有纳税人将印花税票粘贴在应税凭证适当的位置后，经盖销或划销后才算完成了纳税义务。已贴用的印花税票不得重用；已贴花的凭证，修改后所载金额有增加的，其增加部分应当补贴印花。

（2）汇贴或汇缴。汇贴或汇缴一般适用于应纳税额较大或贴花次数频繁的纳税人。一份凭证应纳税额超过 500 元的，纳税人应当向当地税务机关申请填写缴款书或完税证，将其中一联粘贴在凭证上或者税务机关在凭证上加注完税标记代替贴花。同一类应纳税凭证，需频繁贴花的，纳税人应向当地税务机关申请按期汇总缴纳印花税。税务机关对核准汇总缴纳的单位，应发给汇缴许可证，汇总缴纳的限期限额由当地税务机关确定，但最长期限不得超过 1 个月。凡汇总缴纳印花税的凭证，应加注税务机关指定的汇缴戳记，编号并装订成册后，将已贴印花或者缴款书的一联粘附册后，盖章注销，保存备查。

（3）委托代征。为加强征收管理、简化手续，印花税可以委托有关部门代征，实行源泉控管。对通过国家有关部门发放、鉴证、公证或仲裁的应税凭证，税务部门可以委托这些部门代征印花税，发给代征单位代征委托书，明确双方的权利和义务。

基本训练

一、单项选择题

1. 根据房产法律制度的规定，下列表述中，正确的是（　　）。

A. 房屋产权属于国家所有的，不缴纳房产税

B. 房屋产权属于集体和个人所有的，集体单位和个人为房产税纳税人

C. 房屋产权出典的，出典人为房产各纳税人

D. 房产产权未确定的，不缴纳房产税

2. 下列有关房产图看热表述中，正确的是（　　）。

A. 房地产开发企业建造的商品房，在出售前一律不征收房产税

B. 纳税单位无租使用免税单位的房产应由使用人代为缴纳房产税

C. 对居民住宅区内业主共有的经营性房产，由业主委员会代为缴纳房主税

D. 产权所有人、承典人不在房产所在地的，免征房产税

3. 某公司委托 A 施工企业建造一幢办公楼，工程于 2018 年 1 月 31 日完工，3 月 31 日办妥竣工验收手续，9 月 30 日该办公楼投入使用。根据房产税税法律制度的规定，该办公楼应当自（　　）起征收房产税。

A. 2018 年 2 月 1 日　　B. 2018 年 4 月 1 日

C. 2018 年 10 月 1 日　　D. 2018 年 9 月 30 日

4. 根据契税法律制度的规定，契税的纳税义务发生时间是纳税人（　　）。

A. 实际取得土地、房屋的当天

B. 办理土地、房屋权属变更登记手续的当天

C. 签订土地、房屋权属转移合同的当天

D. 实际支付购买价款的当天

5. 下列各项中，计算应纳税额时采用超率累进税率的是（　　）。

A. 个人所得税“工资、薪金所得”

B. 个人所得税“劳务报酬所得”

C. 个人所得税“个体工商户的生产、经营所得”

D. 土地增值税

6. A 企业与 B 企业签订一份购销合同，C 企业为鉴定人，D 企业为 A 企业的担保人。该业务中印花税的纳税义务人是（　　）。

A. A 企业和 B 企业

B. A 企业、B 企业和 C 企业

C. A 企业、B 企业和 D 企业

D. A 企业、B 企业、C 企业和 D 企业

7. A 公司和 B 公司租赁 2 台起重机并签订财产租赁合同，合同注明超重机总价值为 80 万元，租期为 2 个月，每台每月租金为 2 万元。已知财产租赁合同适用印花税税率为 1‰，根据印花税法律制度的规定，A 公司和 B 公司签订该租赁合同共计应缴纳印花税（　　）元。

A. 40　　B. 80

C. 160　　D. 800

8. 某汽贸公司本月购进 4 辆新汽车（非新能源或节约能源车辆）并作下列处置，其中应当由该公司缴纳的车辆购置税的是（　　）。

A. 赠予某 4S 店 1 辆

B. 自用为通勤车 1 辆

C. 作为有奖销售奖品奖励客户 1 辆

D. 加价转让 1 辆

9. 某公司 2018 年 1 月接受捐赠进口小汽车（非新能源车辆）10 辆并自用，无法取得该型号小汽车的市场价格。已知捐赠方取得该小汽车时的成本为 80 000 元/辆，小汽车成本利润率为 10%，消费税税率为 9%，国家税务总局规定的同类型应税车辆最低计税价格为 150 000 元/辆，则该公司就上述业务应缴纳车辆购置税的计算正确的是（　　）。

A. 150 000×10×10%

B. 150 000×10×（1+10%）÷（1−9%）×10%

C. 80 000×10×（1+10%）×（1−9%）×10%

D. 80 000×10×（1+10%）÷（1−9%）×10%

10. 我国车船税的税率形式是（　　）。

A. 地区差别比例税率　　B. 有幅度的比例税率

C. 有幅度的定额税率　　D. 全国统一的定额税率

二、多项选择题

1. 下列各项建筑物中，不属于房产税征税范围的有（　　）。

A. 位于县城的某独立水塔　　B. 位于建制镇的某平房

C. 位于农村的某二层小楼　　D. 位于市区的菜窖

2. 下列各项建筑物中，应当缴纳城镇土地使用税的有（　　）。

A. 港口的码头用地　　B. 公园内附设的影剧院用地

C. 水电站的发电厂房用地　　D. 火电厂厂区围墙内的用地

3. 下列各项中，属于契税纳税义务人的有（　　）。

A. 以房屋产权抵债的抵债方　　B. 房屋产权赠予中的受赠方

C. 房屋产权交换中多付差价一方　　D. 以房屋产权投资的投资主

4. 下列各项中，属于土地增值税纳税义务人的有（　　）。

A. 出租办公室的某外商投资企业

B. 转让商铺的某自然人

C. 转让划拨取得的国有土地使用权的某中学

D. 为客户代建仓库的某建筑安装公司

5. 下列各项中，不属于土地增值税征税范围的有（　　）。

A. 国家机关转让自用的房产

B. 继承人依法继承的房产

C. 对国有企业进行评估增值的房产

D. 对外出租的房产

6. 房地产开发企业转让新建商品房，在确定土地增值税的扣除项目时，允许作为“与转让房地产有关的税金”项目扣除的税金有（　　）。

A. 教育费附加　　B. 房产税

C. 城市维护建设税　　D. 增值税

7. 根据印花税法律制度的规定，下列各项中，需要征收印花税的有（　　）。

A. 工商营业执照　　B. 房屋产权证

C. 安全生产许可证　　D. 卫生许可证

8. 下列各税种中，采用比例税率和定额税率两种税率形式的有（　　）。

A. 印花税　　B. 车船税

C. 资源税　　D. 房产税

9. 下列车船中，以整备质量吨位数为车船税计税依据的有（　　）。

A. 非机动驳船　　B. 客货两用车

C. 低速载货汽车　　D. 专用作业车

10. 下列车船中，属于车船税征税范围的有（　　）。

A. 挂车　　　　　　　　B. 非机动驳船

C. 电动自行车　　　　　D. 摩托车

三、判断题

1. 房产产权未确定以及租典纠纷未解决的，暂不征收房产税。（　　）

2. 土地使用权共有的，共有各方为纳税人，由共有各方协商轮流缴纳城镇土地使用税。（　　）

3. 以房屋权属设定抵押，抵押期间无须缴纳契税；以房屋权属抵债，债务人应当申报缴纳契税。（　　）

4. 契税采用有地区差异的幅度定额税率。（　　）

5. 书立印花税应税凭证，但延期生效的，纳税人应当在凭证生效日贴花完税。（　　）

6. 纳税人应当在向公安机关车辆管理机构办理车辆登记注册手续前，缴纳车辆购置税。（　　）

7. 新风车辆，缴纳车辆购置税前当年，不必缴纳车船税。（　　）

8. 从事机动车第三者责任强制保险业务的保险机构为机动车车船税的扣缴义务人 。（　　）

9. 对使用新能源车船、节约能源车船的，免征车船税。（　　）

10. 纳税人临时占用耕地无须缴纳耕地占用税。（　　）

四、综合题

1. 大海企业本月实际缴纳增值税 50 万元、消费税 10 万元、契税 6 万元、房产税 8 万元。已知企业适用的城市维护建设税税率为 7%，该企业本月应当缴纳城市维护建设税为多少万元?

2. 某 4S 店本月进口 9 辆商务车（非新能源或节约能源车辆），海关核定的关税完税价格为 40 万元/辆，本月已经销售 4 辆，3 辆仍放置在展厅待售，2 辆本店自用。已知商务车适用关税税率为 25%，消费税税率为 12%。则本月该 4S 店应缴纳的车辆购置税为多少元?

第十章 企业所得税核算

【学习目标】

知识目标

1. 掌握企业所得税的概念、纳税人、纳税对象、纳税期限与纳税地点。
2. 掌握企业所得税的税收优惠、征收方式。
3. 熟悉企业所得税的税率；

能力目标

1. 能正确区分居民企业和非居民企业，进行企业所得税应纳税所得额的计算。
2. 熟练运用资产负债表债务法进行企业所得税的会计处理和相关报表的编制。

第一节 企业所得税相关知识

一、企业所得税的纳税人

企业所得税，国际上又称之为“公司税”“公司所得税”“法人税”，是以企业和其他取得收入的组织取得的生产经营所得和其他所得为征税对象所征收的一种税。

企业所得税纳税人包括企业、事业单位、社会团体、民办非企业单位和从事经营活动其他组织（有收入的组织企业）。

我国的个人独资企业、合伙企业（非法人）缴纳个人所得税，不是企业所得税的纳税人。

根据国际上通行的属地和属人原则，缴纳企业所得税的企业分为居民企业和非居民企业，分别承担不同的纳税责任。

（1）居民企业是指依法在中国境内成立，或者依照外国（地区）法律成立但实际管理机构在中国境内的企业。实际管理机构，是指对企业的生产经营、人员、账务、财产等实施实质性全面管理和控制的机构。

（2）非居民企业，是指依照外国（地区）法律成立且实际管理机构不在中国境内，但在中国境内设立机构、场所的，或者在中国境内未设立机构、场所，但有来源于中国境内所得的企业。

例如：

①在中国境内成立的企业，属于我国居民企业。

②在美国成立的企业，但实际管理机构在中国境内，属于我国居民企业。

③在日本成立的企业且实际管理机构在日本，但在中国境内设立机构场所的企业，属于我国非居民企业。

二、企业所得税的纳税对象

企业所得税的征税对象从内容上看包括生产经营所得、其他所得和清算所得，从空间范围上看包括来源于中国境内、境外的所得。

（一）居民企业纳税对象——来源于中国境内、境外的所得

（二）非居民企业纳税对象

（1）对于在境内设立机构场所的非居民企业，要就其来源于境内及发生在境外但与境内所设机构、场所有实际联系的所得缴纳企业所得税；

（2）非居民企业在中国境内未设立机构、场所的，或者虽设立机构、场所但取得的所得与其所设机构、场所没有实际联系的，应当就其来源于中国境内的所得缴纳企业所得税。

（三）所得来源地的原则

（1）销售货物按交易活动发生地。

（2）提供劳务按劳务发生地。

（3）股息、红利等权益性投资按“分配”所得的企业所在地。

（4）不动产转让所得按“不动产”所在地。

（5）动产转让所得按“转让”动产的企业或机构、场所所在地。

（6）权益性投资资产转让所得按“被投资企业”所在地。

（7）利息、租金、特许权使用费按“负担、支付所得”的企业或者机构、场所所在地确定，或按照负担、支付所得的个人的住所地。

三、企业所得税税率

企业所得税税率分为基本税率和优惠税率。基本税率为25%，适用于居民企业和中国境内设有机构、场所且所得与机构、场所有关联的非居民企业。符合条件的小型微利企业减按20%的优惠税率，国家重点扶持的高新技术企业减按15%的优惠税率。预提所得税税率20%适用于在中国境内未设立机构、场所的或者虽设立机构、场所但取得的所得与其所

设机构、场所没有实际联系的非居民企业，实际征税时适用10%税率。

【例 10-1】某日本企业（实际管理机构不在中国境内）在中国境内设立分支机构，2017 年该机构在中国境内取得咨询收入 500 万元，在中国境内培训技术人员，取得日方支付的培训收入 200 万元，在中国取得与该分支机构无实际联系的特许费所得 80 万元；在日本取得与该分支机构无实际联系的所得 70 万元。企业的应纳企业所得税收入总额为多少万元?

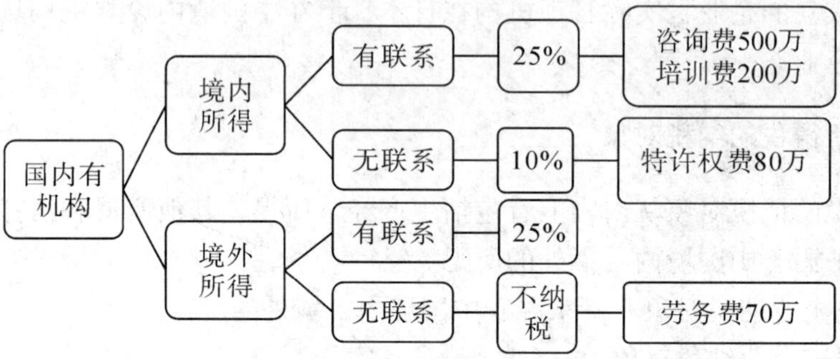

图 10-1　该机构的经济收入图示

企业应纳税收入总额 =（500+200+80）= 780（万元）。

第二节　应纳税所得额

一、应纳税所得额的一般规定

（一）应纳税所得额计算

1. 直接计算法计算公式

应纳税所得额 = 收入总额 - 不征税收入 - 免税收入 - 各项扣除项目 - 允许弥补的以前年度亏损

2. 间接计算法计算公式

应纳税所得额 = 利润总额±纳税调整项目金额

在计算应纳税所得额时，财务会计处理办法同税法不一致的，以税法规定计算纳税，即税法优先原则。

（二）亏损弥补

企业纳税年度发生的亏损，准予以后年度结转，用以后年度的所得弥补，但结转年限最长不得超过五年。亏损弥补期限是自亏损年度报告的下一个年度起连续 5 年不间断地计算。

筹办期间不计算为亏损年度，企业应从开始生产经营的年度计算为损益年度。

税务机关对企业以前年度纳税情况进行检查时调增的应纳税所得额，凡企业以前年度发生亏损、且该亏损属于企业所得税法规定允许弥补的，应允许调增的应纳税所得额弥补该亏损。弥补该亏损后仍有余额的，按规定计算缴纳企业所得税。对检查调增的应纳税所得额应依有关规定进行处理或处罚。

补亏的规定主要有三点：

（1）按照税法调整后的亏损额；

（2）以亏损年度的下一年算起，连续计算五年，中间不得中断；

（3）先亏先补，后亏后补。

【例10-2】：表10-1为经税务机关审定的某国有企业8年应纳税所得额情况，假设该企业一直执行5年亏损弥补规定，则该企业8年间须缴纳企业所得税是多少？

表10-1 该国有企业8年应纳税所得额情况

年度	2002	2003	2004	2005	2006	2007	2008	2009
应纳税所得额（万元）	-100	20	-40	20	20	30	-20	95

2003—2007年，所得弥补2002年亏损，未弥补完但已到5年抵亏期满；2008年亏损，不纳税；2009年所得弥补2004年和2008年亏损后还有余额35万元，要计算纳税，应纳税额 = 35×25% = 8.75（万元）

二、应税收入总额的确定

（一）应税收入的概念

企业以货币形式和非货币形式从各种来源取得的收入，为应税收入总额。

货币形式的收入包括：现金、存款、应收账款、应收票据、准备持有至到期的债券投资、债务的豁免等。

非货币形式的收入包括：固定资产、生物资产、无形资产、股权投资、存货、不准备持有至到期的债券投资、劳务以及有关权益等。企业以非货币形式取得的收入，应当按照公允价值确定收入额，即按照市场价格确定的价值。

（二）应税收入的主要内容

企业收入总额，是指企业以货币形式和非货币形式从各种来源取得的收入。企业以货币形式取得的收入，包括库存现金、银行存款、应收账款、应收票据等。企业以非货币形式取得的收入，包括固定资产、无形资产、存货、股权投资等。收入的具体构成内容有：

1. 销售货物收入

销售货物收入，是指企业销售商品、产品、原材料、包装物、低值易耗品以及其他存货取得的收入。

2. 提供劳务收入

提供劳务收入，是指企业从事加工、修理修配、建筑安装、交通运输、邮电通讯、仓储租赁、文化体育、技术服务、餐饮住宿、旅游、娱乐、教育培训、中介代理、卫生保健、社区服务以及其他劳务服务取得的收入。

3. 转让财产收入

转让财产收入，是指企业转让固定资产、无形资产、债权、股权以及其他财产取得的收入。这里的财产，是指企业的长期资产，不包括存货。

4. 股息、红利等权益性投资收益

股息、红利等权益性投资收益，是指企业进行权益性投资从被投资方取得的收入。

5. 利息收入

利息收入，是指企业将资金提供给他人使用但不构成权益性投资，或者因他人占用企业资金取得的收入，包括存款利息、贷款利息、欠款利息等。

6. 租金收入

租金收入，是指企业提供固定资产、包装物或者其他有形资产的使用权取得的收入。

7. 特许权使用费收入

特许权使用费收入，是指企业提供或转让专利权、非专利技术、商标权、著作权以及其他特许权的使用权取得的收入。

8. 接受捐赠收入

接受捐赠收入，是指企业接受其他企业、组织或者个人无偿给予的货币性资产和非货币性资产。

9. 其他收入

其他收入，是指企业取得的逾期未退的包装物押金收入、确实无法偿付的应付款项、资产溢余收入、债务重组收入、补贴收入、违约金收入、汇兑收益等。

（二）不征税收入

不征税收入，是指从性质和根源上不属于企业营利性活动带来的经济利益、不负有纳税义务并不作为应纳税所得额组成部分的收入。不征税收入包括以下内容。

1. 财政拨款

财政拨款是指政府在履行社会公共管理职能时，按年度预算安排的资金拨款，比如对农业、教育、医疗、环保、科技等领域的资金投入，具体可表现为财政补助、专项财政补贴等。我国实行九年义务教育，对中、小学教师的工资薪金等支出就是财政拨款解决的。

2. 行政事业性收费

行政事业性收费是指国家机关、事业单位、代行政府职能的社会团体及其他组织根据法律法规等有关规定，在向公民、法人提供特定服务的过程中，按照成本补偿和非营利原则向特定服务对象收取的费用。行政事业性收费包括行政管理类收费，如各种证件、牌照、簿卡等收费；资源补偿类收费；鉴定类收费；考试类收费，等等。

3. 政府性基金

政府性基金是指各级政府及其所属部门为支持某项公共事业发展，向公民、法人和其他组织无偿征收的具有专项用途的财政资金。例如国土部门征收的征地管理费、土地登记费；建设部门征收的城市房屋拆迁管理费；建设部门征收的建设工程质量监督费，等等 。

行政事业性收费和政府性基金，两者都属财政性资金，都是国家财政收入。

4. 国务院规定的其他不征税收入

企业取得的来源于政府及其有关部门的财政补助、补贴、贷款贴息以及直接减免的增值税和即征即退、先征后退、先征后返的各种税收，但不包括企业按规定取得的出口退税款。

（三）免税收入

免税收入，是指属于企业的应纳税所得，但依照税法规定免予征收企业所得税的收入。免税收入包括以下内容。

1. 国债利息收入

企业因购买国债所得的利息收入，免征企业所得税。

2. 股息、红利等权益性投资收益

（1）居民企业直接投资于其他居民企业取得的投资收益，免征企业所得税。

（2）在中国境内设立机构、场所的非居民企业从居民企业取得的与该机构、场所有实际联系的股息、红利等权益性投资收益，免征企业所得税。

3. 符合条件的非营利组织的收入

非营利组织，是指依法履行登记，从事公益性或非营利性活动，取得的收入除用于与该组织有关的、合理的支出外，全部用于公益性或者非营利性事业的组织。非营利组织接受的单位或者个人的捐款、政府补助以及按照规定收取的会费等，免征企业所得税。

（四）收入实现的确认

1. 销售货物收入

（1）确认时间（如表 10-2 所示）：

表 10-2　确认时间

托收承付	办妥“托收手续时”确认收入
预收款	“发出商品时”确认收入
安装检验	购买方“接受商品及安装检验完毕时”确认收入 如果安装程序比较简单，可在发出商品时确认收入
代销	支付手续费方式：收到代销清单时确认收入
分期收款	合同约定的收款日期确认收入

（2）确认金额（如表 10-3 所示）：

表 10-3　　确认金额

售后回购方式	销售的商品按售价确认收入，回购的商品作为购进商品处理	
	有证据表明不符合销售收入确认条件的，如以销售商品方式进行融资，收到的款项应确认为负债，回购价格大于原售价，差额应在回购期间确认为利息费用	
以旧换新	销售商品按销售商品收入为确认条件来确认收入，回收的商品作为购进商品处理	
折扣	商业折扣	按扣除商业折扣（后）的金额确定销售商品收入
	现金折扣	按扣除现金折扣（前）的金额确定销售商品收入金额，现金折扣在实际发生时作为财务费用
折让退回	销售折让和销售退回在发生当期冲减当期销售商品收入	

【例 10-3】2018 年 5 月 6 日，甲公司与乙公司签订合同，以预收款方式销售产品 200 件，不含税单价 0.1 万元，并于 5 月 10 日取得了全部产品销售额 20 万元。2015 年 5 月 20 日，甲公司发出产品 120 件，6 月 25 日发出产品 80 件。根据企业所得税法律制度的规定，下列关于甲公司确认销售收入实现日期及金额的表述中，正确的是（　　）。

A. 2018 年 5 月 6 日应确认销售收入 20 万元

B. 2018 年 5 月 10 日应确认销售收入 20 万元

C. 2018 年 5 月 20 日应确认销售收入 12 万元

D. 2018 年 6 月 25 日应确认销售收入 20 万元

【正确答案】C

2. 提供劳务收入（如表 10-4 所示）：

表 10-4　　劳务收入确认

安装费	应根据安装完工进度确认收入 安装工作是商品销售附带条件的，安装费在确认商品销售实现时确认收入
宣传媒介的收费	在相关的广告或商业行为，出现于公众面前时确认收入 广告的制作费，应根据制作广告的完工进度确认收入
软件费	为特定客户开发软件的，根据开发的完工进度确认收入
服务费	包含在商品售价内可区分的服务费，在提供服务的期间分期确认收入
艺术表演、招待宴会的收费	在相关活动发生时确认收入
会员费	只有会籍，而不享受连续服务的，取得该会员费时确认收入 申请入会或加入会员后，不再付费就能够享受连续服务的，应在整个受益期内分期确认收入

表10-4（续）

特许权费	属于提供设备和其他有形资产的特许权费，在交付资产或转移资产所有权时确认收入 属于提供初始及后续服务的特许权费，在提供服务时确认收入
劳务费	长期为客户提供重复的劳务，收取的劳务费在劳务活动发生时确认收入

3. 转让股权收入

时间：企业转让股权收入，应于转让协议生效且完成股权变更手续时确认收入。

金额：转让股权收入扣除为取得该股权所发生的成本后，为股权转让所得。

【例 10-4】2013 年甲企业投资 100 万元取得乙企业 30%的股权（取得股权的成本），2014 年以 150 万元的价格将该股权转让给丙企业（股权转让收入），股权转让时，乙企业在甲企业投资期间形成的未分配利润为 120 万元。

则甲企业股权转让收入 = 150 - 100 = 50（万元）。

4. 股息、红利等权益性投资收益收入

按照被投资方做出利润分配决定的日期确认收入的实现；国务院财政、税务主管部门另有规定的除外。

5. 利息、租金、特许权使用费收入（如表 10-5 所示）

表 10-5

利息收入	按照合同约定的债务人应付利息的日期确认收入
租金收入	按照合同约定的承租人应付租金的日期确认收入
特许权使用费收入	按照合同约定的特许权使用人应付特许权使用费的日期确认

6. 接受捐赠收入

按照实际收到捐赠资产的日期确认收入的实现。

三、各项扣除项目

（一）准予扣除支出的内容

企业所得税法规定，企业实际发生的与取得收入有关的、合理的支出，包括成本、费用、税金、损失和其他支出，准予在计算应纳税所得额时扣除。扣除项目的具体内容有：

1. 成本

成本，是指企业在生产经营活动中发生的销售成本、销货成本、业务支出以及其他耗费。具体表现为企业销售货物、提供劳务、转让财产的成本。

（1）销售货物的成本

销售货物成本，是指企业所销售货物的生产成本。

（2）提供劳务的成本

劳务成本，是指企业提供劳务作业而发生的与劳务收入配比的成本，如提供修理、搬运、服务等相应的材料、薪酬及相关费用。

（3）转让财产的成本

转让财产的成本，是指转让的固定资产、无形资产的原值减除累计折旧、累计摊销后的净值。

2. 费用

费用，是指企业在每一个纳税年度的生产经营过程中发生的销售费用、管理费用、财务费用。

（1）销售费用

销售费用，是指企业在销售产品和提供劳务等过程中发生的费用，包括由企业负担的销售人员的职工薪酬、商品维修费、运输费、装卸费、包装费、保险费、广告费、业务宣传费、展览费等费用。

（2）管理费用

管理费用是指企业为组织和管理生产经营活动所发生的各种费用。具体包括企业筹建期间发生的开办费、行政管理部门发生的费用（包括：固定资产折旧费、修理费、办公费、水电费、差旅费、管理人员的职工薪酬等）、业务招待费、研究费用、技术转让费、相关长期待摊费用摊销、财产保险费、聘请中介机构费、咨询费、诉讼费等费用。

（3）财务费用

财务费用是指企业筹集生产经营所需资金而发生的费用，包括利息净支出、汇兑净损失、银行相关手续费、企业给予的现金折扣（减享受的现金折扣）等费用。

3. 税金

税金，是指企业发生的除企业所得税和允许抵扣的增值税以外的企业缴纳的各项税金及其附加，包括消费税、关税、资源税、环境保护税、土地增值税、城镇土地使用税、车船税、房产税、印花税、城市维护建设税、教育费附加等税金及附加。

4. 损失

损失，是指企业在生产经营活动中发生的固定资产和存货的盘亏、毁损、报废损失，转让财产损失，呆账、坏账损失，自然灾害等不可抗力因素造成的损失以及其他损失。

5. 其他支出

其他支出，是指除成本、费用、税金、损失外，企业在生产经营活动中发生的与生产经营活动有关的、合理的支出。

（二）不得扣除的支出

企业所得税法规定，下列支出不得在计算应纳税所得额时扣除。

1. 向投资者支付的股息、红利等权益性投资收益款项

企业接受投资后，向投资者分配的股息、红利是企业用缴纳企业所得税后的净利润分配的，因此，在计算缴纳企业所得税的应纳税所得额时，是不能向投资者分配股息、红利的。

2. 企业所得税税款

企业所得税款是在完成应纳税所得额的计算过程后得出的应纳税款，因此确定应纳税所得额时不能扣除企业所得税款的。

3. 税收滞纳金

税收滞纳金，是指企业违反税收法规，被税务机关处以的滞纳金。

4. 罚金、罚款和被没收财物的损失

罚金和被没收财物，是指企业违反国家有关法律，被司法机关处以的罚金和被没收财物。

罚款，是指企业违反国家有关法规规定，被有关部门处以的罚款。

5. 超过规定标准的捐赠支出

企业捐赠支出超过年度利润总额12%的部分，不允许在税前扣除。

6. 赞助支出

赞助支出，是指企业发生的与生产经营活动无关的各种非广告性质的支出。

7. 未经核定的准备金支出

8. 与取得收入无关的其他支出

（三）具体的税前扣除项目及标准

1. 工资、薪金支出

工资薪金总额，是指企业按照有关规定实际发放的工资薪金总额，不包括企业三项经费和五险一金。

2. 职工福利费、工会经费、职工教育经费（表10-6）：

表10-6

项目	准予扣除的限度	超过部分处理
职工福利费	不超过工资薪金总额14%	不得扣除
工会经费	不超过工资薪金总额2%	不得扣除
职工教育经费	不超过工资薪金总额2.5%	准予结转扣除

【例10-5】某生产化妆品的企业，2013年计入成本、费用中的合理的实发工资540万元，当年发生的工会经费15万元、职工福利费80万元、职工教育经费11万元，则税前可扣除的职工工会经费、职工福利费、职工教育经费合计为（　　）万元。

答案参见表10-7。

表10-7 该化妆品企业税前可扣除费用列表

项目	限额（万元）	实际发生额	可扣除额	超支额
工会经费	540×2%＝10.8	15	10.8	4.2
职工福利费	540×14%＝75.6	80	75.6	4.4
职工教育经费	540×2.5%＝13.5	11	11	0
合计	540×18.5%＝99.9	106	97.4	8.6

说明：

自2018年1月1日起，企业发生的职工教育经费支出，不超过工资薪金总额8%的部分，准予在计算企业所得税应纳税所得额时扣除；超过部分，准予在以后纳税年度结转扣除。2018年1月1日之前，企业发生的职工教育经费支出，不超过工资薪金总额2.5%的部分，准予扣除；超过部分，准予在以后纳税年度结转扣除。

【知识拓展】

职工教育经费列支范围有哪些？

根据《财政部、全国总工会等部门关于印发〈关于企业职工教育经费提取与使用管理的意见〉的通知》（财建〔2006〕317号）的规定，企业的职工教育经费的列支范围包括以下十一项：

（1）上岗和转岗培训；

（2）各类岗位适应性培训；

（3）岗位培训、职业技术等级培训、高技能人才培训；

（4）专业技术人员继续教育；

（5）特种作业人员培训；

（6）企业组织的职工外送培训的经费支出；

（7）职工参加的职业技能鉴定、职业资格认证等经费支出；

（8）购置教学设备与设施；

（9）职工岗位自学成才奖励费用；

（10）职工教育培训管理费用；

（11）有关职工教育的其他开支。

财建〔2006〕317号文件同时规定，以下两种情况不得从职工教育经费中列支：

（1）企业职工参加社会上的学历教育以及个人为取得学位而参加的在职教育，所需费用应由个人承担，不能挤占企业的职工教育培训经费。

（2）对于企业高层管理人员的境外培训和考察，其一次性单项支出较高的费用应从其他管理费用中支出，避免挤占日常的职工教育培训经费开支。

3. 社会保险费

（1）按照政府规定的范围和标准缴纳“五险一金”，准予扣除；

（2）企业为投资者或者职工支付的补充养老保险费、补充医疗保险费、商业健康险（每月200元扣除标准）分别不超过职工工资总额的5%比例内，在计算应纳税所得额时准予扣除；超过的部分，不予扣除。

（3）企业参加财产保险，按照规定缴纳的保险费，准予扣除；企业为投资者或者职工支付的商业保险费，不得扣除。

企业依照国家有关规定为特殊工种职工支付的人身安全保险费和符合国务院财政、税务主管部门规定可以扣除的商业保险费准予扣除。

【知识拓展】

为减轻企业负担，鼓励企业积极投保，2018年11月8日发布《国家税务总局关于责任保险费企业所得税税前扣除有关问题的公告》（以下简称），《公告》明确雇主责任险、公众责任险等责任保险在企业所得税税前扣除。

【例10-6】金鑫公司2017年为本公司员工支付工资薪金总额350万元。当年支付的职工福利费为50万元，拨缴的工会经费为6万元，职工教育经费为10万元，按照国家规定标准为本公司员工缴纳的基本养老保险35万元，基本医疗保险为25万元，失业保险、工伤保险和生育保险共计20万元，并为高空作业的职工购买人身安全保险10万元，此外，还支付职工的人寿保险30万元。要求：

（1）计算各项工资附加费用扣除标准。

（2）判断该公司当年支付的各项工资附加费是否符合扣除标准?

【解】

（1）职工福利费扣除标准 $=350\times14\%=49$ 万元

工会经费扣除标准 $=350\times2\%=7$ 万元

职工教育经费扣除标准 $=350\times2.5\%=8.75$ 万元

（2）该公司实际支付的职工福利费50万元，超过的1万元不能扣除。

实际支付的工会经费6万元，没有超过标准，准予扣除。

实际支付的职工教育经费10万元，超过的1.25万元准予结转以后纳税年度扣除，当年准予扣除8.75万元。

企业缴纳的基本养老保险35万元，基本医疗保险为25万元，失业保险、工伤保险和生育保险共计20万元，并为高空作业的职工购买人身安全保险10万元准予扣除。

企业支付职工的人寿保险30万元，不得扣除。

4. 利息费用

（1）非金融企业向金融企业借款的利息支出、金融企业的各项存款利息支出和同业拆借利息支出、企业经批准发行债券的利息支出，准予扣除。

（2）非金融企业向非金融企业借款的利息支出，不超过按照金融企业同期同类贷款利率计算的数额的部分，准予扣除。

【例 10-7】某公司 2017 年度“财务费用”账户中利息，含有以年利率 6%向银行借入的 8 个月期的生产用 100 万元贷款的借款利息；也包括 5 万元的向本企业职工借入与银行同期的生产用 80 万元资金的借款利息。该公司 2017 年度可在计算应纳税所得额时扣除的利息费用是多少？

【解】

可在计算应纳税所得额时扣除的银行利息费用＝100×6%÷12×8＝4（万元）

向本企业职工借入款项可扣除的利息费用限额＝80×6%÷12×8＝3.2（万元）

该企业支付职工的利息超过同类同期银行贷款利率，只可按照限额扣除。

该公司本年度可在计算应纳税所得额时扣除的利息费用＝4+3.2＝7.2（万元）

5. 手续费及佣金支出

企业发生与生产经营有关的手续费及佣金支出，不超过计算限额以内的部分，准予扣除；超过部分，不得扣除。

6. 汇兑损失

汇兑损失，除已经计入有关资产成本（不能重复扣除）以及与向所有者进行利润分配（不符合相关性）相关的部分外，准予扣除。

7. 业务招待费

企业发生的与生产经营活动有关的业务招待费支出，按照发生额的 60%扣除，但最高不得超过当年销售（营业）收入的 5‰。

8. 广告费和业务宣传费（重要）

企业发生的符合条件的广告费和业务宣传费支出，除国务院财政、税务主管部门另有规定外，不超过当年销售（营业）收入 15%的部分，准予扣除；超过部分，准予在以后纳税年度结转扣除。

【例 10-8】光华公司 2017 年实现销售收入 5 000 万元，实际发生广告费和业务宣传费 500 万元。准予扣除的广告费和业务宣传费是多少？

【解】广告费和业务宣传费准予扣除 500 万元。广告费和业务宣传费的扣除标准为实际发生额（500 万元）和营业收入的 15%的较低者（750 万元），实际支付额超过扣除标准的，准予结转以后纳税年度扣除。

9. 环境保护专项资金

企业依照法律、行政法规有关规定提取的用于环境保护、生态恢复等方面的专项资金准予扣除；上述专项资金提取后改变用途的，不得扣除。

10. 租赁费

（1）属于经营性租赁发生的租入固定资产租赁费：根据租赁期限均匀扣除；

（2）属于融资性租赁发生的租入固定资产租赁费：构成融资租入固定资产价值的部分应当提取折旧费用，分期扣除。

11. 劳动保护费

企业发生的合理的劳动保护支出，准予扣除。

12. 公益性捐赠支出

企业通过公益性社会团体或县级（含县级）以上人民政府及其部门，用于《中华人民共和国公益事业捐赠法》规定的公益事业的捐赠。直接的公益性捐赠不得扣除。

13. 总机构分摊的费用

非居民企业在中国境内设立的机构、场所，就其中国境外总机构发生的与该机构、场所生产经营有关的费用，能够提供总机构出具的费用汇集范围、定额、分配依据和方法等证明文件，并合理分摊的，准予扣除。

14. 资产损失

企业当期发生的固定资产和流动资产的盘亏、毁损净损失，由其提供清查盘存资料，经向主管税务机备案后，准予扣除。

15. 其他准予扣除项目

准予扣除的其他费用包括会员费、合理的会议费、差旅费、违约金、诉讼费用等。

第三节 资产的确认与计量

企业资产包括：固定资产、生产性生物资产、无形资产、长期待摊费用、投资资产、存货等，除盘盈固定资产外，以历史成本为计税基础。

一、固定资产

1. 不得折旧扣除的固定资产

（1）房屋、建筑物以外未投入使用的固定资产；

（2）以经营租赁方式租入的固定资产；

（3）以融资租赁方式租出的固定资产；

（4）已足额提取折旧仍继续使用的固定资产；

（5）与经营活动无关的固定资产；

（6）单独估价作为固定资产入账的土地；

（7）其他不得计算折旧扣除的固定资产。

2. 不得计算折旧扣除的固定资产

（1）房屋、建筑物以外未投入使用的固定资产；

（2）以经营租赁方式租入的固定资产；

（3）以融资租赁方式租出的固定资产；

（4）已足额提取折旧仍继续使用的固定资产；

（5）与经营活动无关的固定资产；

（6）单独估价作为固定资产入账的土地；

（7）其他不得计算折旧扣除的固定资产。

3. 固定资产按照以下方法确定计税基础

以“历史成本”或“公允价值+相关税费”为计税基础。

4. 固定资产折旧的方法

固定资产按照直线法计算的折旧，准予扣除。企业自固定资产投入使用月份的次月起计算折旧；停止使用的固定资产的次月起停止计算折旧。加速折旧，最低不能低于规定折旧年限的60%。

5. 固定资产折旧的计提年限

固定资产计算折旧的最低年限如下：

（1）房屋、建筑物，为20年；

（2）飞机、火车、轮船、机器、机械和其他生产设备，为10年；

（3）与生产经营活动有关的器具、工具、家具等，为5年；

（4）飞机、火车、轮船以外的运输工具，为4年；

（5）电子设备，为3年。

6. 折旧年限的其他规定

（1）会计上提取减值准备不得税前扣除，折旧按税法确定的计税基础计算扣除。

（2）税法加速折旧的，折旧额可全额在税前扣除。

（3）会计年限小于税法最低折旧年限，差额部分纳税调增；会计年限已满，税法最低年限未到且税收折旧尚未足额扣除，尚未足额的折旧可在剩余年限继续扣除。

（4）会计年限大于税法最低折旧年限，按会计年限计算扣除。

二、生物资产

1. 生物资产的分类

消耗性生物资产、生产性生物资产和公益性生物资产。生产性生物资产包括经济林、薪炭林、产畜和役畜等。

2. 生产性生物资产的折旧

按照直线法计算的折旧，准予扣除。

3. 生产性生物资产计算折旧的最低年限

（1）林木类生产性生物资产，为 10 年；

（2）畜类生产性生物资产，为 3 年。

三、无形资产

（1）不得摊销扣除的无形资产（反向举例）

①自行开发的支出已在计算所得额时扣除的无形资产；

②自创商誉；

③与经营活动无关的无形资产；

④其他不能计算摊销费用扣除的无形资产。

（2）无形资产按照直线法计算的摊销费用，准予扣除。

（3）无形资产的摊销年限不得低于 10 年。

（4）外购商誉支出，企业整体转让或者清算时，准予扣除。

四、长期待摊费用

企业发生的下列支出作为长期待摊费用，按照规定摊销的，准予扣除。

（1）已足额提取折旧的固定资产的改建支出，按照固定资产预计尚可使用年限分期摊销。

（2）租入固定资产的改建支出，按照合同约定的剩余租赁期限分期摊销。

（3）固定资产的大修理支出，按照固定资产尚可使用年限分期摊销。

固定资产的大修理支出，是指同时符合下列条件的支出：

①修理支出达到取得固定资产时的计税基础 50%以上；

②修理后固定资产的使用年限延长 2 年以上。

（4）其他应当作为长期待摊费用的支出，自支出发生月份的“次月”起，分期摊销，摊销年限不得低于 3 年。

五、存货

（1）企业使用或者销售存货，按照规定计算的存货成本，准予在计算应纳税所得额时扣除。

（2）企业使用或者销售的存货的成本计算方法，可以在“先进先出法、加权平均法、个别计价法”中选用一种。计价方法一经选用，不得随意变更。

存货成本的计算方法，不得采用“后进先出法”。

六、投资资产

（1）企业对外投资期间，投资资产的成本在计算应纳税所得额时不得扣除。

（2）企业在转让或者处置投资资产时，投资资产的成本准予扣除。静态投资资产不得扣除，动态转让资产，可以扣除。

（3）非货币性资产投资企业所得税的处理规定如下：

①居民企业（以下简称企业）以非货币性资产对外投资确认的非货币性资产转让所得，可在不超过5年期限内，分期均匀计入相应年度的应纳税所得额，按规定计算缴纳企业所得税。

②企业以非货币性资产对外投资，应对非货币性资产进行评估并按评估后的公允价值扣除计税基础后的余额，计算确认非货币性资产转让所得。

企业以非货币性资产对外投资，应于投资协议生效并办理股权登记手续时，确认非货币性资产转让收入的实现。

③企业以非货币性资产对外投资而取得被投资企业的股权，应以非货币性资产的原计税成本为计税基础，加上每年确认的非货币性资产转让所得，逐年进行调整。

被投资企业取得非货币性资产的计税基础，应按非货币性资产的公允价值确认。

④企业在对外投资5年内转让上述股权或投资收回或者注销的，应停止执行递延纳税政策，并就递延期内尚未确认的非货币性资产转让所得，在转让股权或投资收回或注销当年的企业所得税年度汇算清缴时，一次性计算缴纳企业所得税。

七、税法规定与会计规定差异的处理

（1）税法规定与会计规定不一致时，应依照税法规定予以调整。

（2）企业依法清算时，以其清算终了后的清算所得为应纳税所得额，按规定缴纳企业所得税。所谓清算所得，是指企业全部资产可变现价值或交易价格减除资产净值、清算费用以及相关税费后的余额。

企业清算所得=企业的全部资产可变现价值或者交易价格-资产净值-清算费用-相关税费

（3）投资方企业从被清算企业分得的剩余资产，其中相当于从被清算企业累计未分配利润和累计盈余公积中应当分得的部分，应当确认为股息所得；剩余资产扣除上述股息所得后的余额，超过或者低于投资成本的部分，应当确认为投资资产转让所得或者损失。

投资方企业从被清算企业分得的剩余资产的税务处理，和撤资所得税处理类似，但不同于股权转让的税务处理。

第四节　企业所得税的优惠规定

一、免税收入

（1）国债利息收入；

（2）符合条件的居民企业之间的股息、红利等权益性投资收益；

（3）在中国境内设立机构、场所的非居民企业从居民企业取得与该机构、场所有实际联系的股息、红利等权益性投资收益；

（4）符合条件的非营利组织的收入。

二、免征与减征优惠

（一）企业的下列所得，可以免征、减征企业所得税：

1. 从事农、林、牧、渔业项目的所得；

2. 从事国家重点扶持的公共基础设施项目投资经营的所得；

3. 从事符合条件的环境保护、节能节水项目的所得；

4. 符合条件的技术转让所得；

5. 其他符合条件的所得。

（二）民族自治地方的优惠

（1）民族自治地方的自治机关对本民族自治地方的企业应缴纳的企业所得税中属于地方分享的部分，可以决定减征或者免征。自治州、自治县决定减征或者免征的，须报省、自治区、直辖市人民政府批准。

（2）对民族自治地方内国家限制和禁止行业的企业，不得减征或者免征企业所得税。

（三）高新技术企业优惠

国家需要重点扶持的高新技术企业减按15%的税率征收企业所得税。

（四）小型微利企业优惠

小型微利企业减按20%的税率征收企业所得税。

（五）新技术、新产品、新工艺发生的研究开发费用

研发费用计入当期损益未形成无形资产的，允许再按其当年研发费用实际发生额的50%，直接抵扣当年的应纳税所得额。

研发费用形成无形资产的，按照该无形资产成本的150%在税前摊销。除法律另有规定外，摊销年限不低于10年。

（六）安置残疾人员的工资

企业支付给残疾职工的工资，在进行企业所得税预缴申报时，允许据实计算扣除；在

年度终了进行企业所得税年度申报和汇算清缴时，再按照支付给残疾职工工资的100%加计扣除。

（七）创业投资企业

创业投资企业采取股权投资方式投资于未上市的中小高新技术企业2年以上的，可以按照其投资额的70%在股权持有满2年的当年抵扣该创业投资企业的应纳税所得额；当年不足抵扣的，可以在以后纳税年度结转抵扣。

（八）加速折旧优惠

可以采取缩短折旧年限或者采取加速折旧方法的固定资产：

（1）由于技术进步，产品更新换代较快固定资产；

（2）常年处于强震动、高腐蚀状态的固定资产。

采取缩短折旧年限方法的，最低折旧年限不得低于法定折旧年限的60%；采取加速折旧方法的，可以采取双倍余额递减法或者年数总和法。

（九）减计收入优惠（重点）

（1）减计收入是指企业以《资源综合利用企业所得税优惠目录》规定的资源作为主要原材料，生产国家非限制和禁止并符合国家和行业相关标准的产品取得的收入，减按90%计入收入总额。

（2）农村金融减计收入。自2014年1月1日至2016年12月31日，对金融机构农户小额贷款的利息收入，保险公司为种植业、养殖业提供保险业务的保费收入，在计算应纳税所得额时，按90%比例减计收入。

（十）环保设备抵免应纳税额

企业“购置并实际使用”《环境保护专用设备企业所得税优惠目录》《节能节水专用设备企业所得税优惠目录》和《安全生产专用设备企业所得税优惠目录》规定的“环境保护、节能节水、安全生产”等专用设备的，该专用设备的投资额的10%可以从企业当年的应纳税额中抵免；当年不足抵免的，可以在以后5个纳税年度结转抵免。

（十一）非居民企业税收优惠

非居民企业减按10%的税率征收企业所得税。

非居民企业的下列所得免征企业所得税：

（1）外国政府向中国政府提供贷款取得的利息所得；

（2）国际金融组织向中国政府和居民企业提供优惠贷款取得的利息所得；

（3）经国务院批准的其他所得。

（十二）促进节能服务产业发展的优惠

对符合条件的节能服务公司实施合同能源管理项目，符合《企业所得税法》有关规定的，自项目取得第一笔生产经营收入所属纳税年度起，第1年至第3年免征企业所得税，第4年至第6年按照25%的法定税率减半征收企业所得税。（三免三减半）

（十三）其他优惠

（1）西部大开发税收优惠：鼓励类产业企业税率15%。

（2）对设在横琴新区、福建平潭综合实验区和深圳前海深港现代服务业合作区的鼓励类产业企业减按15%的税率征收企业所得税。

（3）上海自由贸易试验区企业所得税优惠。

第五节　应纳税额的计算

一、居民企业应纳税额的计算

应纳税额=应纳税所得额×适用税率-减免税额-抵免税额

其中，

应纳税所得额=收入总额-不征税收入-免税收入-各项扣除金额-弥补亏损

应纳税所得额=会计利润总额±纳税调整项目金额

【例10-9】某工业企业为居民企业，2017年发生经营业务如下：全年取得产品销售收入为5 600万元，发生产品销售成本4 000万元；其他业务收入800万元，其他业务成本660万元；取得购买国债的利息收入40万元；缴纳非增值税销售税金及附加300万元；发生的管理费用760万元，其中新技术的研究开发费用为60万元、业务招待费用70万元；发生财务费用200万元；取得直接投资其他非上市居民企业的权益性收益34万元（已在投资方所在地按15%的税率缴纳了所得税）；取得营业外收入100万元，发生营业外支出250万元（其中含公益性捐赠38万元）。要求：计算该企业2017年应纳的企业所得税。

第一步：求利润总额

（1）利润总额=销售收入5 600+其他业务收入800+国债的利息收入40+投资收益34+营业外收入100-销售成本4 000-其他业务成本660-销售税金及附加300-管理费用760-财务费用200-营业外支出250=404（万元）。

第二步：纳税调整

（2）国债利息收入免征企业所得税，应调减所得40万元。

（3）技术开发费调减所得额=60×50%=30（万元）。

（4）按实际发生业务招待费的60%计算=70×60%=42（万元）。

按销售（营业）收入的5‰计算=（5 600+800）×5‰=32（万元）。

按照规定税前扣除限额应为32万元，实际应调增应纳税所得额=70-32=38（万元）。

（5）取得直接投资其他非上市居民企业的权益性收益属于免税收入，应调减应纳税所得额34万元。

（6）捐赠扣除标准=404×12%=48.48（万元）

实际捐赠额38万元小于扣除标准48.48万元，可按实捐数扣除，不做纳税调整。

第三步：计算应纳税所得额和应纳税额

（7）应纳税所得额=404-40-30+38-34=338（万元）。

（8）该企业2017年应缴纳企业所得税=338×25%=84.5（万元）。

二、居民企业核定征收应纳税额计算

（一）居民企业核定征收企业所得税范围：

（1）依照法律、行政法规的规定可以不设置账簿的；

（2）依照法律、行政法规的规定应当设置但未设置账簿的；

（3）擅自销毁账簿或者拒不提供纳税资料的；

（4）虽设置账簿，但账目混乱或者成本资料、收入凭证、费用凭证残缺不全，难以查账的；

（5）发生纳税义务，未按规定期限申报，税务机关责令限期申报，逾期不申报的；

（6）申报计税依据明显偏低，又无正当理由的。

（二）不适用核定征收的情况

"特定纳税人"包括以下类型的企业：

（1）享受特定所得税优惠政策的企业；

（2）汇总纳税企业；

（3）上市公司；

（4）银行等金融企业；

（5）会计等社会中介机构；

（6）国家税务总局规定的其他企业。

2012年1月1日起，专门从事股权（股票）投资业务的企业，不得核定征收企业所得税。

（三）核定应税所得率征收计算：

应纳税所得额=收入总额×应税所得率

或：应纳税所得额=成本（费用）支出额÷（1-应税所得率）×应税所得率

三、非居民企业应纳税额的计算

非居民企业在中国境内未设立机构、场所的，或者虽设立机构、场所但取得的所得与其所设机构、场所没有实际联系的，应当就其来源于中国境内的所得缴纳企业所得税。

（1）股息、红利等权益性投资收益和利息、租金、特许权使用费所得，以收入全额为应纳税所得额；

（2）转让财产所得，以收入全额减除财产净值后的余额为应纳税所得额；

（3）其他所得，参照前两项规定的方法计算应纳税所得额。

四、非居民企业的核定征收办法

（1）按收入总额核定应纳税所得额的计算公式如下：

应纳税所得额=收入总额×经税务机关核定的利润率

（2）按成本费用核定应纳税所得额：

应纳税所得额=成本费用总额/（1-经税务机关核定的利润率）×经税务机关核定的利润率

（3）按经费支出换算收入核定应纳税所得额：

应纳税所得额=经费支出总额/（1-经税务机关核定的利润率-营业税税率）×经税务机关核定的利润率

第六节　征收管理

一、纳税地点

（一）居民企业的纳税地点

除税收法律、行政法规另有规定外，居民企业以企业登记注册地为纳税地点；但登记注册地在境外的，以实际管理机构所在地为纳税地点。（一个是优先标准，一个是附加标准）

（二）非居民企业的纳税地点

非居民企业在中国境内设立机构、场所的，应当就其所设机构、场所取得的来源于中国境内的所得，以及发生在中国境外但与其所设机构、场所有实际联系的所得，以机构、场所所在地为纳税地点。非居民企业在中国境内设立两个或两个以上机构、场所的，经税务机关审核批准，可以选择由其主要机构、场所汇总缴纳企业所得税。

在中国境内未设立机构、场所的，或者虽设立机构、场所但取得的所得与其所设机构、场所没有实际联系的非居民企业，以扣缴义务人所在地为纳税地点。

二、纳税期限、纳税申报

企业所得税采取按年计征，分月或者分季预缴，年终汇算清缴，多退少补。

按月或按季预缴的，企业应当自月份或者季度终了之日起 15 日内，向税务机关报送预缴企业所得税纳税申报表，预缴税款。

正常情况下，企业应当自年度终了之日起 5 个月内，向税务机关报送年度企业所得税纳税申报表，并汇算清缴，结清应缴应退税款。

三、源泉扣缴

（一）扣缴义务人（分法定和指定两类）

法定：支付人为扣缴义务人。支付人是指依照有关法律规定或者合同约定对非居民企业直接负有支付相关款项义务的单位和个人。

指定：税务机关可指定工程价款或劳务费支付人为扣缴义务人。

（二）扣税时间

扣缴义务人与非居民企业首次签订与应税所得有关的业务合同或协议（以下简称合同）的，扣缴义务人应当自合同签订之日起 30 日内，向其主管税务机关申报办理扣缴税款登记。

扣缴义务人在每次向非居民企业支付或者到期应支付上述所得时，应从支付或者到期应支付的款项中扣缴企业所得税。

（三）入库申报时间

扣缴义务人每次代扣的税款，应当自代扣之日起 7 日内缴入国库，并向所在地的税务机关报送扣缴企业所得税报告表。

（四）征收管理

因非居民企业拒绝代扣税款的，扣缴义务人应当暂停支付相当于非居民企业应纳税款的款项，并在 1 日之内向其主管税务机关报告，并报送书面情况说明。

扣缴义务人未依法扣缴或者无法履行扣缴义务的，非居民企业应于扣缴义务人支付或者到期应支付之日起 7 日内，到所得发生地主管税务机关申报缴纳企业所得税。

第七节　所得税会计核算

一、资产负债表债务法

（一）概念

资产负债表债务法是从资产负债表出发，通过比较资产负债表上列示的资产、负债按照企业会计准则规定确定的账面价值与按照税法规定确定的计税基础，对两者之间的差额分为应纳税暂时性差异与可抵扣暂时性差异，确认相关的递延所得税负债与递延所得税资产，并在此基础上确定每一期间利润表中的所得税费用。

从资产负债表角度考虑，资产的账面价值代表的是企业在持续持有及最终处置某项资产的一定期间内，该项资产能够为企业带来的未来经济利益金额，而其计税基础代表的是在这特定期间内，就该项资产按照税法规定可以税前扣除的金额。

（二）资产负债表债务法的一般核算程序

（1）按照相关会计准则规定确定资产负债表中除递延所得税资产和递延所得税负债以外的其他资产和负债项目的账面价值。

（2）按照会计准则中对于资产和负债计税基础的确定方法，以适用的税收法规为基础，确定资产负债表中有关资产、负债项目的计税基础。

（3）比较资产、负债的账面价值与其计税基础，对于两者之间存在差异的，分析其性质，除准则中规定的特殊情况外，分别应纳税暂时性差异与可抵扣暂时性差异，确定资产负债表日递延所得税负债和递延所得税资产的应有金额，并与期初递延所得税资产和递延所得税负债的余额相比，确定当期应进一步确认的递延所得税资产和递延所得税负债金额或应予转销的金额，作为递延所得税。

（4）就企业当期发生的交易或事项，按照适用的税法规定计算确定当期应纳税所得额，将应纳税所得额与适用的所得税税率计算的结果确认为当期应交所得税。

（5）确定利润表中的所得税费用。

二、计税基础

（一）资产的计税基础

资产的计税基础，是指企业收回资产账面价值的过程中，计算应纳税所得额时按照税法可以自应税经济利益中抵扣的金额，即某一项资产在未来期间计税时可以税前扣除的金额。

资产的计税基础=未来可税前列支的金额

某一资产负债表日资产的计税基础=成本-以前期间已税前列支的金额

1. 计提了资产减值准备的相关资产

资产计提了减值准备后，其账面价值随之下降，但税收法律、法规规定在资产未发生实际损失之前，不允许进行税前扣除，即其计税基础不会因减值准备的计提而发生变化，从而造成了其因减值准备计提后的资产账面价值与计税基础之间的差异。

【例 10-10】甲公司 2017 年 12 月 31 日应收账款余额为 1 000 万元，该公司期末对应收账款计提了 100 万元的坏账准备。

按税收法律、法规的规定，除国务院财政、税务主管部门规定的资产减值准备外，均不允许税前扣除。

假设该公司期初应收账款及坏账准备的余额均为 0。应收账款在 2017 年资产负债表日的账面价值为 900 万元（1 000-100），由于坏账准备不允许税前扣除，其计税基础为 1 000万元，该计税基础与其账面价值之间产生 100 万元暂时性差异，在应收账款发生实质性损失时，会减少未来期间的应纳税所得额。

2. 固定资产

会计：账面价值=固定资产原价-累计折旧-固定资产减值准备

税法：计税基础=固定资产原价-税法认定的累计折旧

差异产生的其他原因：

折旧方法不同，会计上有直线法、工作量法、年数总和法、双倍余额递减法。税法上一般只认直线法，个别情况下可以加速折旧，但必须经税务部门认可。

折旧年限不同，会计上按照受益期确定，而税法上则明确规定了各类资产的一般折旧年限。

预计净残值不同，会计上可自行估计，税法上一般给出各类资产的预计净残值率。（实际工作中，大多数企业选择两者是相同的。）

固定资产减值准备上的差异，会计上计提减值准备，并因此而调整了账面价值，税法上对于减值准备金额不认。

【例10-11】甲公司于2015年1月1日开始计提折旧的某项固定资产，原价为3 000 000元，使用年限为10年，采用年限平均法计提折旧，预计净残值为0。税法规定类似固定资产采用加速折旧法计提的折旧可予税前扣除，该企业在计税时采用双倍余额递减法计提折旧，预计净残值为0。

分析：

2016年12月31日，企业估计该项固定资产的可收回金额为2 200 000元

2016年12月31日，该项固定资产的账面价值=3 000 000-300 000×2-200 000=2 200 000（元）

计税基础=3 000 000-3 000 000×20%- 2 400 000×20%=1 920 000（元）

该项固定资产账面价值2 200 000元与其计税基础1 920 000元之间的280 000元差额，代表着将于未来期间计入企业应纳税所得额的金额，产生未来期间应交所得税的增加，应确认为递延所得税负债。

3. 对于内部研究开发形成的无形资产

会计准则规定：符合条件的开发支出计入无形资产。

所得税法规定：企业为开发新技术、新产品、新工艺发生的研究开发费用，未形成无形资产计入当期损益的，在按照规定据实扣除的基础上，按照研究开发费用的50%加计扣除；形成无形资产的，按照无形资产成本的150%摊销。

对于内部研究开发形成的无形资产，一般情况下初始确认时按照会计准则规定确定的成本与其计税基础应当是相同的。

对于享受税收优惠的研究开发支出，在形成无形资产时，按照会计准则规定确定的成本为研究开发过程中符合资本化条件后至达到预定用途发生的支出。

而因税法规定按照无形资产成本的150%摊销，则其计税基础应在会计上入账价值的基础上加计50%，因而产生账面价值与计税基础在初始确认时的差异，但如果该无形资产的确认不是产生于企业合并交易、同时在确认时既不影响会计利润也不影响应纳税所得额，按照所得税会计准则的规定，不确认该暂时性差异的所得税影响。

【例10-12】甲公司当期发生研究开发支出计10 000 000元，其中研究阶段支出2 000 000元，开发阶段符合资本化条件前发生的支出为2 000 000元，符合资本化条件后发生的支出为6 000 000元。假定开发形成的无形资产在当期期末已达到预定用途，但尚未进行摊销。

分析：

甲公司当年发生的研究开发支出，按照会计规定应予费用化的金额为4 000 000元，形成无形资产的成本为6 000 000元，即期末所形成无形资产的账面价值为6 000 000元。

甲公司于当期发生的10 000 000元研究开发支出，可在税前扣除的金额为6 000 000元。对于按照会计准则规定形成无形资产的部分，税法规定按照无形资产成本的150%作为计算未来期间摊销额的基础，即该项无形资产在初始确认时的计税基础为9 000 000元（6 000 000×150%）。

该项无形资产的账面价值6 000 000元与其计税基础9 000 000元之间的差额3 000 000元将于未来期间税前扣除，产生可抵扣暂时性差异。

注意，仅仅是产生可抵扣暂时性差异，但不确认递延所得税资产。

4. 无形资产在后续计量时的问题

无形资产在后续计量时，会计与税收的差异主要产生于对无形资产是否需要摊销及无形资产减值准备的提取。

一般情况下，会计准则规定：账面价值=无形资产原价-累计摊销-无形资产减值准备

所得税法规定：企业取得的无形资产成本，应在一定期限内摊销，即税法中没有界定使用寿命不确定的无形资产，除外购商誉外，所有的无形资产成本均应在一定期间内摊销。

使用寿命不确定的无形资产时，会计准则规定：账面价值=无形资产原价-无形资产减值准备

所得税法规定：计税基础=无形资产原价-按税法规定确认的累计摊销

【例10-13】甲公司于2017年1月1日取得某项无形资产，成本为6 000 000元。企业根据各方面情况判断，无法合理预计其带来经济利益的期限，作为使用寿命不确定的无形资产。2017年12月31日，对该项无形资产进行减值测试表明未发生减值。企业在计税时，对该项无形资产按照10年的期间摊销，有关摊销额允许税前扣除。

分析：

会计上将该项无形资产作为使用寿命不确定的无形资产，在未发生减值的情况下，其

账面价值为取得成本 6 000 000 元。

该项无形资产在 2017 年 12 月 31 日的计税基础为 5 400 000 元（6 000 000-600 000）。

该项无形资产的账面价值 6 000 000 元与其计税基础 5 400 000 元之间的差额 600 000 元将计入未来期间的应纳税所得额。产生未来期间企业所得税税款流出的增加，为应纳税暂时性差异。

5. 以公允价值计量且其变动计入当期损益的金融资产

会计准则规定：期末按公允价值计量，公允价值变动计入当期损益（公允价值变动损益科目）

所得税法规定：按税收法律、法规的规定，企业以公允价值计量的金融资产，持有期间公允价值的变动不计入应纳税所得额，在实际处置或结算时，处置取得的价款扣除其历史成本后的差额应计入处置或结算期间的应纳税所得额。

按照该规定，以公允价值计量的金融资产在持有期间市价的波动在计税时不予考虑，有关金融资产在某一会计期末的计税基础为其取得成本，从而造成在公允价值变动的情况下，对以公允价值计量的金融资产账面价值与计税基础之间的差异。

【例 10-14】甲公司于 2015 年 11 月 1 日，自公开市场取得一项权益性投资，支付价款 100 万元，并作为交易性金融资产核算。假设该项权益性投资 2015 年 12 月 31 日的市值为 120 万元。按税收法律、法规的规定对于交易性金融资产，持有期间公允价值的变动不计入应纳税所得额，在出售时一并计算应计入应纳税所得额。

该项交易性金融资产的期末市值为 120 万元，其按照《企业会计准则》规定进行核算在 2015 年资产负债表日的账面价值为 120 万元。

因税法规定交易性金融资产在持有期间的公允价值变动不计入应纳税所得额，其在 2015 年资产负债表日的计税基础仍为原取得成本 100 万元。

故该交易性金融资产的账面价值 120 万元与其计税基础 100 万元之间产生了 20 万元的暂时性差异，该暂时性差异在未来期间转回时会增加未来期间的应纳税所得额，导致企业应交企业所得税的增加。

6. 投资性房地产

企业持有的投资性房地产进行后续计量时，按照《会计准则第 3 号——投资性房地产》的规定，可以采用两种模式：

第一种是成本模式，采用该模式计量时，投资性房地产的账面价值与计税基础的确定与固定资产、无形资产相同；

第二种是在符合规定条件的情况下，可以采用公允价值模式，采用该模式计量时，投资性房地产计税基础的确定类似于固定资产或无形资产计税基础的确定。

【例 10-15】甲公司的 C 建筑物与 2015 年 12 月 30 日投入使用并直接出租，成本为 6 800 000元。甲公司对投资性房地产采用公允价值模式进行后续计量。2017 年 12 月 31

日，已出租C建筑物累计公允价值变动收益为1 200 000元，其中本年度公允价值变动收益为500 000元。

根据税法规定，已出租C建筑物以历史成本扣除按税法规定计提折旧后作为其计税基础，折旧年限为20年，净残值为零，自投入使用的次月起采用年限平均法计提折旧。

分析：

2017年12月31日，该投资性房地产的账面价值为8 000 000元，计税基础为6 120 000元（6 800 000−6 800 000/20×2）。该投资性房地产账面价值与其计税基础之间的差额1 880 000元将计入未来期间的应纳税所得额，形成未来期间企业所得税税款流出的增加，为应纳税暂时性差异。

（二）负债的计税基础

负债的计税基础，是指负债的账面价值减去未来期间计算应纳税所得额时按照税法规定可予抵扣的金额。

负债的计税基础=负债的账面价值−未来可税前列支的金额

负债的确认和偿还一般不会影响企业未来期间的损益，也不会影响未来期间的应纳税所得额，因此，未来期间计算应纳税所得额时，按税法规定可予抵扣的金额为0，计税基础即为账面价值。例如，企业的短期借款、应付账款等。

但是，某些情况下，负债的确认可能会影响企业的损益，进而影响不同期间的应纳税所得额，使其计税基础与账面价值之间产生差额，如按照会计规定确认的某些预计负债。

1. 售后服务确认的预计负债

会计准则规定：企业应将预计提供售后服务发生的支出在销售当期确认为费用，同时确认预计负债。

所得税法规定：与销售产品相关的支出应于发生时税前扣除，因该类事项产生的预计负债在期末的计税基础为其账面价值与未来期间可税前扣除的金额之间的差额，因有关的支出实际发生时可全额税前扣除，其计税基础为0。

2. 其他情形确认的预计负债

因其他事项确认的预计负债，应按照税法规定的计税原则确定其计税基础。某些情况下，因有些事项确认的预计负债，如果税法规定无论是否实际发生均不允许税前扣除，即未来期间按照税法规定可予抵扣的金额为0，其账面价值与计税基础相同。

【例10-16】甲公司2016年因销售产品承诺提供3年的保修服务，在当年度利润表中确认了8 000 000元销售费用，同时确认为预计负债，当年度发生保修支出2 000 000元，预计负债的期末余额为6 000 000元。假定税法规定，与产品售后服务相关的费用在实际发生时税前扣除。

分析：

该项预计负债在甲公司2016年12月31日的账面价值为6 000 000元。

该项预计负债的计税基础=账面价值-未来期间计算应纳税所得额时按照税法规定可予抵扣的金额=6 000 000-6 000 000=0（元）

账面价值和计税基础之间产生了可抵扣的暂时性差异 6 000 000 元。

3. 预收账款

企业在收到客户预付的款项时，因不符合收入确认条件，会计上将其确认为负债。

税法对于收入的确认原则一般与会计规定相同，即会计上未确认收入时，计税时一般亦不计入应纳税所得额，该部分经济利益在未来期间计税时可予税前扣除的金额为 0，计税基础等于账面价值。

如果不符合会计准则规定的收入确认条件，但按照税法规定应计入当期应纳税所得额时，有关预收账款的计税基础为 0，即因其产生时已经计入应纳税所得额，未来期间可全额税前扣除，计税基础为账面价值减去在未来期间可全额税前扣除的金额，即其计税基础为 0。

4. 应付职工薪酬

会计准则规定：企业为获得职工提供的服务给予的各种形式的报酬以及其他相关支出均应作为企业的成本、费用，在未支付之前确认为负债。

所得税法规定：对于合理的职工薪酬基本允许税前扣除。但税收法律、法规规定中如果规定了税前扣除标准的，按照《企业会计准则》规定计入成本费用的金额超过规定标准部分，应进行纳税调整。

因超过部分在发生当期不允许税前扣除，在以后期间也不允许税前扣除，即该部分差额对未来期间计税不产生影响，所产生应付职工薪酬负债的账面价值等于计税基础。

5. 其他负债

如企业应交的罚款和滞纳金等，在尚未支付之前按照会计规定确认为费用，同时作为负债反映。

税法规定，罚款和滞纳金不得税前扣除，其计税基础为账面价值减去未来期间计税时可予税前扣除的金额 0 之间的差额，即计税基础等于账面价值。

【例 10-17】甲公司因未按照税法规定缴纳税金，按规定需在 2016 年缴纳滞纳金 1 000 000元，至 2016 年 12 月 31 日，该款项尚未支付，形成其他应付款 1 000 000 元。税法规定，企业因违反国家法律、法规规定缴纳的罚款、滞纳金不允许税前扣除。

因应缴纳滞纳金形成的其他应付款账面价值为 1 000 000 元，因税法规定该支出不允许税前扣除，其计税基础=1 000 000-0=1 000 000（元）。

对于罚款和滞纳金支出，会计与税收规定存在差异，但该差异仅影响发生当期，对未来期间计税不产生影响。因而不产生暂时性差异。

三、暂时性差异

（一）暂时性差异

暂时性差异是指资产或负债的账面价值与其计税基础之间的差额。按照暂时性差异对未来期间应税金额的影响，分为应纳税暂时性差异和可抵扣暂时性差异。在该暂时性差异发生的当期，一般应当确认相应的递延所得税负债或递延所得税资产。

（二）应纳税暂时性差异

应纳税暂时性差异是指在确定未来收回资产或清偿负债期间的应纳税所得额时，将导致产生应税金额的暂时性差异。该差异在未来转回时，会增加转回期间的应纳税所得额，进一步增加转回期间的应交所得税金额。

应纳税暂时性差异产生情形：

（1）资产的账面价值>计税基础

（2）负债的账面价值<计税基础

（三）可抵扣暂时性差异

可抵扣暂时性差异是指在确定未来收回资产或清偿负债期间的应纳税所得额时，将导致产生可抵扣金额的暂时性差异。该差异在未来转回时会减少转回期间的应纳税所得额，减少未来期间的应交所得税金额。

可抵扣暂时性差异产生情形：

（1）资产的账面价值<计税基础

（2）负债的账面价值>计税基础

四、递延所得税的确认计量

（一）递延所得税负债的确认和计量

1. 递延所得税负债的确认

除企业会计准则中明确规定可不确认递延所得税负债的情况以外，企业对于所有的应纳税暂时性差异均应确认相关的递延所得税负债。除直接计入所有者权益的交易或事项以及企业合并外，在确认递延所得税负债的同时，应增加利润表中的所得税费用。

【例 10-18】甲公司于 2017 年 1 月 1 日开始计提折旧的某设备，取得成本为2 000 000 元。采用年限平均法计提折旧，使用年限为 10 年，预计净残值为 0。

假定计税时允许按双倍余额递减法计列折旧，使用年限及预计净残值与会计相同。甲公司适用的所得税税率为 25%。假定该企业不存在其他会计与税收处理的差异。

分析：该项固定资产按照会计规定计提的折旧额为 200 000 元，计税时允许扣除的折旧额为 400 000 元，则该固定资产的账面价值 1 800 000（2 000 000-200 000）元与其计税基础 1 600 000（2 000 000-400 000）元的差额构成应纳税暂时性差异，企业应确认递延所得税负债 50 000 元［（1 800 000-1 600 000）×25%］。

借：所得税费用　　50 000

　贷：递延所得税负债　　50 000

2. 递延所得税负债的计量

递延所得税负债应以相关应纳税暂时性差异转回期间适用的所得税税率计量。

在我国，除享受优惠政策的情况以外，企业适用的所得税税率在不同年度之间一般不会发生变化，企业在确认递延所得税负债时，可以现行适用税率为基础计算确定。

对于享受优惠政策的企业，如国家需要重点扶持有高新技术的企业，使其享受一定时期的税率优惠，则所产生的暂时性差异应以预计其转回期间的适用所得税税率为基础计量。

无论应纳税暂时性差异的转回期间如何，递延所得税负债的确认不要求折现。

（二）递延所得税资产的确认和计量

1. 递延所得税资产的确认

资产、负债的账面价值与其计税基础不同产生可抵扣暂时性差异的，在估计未来期间能够取得足够的应纳税所得额来利用该可抵扣暂时性差异时，应当以很可能被用来抵扣可抵扣暂时性差异的应纳税所得额为限，确认相关的递延所得税资产。

有关交易或事项发生时，对会计利润或是应纳税所得额产生影响的，所确认的递延所得税资产应作为利润表中所得税费用的调整；

有关的可抵扣暂时性差异产生于直接计入所有者权益的交易或事项，则确认的递延所得税资产也应计入所有者权益；

2. 不确认递延所得税资产的特殊情况

某些情况下，如果企业发生的某项交易或事项不是企业合并，并且交易发生时既不影响会计利润也不影响应纳税所得额，且该项交易中产生的资产、负债的初始确认金额与其计税基础不同，产生可抵扣暂时性差异的，企业会计准则中规定在交易或事项发生时不确认相应的递延所得税资产。

【例 10-19】甲公司 2017 年发生资本化研究开发支出 8 000 000 元，至年末研发项目尚未完成。税法规定，按照会计准则规定资本化的开发支出按其 150% 作为计算摊销额的基础。

分析：

甲公司按照会计准则规定资本化的开发支出 8 000 000 元，其计税基础为 12 000 000 元（8 000 000×150%），该开发支出及所形成无形资产在初始确认时其账面价值与计税基础即存在差异，因该差异并非产生于企业合并，同时在产生时既不影响会计利润也不影响应纳税所得额，按照《企业会计准则第 18 号——所得税》的规定，不确认与该暂时性差异相关的所得税影响。

2. 递延所得税资产的计量

同递延所得税负债的计量原则相一致，确认递延所得税资产时，应估计相关可抵扣暂时性差异的转回时间，采用转回期间适用的所得税税率为基础计算确定。

另外，无论相关的可抵扣暂时性差异转回期如何，递延所得税资产均不予折现。

与其他资产相一致，资产负债表日，企业应当对递延所得税资产的账面价值进行复核。如果未来期间很可能无法取得足够的应纳税所得额得以利用递延所得税资产的利益，应当减计递延所得税资产的账面价值。

对于预期无法实现的部分，一般应确认为当期所得税费用，同时减少递延所得税资产的账面价值；对于原确认时计入所有者权益的递延所得税资产，其减计金额亦应计入所有者权益，不影响当期所得税费用。会计分录如下：

①借：所得税费用

　贷：递延所得税资产

②借：其他综合收益

　贷：递延所得税资产

递延所得税资产的账面价值因上述原因减计以后，继后期间根据新的环境和情况判断能够产生足够的应纳税所得额来利用可抵扣暂时性差异，使得递延所得税资产包含的经济利益能够实现的，相应地应恢复递延所得税资产的账面价值。

五、所得税费用的确认计量

（一）当期所得税

当期所得税是指企业按照税法规定计算确定的针对当期发生的交易和事项，应向税务部门缴纳的企业所得税金额，即应交企业所得税。

当期所得税（当期应交所得税）= 应纳税所得额×适用税额-减免税额-抵免税额

应纳税所得额 = 税前会计利润+纳税调整增加额-纳税调整减少额

（二）递延所得税

递延所得税是指按照《企业会计准则第 18 号——所得税》规定应予确认的递延所得税资产和递延所得税负债金额，即递延所得税资产及递延所得税负债当期发生额的综合结果，但不包括计入所有者权益的交易或事项的所得税影响。

递延所得税 =（期末递延所得税负债-期初递延所得税负债）-（期末递延所得税资产-期初递延所得税资产）

企业因确认递延所得税资产和递延所得税负债产生的递延所得税，通常应当计入所得税费用，但以下两种情况除外：

（1）某项交易或事项按照《企业会计准则》规定应当计入所有者权益的，有该交易或事项产生的递延所得税资产或递延所得税负债，另外，其变化也应计入所有者权益，不构成利润表中的递延所得税费用（或收益）。

（2）企业合并中取得的资产、负债，其账面价值与计税基础不同，应确认相关递延所得税的，该递延所得税的确认影响合并中产生的商誉或是计入当期损益的金额，不影响所得税费用。

【例 10-20】丙公司 2017 年 9 月取得的某项可供出售金额资产，成本为2 000 000元，2017 年 12 月 31 日，其公允价值为 2 400 000 元。丙公司适用的所得税税率为 25%。

分析：会计期末在确认 400 000 元（2 400 000-2 000 000）的公允价值变动时

借：可供出售金额资产——公允价值变动　　400 000

　贷：其他综合收益　　400 000

账面价值为 2 400 000，计税基础为 2 000 000，账面价值大于计税基础，产生应纳税暂时性差异。假定不存在递延所得税负债的期初余额，则做如下处理：

确认应纳税暂时性差异的所得税影响时

借：其他综合收益　　100 000

　贷：递延所得税负债　　100 000

（三）所得税费用

通过如上计算确定当期所得税和递延所得税后，利润表中应予确认的所得税费用为：

所得税费用=当期所得税+递延所得税

=本期应交所得税+本期递延所得税资产、递延所得税负债贷方发生额-本期递延所得税资产、递延所得税负债借方发生额

【例 10-21】丁公司 2015 年度利润表中利润总额为 12 000 000 元，该公司适用的所得税税率为 25%，递延所得税资产及递延所得税负债不存在期初余额。该公司 2015 年度与所得税核算相关的情况如下：

该公司 2015 年发生的有关交易和事项中，会计处理与税收处理存在差别的有：

（1）2014 年 12 月 31 日取得一项固定资产，成本为 6 000 000 元，使用年限为 10 年，预计净残值为 0，会计处理按双倍余额递减法计提折旧，税收处理按直线法计提折旧。假定税法规定的使用年限及预计净残值与会计规定相同。

（2）向关联企业捐赠现金 2 000 000 元。

（3）当年度发生研究开发支出 5 000 000 元，较上年度增长 20%。其中 3 000 000 元予以资本化；截至 2015 年 12 月 31 日，该研发资产仍在开发过程中。税法规定，企业费用化的研究开发支出按 150%税前扣除，资本化的研究开发支出按资本金额的 150%确定应予摊销的金额。

（4）应付违反环保法规定罚款 1 000 000 元。

（5）期末对持有的存货计提了 300 000 元的存货跌价准备，该存货原值 8 300 000 元。

分析：

（1）2015 年度当期应交所得税

应纳税所得额＝12 000 000+600 000+2 000 000－1 000 000+1 000 000+300 000

＝14 900 000（元）

应交所得税＝14 900 000×25%＝3 725 000（元）

（2）2015 年度递延所得税

该公司 2015 年资产负债表相关项目金额及其计税基础如表 10-8 所示：

表 10-8　　该公司 2015 年资产负债表相关项目金额及其计税基础　　单位：元

项目	账面价值	计税基础	差异	
			应纳税暂时性差异	可抵扣暂时性差异
存货	8 000 000	8 300 000		300 000
固定资产：				
固定资产原价	6 000 000	6 000 000		
减：累计折旧	1 200 000	600 000		
固定资产账面价值	4 800 000	5 400 000		600 000
开发支出	3 000 000	4 500 000		1 500 000
其他应付款	1 000 000	1 000 000		
总计				2 400 000

本例中，由于存货、固定资产的账面价值和其计税基础不同，产生可抵扣暂时性差异 900 000 元，确认了递延所得税收益 225 000 元；

对于资本化的开发支出 3 000 000 元，其计税基础为 4 500 000 元（3 000 000×150%），该开发支出及所形成无形资产在初始确认时其账面价值与计税基础即存在差异，因该差异并非产生于企业合并，同时在产生时既不影响会计利润也不影响应纳税所得额，按照《企业会计准则第 18 号——所得税》规定，不确认该暂时性差异相关的所得税影响。所以递延所得税收益＝900 000×25%＝225 000（元）

（3）利润表中应确认的所得税费用

借：所得税费用　　3 500 000

　　递延所得税资产　　225 000

　贷：应交税费——应交所得税　　3 725 000

【例 10-22】丁公司 2015 年初的递延所得税资产借方余额为 1 900 000 元，递延所得税负债贷方余额为 100 000 元，具体构成项目如表 10-9 所示：

表 10-9　　丁公司递延所得税具体构成项目　　单位：元

项目	可抵扣暂时性差异	递延所得税资产	应纳税暂时性差异	递延所得税负债
应收账款	600 000	150 000		
交易性金融资产			400 000	100 000
可供出售金融资产	2 000 000	500 000		
预计负债	800 000	200 000		
可税前抵扣的经营亏损	4 200 000	1 050 000		

该公司 2015 年度利润表中利润总额为 16 100 000 元，适用的所得税税率为 25%，预计未来期间适用的所得税税率不会发生变化，未来期间能够产生足够的应纳税所得额用以抵扣可抵扣暂时性差异。

该公司 2015 年发生的有关交易和事项中，会计处理与税收处理存在差别的有：

（1）年末转回应收账款坏账准备 200 000 元。根据税法规定，转回的坏账损失不计入应纳税所得额。

（2）年末根据交易性金融资产公允价值变动确认公允价值变动收益 200 000 元。根据税法规定，交易性金融资产公允价值变动收益不计入应纳税所得额。

（3）年末根据可供出售金融资产公允价值变动增加其他综合收益 400 000 元。根据税法规定，可供出售金融资产公允价值变动金额不计入应纳税所得额。

（4）当年实际支付产品保修费用 500 000 元，冲减前期确认的相关预计负债；当年又确认产品保修费用 10 万元，增加相关预计负债。根据税法规定，实际支付的产品保修费用允许税前扣除。但预计的产品保修费用不允许税前扣除。

（5）当年发生业务宣传费 8 000 000 元，至年末尚未支付。该公司当年实现销售收入 50 000 000 元。税法规定，企业发生的业务宣传费支出，不超过当年销售收入 15% 的部分，准予税前扣除；超过部分，准予结转以后年度税前扣除。

分析：

（1）2015 年度当期应交所得税

应纳税所得额 = 16 100 000−4 200 000−200 000−200 000−500 000+100 000+（8 000 000−50 000 000×15%）= 11 600 000（元）

应交所得税 = 11 600 000×25% = 2 900 000（元）。

（2）2015 年度递延所得税

该公司 2015 年 12 月 31 日有关资产、负债的账面价值、计税基础及相应的暂时性差异如表 10-10 所示：

表 10-10　　该公司有关资产、负债的账面价值、计税基础及相应的暂时性差异　　单位：元

项目	账面价值	计税基础	应纳税暂时性差异	可抵扣暂时性差异
应收账款	3 600 000	4 000 000		400 000
交易性金融资产	4 200 000	3 600 000	600 000	
可供出售金融资产	4 000 000	5 600 000		1 600 000
预计负债	400 000	0		400 000
其他应付款	8 000 000	7 500 000		500 000

递延所得税费用=（600 000×25%-100 000）-［（400 000+400 000+500 000）×25%-（150 000+200 000+1 050 000）］=1 125 000（元）

（3）利润表中应确认的所得税费用

所得税费用=2 900 000+1 125 000=4 025 000（元）

借：所得税费用　　4 025 000

　贷：应交税费——应交所得税　　2 900 000

　　递延所得税资产　1 075 000=（150 000+200 000+1 050 000）-（400 000+400 000+500 000）×25%

　　递延所得税负债　50 000=600 000×25%-100 000

借：其他综合收益　　100 000

　贷：递延所得税资产　　100 000=400 000×25%

（四）所得税退税的会计处理

企业根据税收优惠政策向税务部门申请获得退回的企业所得税，无论是在资产负债表日后、财务报告批准报出日之前收到，还是在财务报告批准报出日之后收到，一律应在实际收到时冲减收到当期的所得税费用。

借：银行存款

　贷：所得税费用——当期所得税

第八节　企业所得税的申报

一、企业所得税的税款征收方式

企业所得税的税款征收方式包括，查账征收和核定征收两种方式。居民企业采用查账征收方式征收税款，非居民企业因会计账簿不健全，资料残缺难以查账，或者其他原因不能准确计算并据实申报应纳税所得额的，税务机关有权采取核定征收方式征收税款。

二、企业所得税纳税申报

企业所得税纳税申报方式分为月季报和年报，企业应在规定的期限内采取网上申报方式进行纳税申报，提交纳税申报和同期财务会计报表。

（一）企业所得税月（季）报申报表

企业对所得税的核算最终结果，一方面要在利润表中单独列示所得税费用，另一方面要在资产负债表中列示递延所得税资产、递延所得税负债及“应交税费—应交所得税”。其中递延所得税资产和递延所得税负债一般应当分别作为非流动资产和非流动负债在资产负债表中列报。本书仅就常用的查账征收方式适用的《企业所得税预缴纳税申报表》。预缴所得税一般按照企业当月（季）利润进行预缴。

（二）企业所得税年度申报表

纳税年度终了后，企业应在5个月内进行企业所得税的汇算清缴，填报《企业所得税年度纳税申报表》。年度纳税申报表由1张主表和若干张附表组成。主表处于核心地位，在填报时，要以主表项目为核心，逐行填报。但由于主报的数据很多是取于附表，而且有些附表的数据又取之于其他附表。因此，当填写主表的某行数据时，首先分析其数据来源于哪个附表，然后先填写该附表的数据，再填写主表该行数据，以此类推。

企业所得税纳税申报表

三、企业所得税预缴纳税申报表的填制

【例10-23】金鑫公司经税务局确认，按季实际利润预缴企业所得税。该公司2017年6月30日，1~6月利润表中的营业收入2 855万元，营业成本1 980万元，利润总额270万元；一季度末利润表中的营业收入1 445万元，营业成本980万元，利润总额165万元，一季度已经预缴41. 25万元，适用所得税税率25%，计算申报二季度企业所得税。纳税年度终了后，企业在5个月内填报企业所得税年度纳税申报表。预缴税申报表中的“营业收入”“营业成本”“利润总额”直接根据利润表中的相应项目填写，不必进行纳税调整。二季度的相关项目数据直接根据至6月30日的相应项目累计数据减去相应项目的一季度数据填列。光华企业季度预缴企业所得税申报表填写如表10-11所示。

表 10-11　　　　　　　**企业所得税月（季）度预缴纳税申报表（A 类）**

税款所属期间　2017 年 4 月 1 日至 2017 年 6 月 30 日

纳税人识别号：□□□□□□□□□□□□□□□□□□□□

纳税人名称：金鑫公司　　　　　　　　　　　　　　　　　金额单位：人民币元（列至角分）

行次	项目		本期金额	累计金额
1	一、据实预缴			
2	营业收入		14 100 000	28 550 000
3	营业成本		10 000 000	19 800 000
4	实际利润额		1 050 000	2 700 000
5	税率（25%）		25%	25%
6	应纳所得税额（4 行×5 行 ）		262 500	675 000
7	减免所得税额			
8	实际已缴所得税额		——	412 500
9	应补（退）的所得税额（6 行-7 行-8 行 ）		——	262 500
10	二、按上一纳税年度应纳税所得额的平均额预缴			
11	上一纳税年度应纳税所得额		——	
12	本月（季）应纳税所得额（11 行÷12 或 11 行÷4）			
13	税率（25%）		——	——
14	本月（季）应纳所得税额（12 行×13 行）			
15	三、按照税务机关确定的其他方法预缴			
16	本月（季）确定预缴的所得税额			
17	总分机构纳税人			
18	总机构	总机构应分摊的所得税额（9 行或 14 行或 16 行×25%）		
19	总机构	中央财政集中分配的所得税额（9 行或 14 行或 16 行×25%）		
20	总机构	分支机构分摊的所得税额（9 行或 14 行或 16 行×50%）		
21	分支机构	分配比例		
22	分支机构	分配的所得税额（20 行×21 行）		

谨声明：此纳税申报表是根据《中华人民共和国企业所得税法》《中华人民共和国企业所得税法实施条例》和国家有关税收规定填报的，是真实的、可靠的、完整的。

法定代表人（签字）：×××　　　2017 年 7 月 10 日

纳税人公章： 会计主管：××× 填表日期：2017 年 7 月 10 日	代理申报中介机构公章： 经办人： 经办人执业证件号码： 代理申报日期：　年　月　日	主管税务机关受理专用章： 受理人： 受理日期：　年　月　日

国家税务总局监制

四、企业所得税年度纳税申报表的填制

【例 10-24】金鑫公司经税务局确认，按季实际利润预缴企业所得税，适用所得税税率25%。该公司2017年一季度利润总额1 650 000元，一季度预缴企业所得税412 500元，二季度利润总额1 050 000元，二季度预缴企业所得税262 500元，三、四季度利润总额1 835 192. 31元，三、四季度预缴企业所得税458 798元。年度汇算清缴后全年应纳税所得额为5 148 523. 56元，应缴企业所得税税额为1 287 130. 89元，已预缴企业所得税合计为1 133 798元，应补缴企业所得税税额153 332. 89元。业务资料如下：

（1）取得销售收入6 000万元。

（2）销售成本4 000万元。

（3）发生销售费用800万元（其中广告费和业务宣传费500万元）；管理费用500万元（其中业务招待费60万元，统一制作工作服费15万元，人寿保险费30万元，高空作业人身安全保险费10万元，研究开发费20万元，诉讼费2万元，咨询费3万元，办公费50万元，折旧费57万元）；财务费用80万元（其中向小型贷款公司借款利息10万元，国债利息收入15万元）。

（4）营业税金及附加100万元。

（5）计入成本、费用的工资总额350万元，拨缴的工会经费6万元，支付的职工教育经费10万元，支出的职工福利费50万元。

（6）企业为职工上缴的社会保险费80万元（其中基本养老保险35万元，基本医疗保险25万元，失业保险、工伤保险和生育保险费合计20万元）。

（7）企业本年度进行办公楼扩建于6月30日竣工决算并投入使用。为进行扩建借款共借款两笔：2017年1月1日向中国工商银行借入短期借款100万元，期限一年，贷款利率6. 5%。同期向小额贷款公司借款200万，期限一年，贷款利率10%。

（8）企业本年度9月30日转让一辆卡车，价值30万元，已提折旧10万元，转让过程中发生清理费用5 000元，清理净收益40 192. 31元。

（9）发生营业外支出70. 5万元。（其中直接向某排球队赞助20万元，支付卫生监督部门的罚款0. 5万元，公益性捐赠50万元）税法规定其折旧年限为20年，残值率5%。

其他资料见下表10-12，表10-13，表10-14表中数据。

要求：

（1）计算该企业各项成本、费用的扣除标准。

（2）计算该企业2017年度应纳税所得额。

（3）计算该企业2017年度应纳所得税税额。

（4）该企业2017年已累计预缴企业所得税113. 379 8万元，计算2017年度应汇算清缴的企业所得税税额。

（5）进行金鑫公司预缴企业所得税及汇算清缴应补缴企业所得税的账务处理。

（6）金鑫公司纳税年度终了后，在5个月内填报企业所得税年度纳税申报表。

表10-12

总账	明细账	期末余额	方向
应付职工薪酬	职工工资	3 500 000	贷方
	社会保险费	800 000	
	职工教育经费	100 000	
	职工福利费	500 000	
	工会经费	60 000	

表10-13

总账	明细账	本期（年）发生额	本期发生额方向
管理费用	业务招待费	600 000	借方
	统一制定工作服	150 000	
	人寿保险	300 000	
	人身安全保险	100 000	
	研究开发费	200 000	
	折旧费	570 000	
	职工薪酬	1 100 000	
	社会保险费	480 000	
	工会经费	60 000	
	职工教育经费	100 000	
	职工福利费	500 000	
	诉讼费	20 000	
	咨询费	30 000	
	办公费	500 000	
	其他	290 000	
	合计	5 000 000	

表10-13(续)

总账	明细账	本期（年）发生额	本期发生额方向
销售费用	广告费	3 500 000	借方
	业务宣传费	1 500 000	
	职工薪酬	800 000	
	社会保险费	200 000	
	展览费	500 000	
	运输费	800 000	
	装卸费	400 000	
	其他	300 000	
	合计	8 000 000	
财务费用	金融机构贷款利息	782 500	借方
	小额贷款公司贷款利息	100 000	
	国债利息	150 000	
	手续费	17 500	
	现金折扣	50 000	
	合计	800 000	
营业外支出	赞助支出	200 000	借方
	卫生罚款	5 000	
	公益性捐赠	500 000	
	合计	705 000	
所得税费用		1 133 798	借方
营业外收入	转让固定资产	40 192. 31	贷方
	合计	40 192. 31	
本年利润		3 401 494. 31	贷方

表 10-14 **利润表**

单位名称：金鑫公司 2017 年 单位：元

项目	本年累计金额	上年金额
一、营业收入	60 000 000	
减：营业成本	40 000 000	

表10-14（续）

项目	本年累计金额	上年金额
税金及附加	1 000 000	
销售费用	8 000 000	
管理费用	5 000 000	
财务费用	800 000	
加：投资收益（损失以"-"填列）		
二、营业利润	5 200 000	
加：营业外收入	40 192. 31	
减：营业外支出	705 000	
三、利润总额	4 535 192. 31	
减：所得税费用	1 133 798	
四、净利润	3 401 394. 31	

【分析】

（1）国债利息收入，免征企业所得税，调减15万元。

（2）转让财产的应纳税所得额等于收入全额减财产净值，转让财产发生的费用，准予扣除，因此，营业外收入40 192. 31就是收入减财产净值，再减转让费用后的数额。

（3）广告费和业务宣传费的扣除标准为实际发生额（500万元）和营业收入的15%的较低者（900万元），实际支付额小于扣除标准的，准予扣除。

（4）业务招待费60万元，扣除标准为实际发生额的60%（36万元）和营业收入的5‰的较低者（30万元）。当期准予扣除金额为30万元，调增30万元。

（5）统一定制工作服的支出，准予扣除。

（6）支付职工的人寿保险30万元，不得扣除，调增30万元。

（7）为高空作业的职工购买人身安全保险10万元，准予扣除。

（8）诉讼费、咨询费、办公费25万元，准予扣除。

（9）符合条件的研究开发费20万元，准予加计扣除研究开发费的50%，即扣除研究开发费的150%，金额30万元，调减10万元。

（10）折旧费121 896. 88元中的831. 25元［2 000 000×3. 5%÷2×（1-5%）÷20÷2］不准扣除。1~6月的利息总计13. 25万元［（100×6. 5%+200×10%）÷2］应予以资本化，其中向小额贷款公司的借款超过银行利率部分3. 5%计提的折旧应进行纳税调整。

（11）7月~12月的利息总计13. 25万元，计入财务费用，其中向小额贷款公司的借款超过银行利率部分3. 5万元，不准扣除。

（12）该公司实际支付的职工福利费50万元，职工福利费扣除标准＝350×14%＝49万元，超过的 1 万元不能扣除。

实际支付的工会经费 6 万元，工会经费扣除标准 = 350×2% = 7 万元，没有超过标准，准予扣除。

实际支付的职工教育经费 10 万元，职工教育经费扣除标准 = 350×2.5% = 8.75 万元，超过的 1.25 万元准予结转以后纳税年度扣除，当年准予扣除 8.75 万元。

（13）企业支付的基本养老保险 35 万元，基本医疗保险为 25 万元，失业保险、工伤保险和生育保险共计 20 万元。

（14）公益性捐赠的扣除限额 = 会计利润×12% = 4 535 192.31×12% = 544 223.08 元。公益性捐赠是 500 000 元，没有超过限额 544 223.08 元，准予扣除。

具体计算见表 10-15 所示（直接法计算）。

表 10-15　　应纳税所得额计算表

2017 年度

应纳税所得额项目	发生额（元）	扣除标（元）	调整金额（元）	调整后应纳税得
销售商品收入	60 000 000.00			60 000 000.00
转让财产收入	40 192.31			40 192.31
收入总额	60 040 192.31			60 040 192.31
减：免税收入	150 000.00			150 000.00
不征税收入				
应税收入	59 890 192.31			59 890 192.31
减：				
1. 成本	40 000 000.00			40 000 000.00
2. 销售费用	8 000 000.00		0	8 000 000.00
其中：广告费和业务宣传费	5 000 000.00	9 000 000.00		5 000 000.00
3. 管理费用	5 000 000.00		−500 831.25	4 499 168.75
其中：业务招待费	600 000.00	300 000.00	−300 000.00	300 000.00
统一定制工作服	150 000.00	150 000.00		150 000.00
职工的人寿保险	300 000.00	0	−300 000.00	0
人身安全保险	100 000.00	100 000.00		100 000.00
诉讼费、咨询费、办公费	250 000.00	250 000.00		250 000.00
研究开发费	200 000.00	300 000.00	100 000.00	300 000.00

表10-15(续)

应纳税所得额项目	发生额（元）	扣除标（元）	调整金额（元）	调整后应纳税得
折旧费	220 000.00	219 125.00	-831.25	219 125.00
4. 财务费用	800 000.00		-35 000.00	765 000.00
其中：小型贷款公司借款利息	100 000.00	65 000.00	-35 000.00	65 000.00
5. 计入成本、费用的三项经费	660 000.00	637 500.00	-22 500.00	-22 500.00
6. 计入成本、费用的社会保险费	800 000.00	800 000.00		0
7. 税金及附加	1 000 000.00	0	1 000 000.00	1 000 000.00
8. 营业外支出	705 000.00		-205 000.00	500 000.00
其中：直接向某排球队赞助	200 000.00	0	-200 000.00	
卫生监督部门的罚款	5 000.00	0	-5 000.00	
公益性捐赠	500 000.00	544 223.08	0	
8. 以前年度亏损				0
应纳税所得额				5 148 523.56

该年度应纳税额＝5 148 523.56×25%＝1 287 130.89（元）

该年度应汇算清缴的企业所得税税额＝1 287 130.89－1 133 798＝153 332.89（元）

或者仅就调整项目列表见表10-16（间接法计算）：

表 10-16　　纳税调整计算表

2017 年度

纳税调整项目	账载金额	税收金额	调增金额	调减金额
收入类调整项目				
1. 国债利息	150 000.00	0		150 000.00
2. 加计扣除研究开发费	20 000.00	30 000.00		100 000.00
扣除类调整项目				
业务招待费	600 000.00	300 000.00	300 000.00	
人寿保险	300 000.00	0	300 000.00	
折旧	220 000.00	219 125.00	831.25	

表10-16(续)

纳税调整项目	账载金额	税收金额	调增金额	调减金额
向小型贷款公司借款利息	100 000.00	65 000.00	35 000.00	
职工福利费	500 000.00	490 000.00	10 000.00	
工会经费	60 000.00	70 000.00		
职工教育经费	100 000.00	87 500.00	12 500.00	
赞助支出	200 000.00	0	200 000.00	
卫生罚款	5 000.00	0	5 000.00	
合计			863 331.25	250 000.00

该年度应纳税所得额=4 535 192.31-250 000+863 331.25=5 148 523.56（元）

该年度应纳税额=5 148 523.56×25%=1 287 130.89（元）

该年度汇算清缴企业所得税税额=1 287 130.89-1 133 798=153 332.89（元）

【会计处理】

（1）一季度预缴所得税的账务处理：

计算预缴企业所得税

借：所得税费用　　412 500

　贷：应交税费——应交企业所得税　　412 500

结转所得税费用

借：本年利润　　412 500

　贷：所得税费用　　412 500

预缴企业所得税

借：应交税费——应交企业所得税　　412 500

　贷：银行存款　　412 500

（二、三、四季度账务处理略）

（2）年度汇算清缴后应补缴所得税的账务处理：

计算应补企业所得税

借：利润分配——未分配利润　　153 332.89

　贷：应交税费——应交企业所得税　　153 332.89

补缴企业所得税

借：应交税费——应交企业所得税　　153 332.89

　贷：银行存款　　153 332.89

金鑫公司进行年度汇算清缴，所得税年度纳税申报表中的“利润总额”相关项目根据年度利润表填写，纳税调整项目应根据相关附表填写，金鑫公司年度企业所得税纳税申报表填写如表 10-17 所示。

表 10-17　　中华人民共和国企业所得税年度纳税申报表（封面）

（A 类，2017 年版）

税款所属期间：2017 年 01 月 01 日至 2017 年 12 月 31 日

纳税人统一社会信用代码：□□□□□□□□□□□□□□□□□□□□□□□

（纳税人识别号）

纳税人名称：金鑫公司

金额单位：人民币元（列至角分）

谨声明：此纳税申报表是根据《中华人民共和国企业所得税法》《中华人民共和国企业所得税法实施条例》以及有关税收政策和国家统一会计制度的规定填报的，是真实的、可靠的、完整的。

法定代表人（签章）：2018 年 03 月 20 日

纳税人公章： 会计主管：	代理申报中介机构公章： 经办人： 经办人执业证件号码：	主管税务机关受理专用章： 受理人：
填表日期：　年　月　日	代理申报日期：　年　月　日	受理日期：　年　月　日

国家税务总局监制

《中华人民共和国企业所得税年度纳税申报表填报说明（A 类，2017 年版）》

本章小结

企业所得税是指对企业和其他取得收入的组织（个人独资企业、合伙企业除外）的生产经营所得和其他所得征收的所得税。企业所得税的纳税人分为居民企业和非居民企业，基本税率为 25%。企业所得税应纳税所得额是指纳税人每一纳税年度的收入总额，减去不征税收入、免税收入、各项扣除以及允许弥补的以前年度亏损后的余额，是按税法的规定程序和标准确定的。所得税会计采用了资产负债表债务法，要求从资产负债表出发，通过比较资产负债表上列示的资产、负债，按照会计准则规定确定应纳税暂时性差异与可抵扣暂时性差异，确认相关的递延所得税负债和递延所得税资产，并在此基础上确定每一会计期间利润表中的所得税费用。企业所得税实行按年计算，分月或分季预缴的办法，月份或季度终了之日起15日内预缴，年度终了日起5个月内汇算清缴，并结清应缴、应退税款。

基本训练

一、单项选择题

1. 某居民企业在甲国设立分公司，2016年取得营业利润250万元。按甲国法律规定，计算当期利润年度为每年10月1日至次年9月30日。该分公司对应的应计入我国的纳税年度为（　　）。

A. 2015年　　B. 2016年

C. 2018年　　D. 2017年

2. 下列关于企业所得税税收优惠的表述中，不正确的是（　　）。

A. 企业从事环境保护、节能节水项目的所得，自项目取得第一笔生产经营收入所属纳税年度起，"两免三减半"

B. 企业从事国家重点扶持的公共基础设施项目的投资经营的所得，自项目取得第一笔生产经营收入所属纳税年度起，"三免三减半"

C. 国家重点扶持的高新技术企业减按15%的税率计算缴纳企业所得税

D. 我国境内新办软件生产企业经认定后，自获利年度起，"两免三减半"

3. 非居民企业甲是增值税一般纳税人，适用的增值税税率为17%，2016年6月从我国境内乙企业取得有形动产租赁含税收入共计800万元，该笔收入与在我国境内设立的机构、场所没有实际联系，同时发生业务成本费共计400万元。甲就租赁收入应缴纳的企业所得税为（　　）万元。

A. 200　　B. 68.5

C. 68.38　　D. 71.25

4. 2016年甲居民企业（经认定为高新技术企业）从境外取得应纳税所得额100万元，企业申报已在境外缴纳的所得税税款为20万元，因客观原因无法进行核实。后经企业申请，税务机关核准采用简易方法计算境外所得税抵免限额。该抵免限额为（　　）万元。

A. 12.5　　B. 15

C. 20　　D. 25

5. 某企业2016年度境内应纳税所得额为200万元，适用25%的企业所得税税率。全年已经预缴税款 25 万元，来源于境外某国税前所得 100 万元，在境外缴纳了 20 万元企业所得税。该企业当年汇算清缴应补（退）的税款为（　　）万元。

A. 32　　　　B. 29

C. 30　　　　D. 27.5

6. 关于企业所得税的纳税地点，下列表述不正确的是（　　）。

A. 居民纳税人一般以企业登记注册地为纳税地点

B. 居民企业登记注册地在境外的，以实际管理机构所在地为纳税地点

C. 非居民企业在中国境内设立两个机构、场所的，分别申报缴纳企业所得税

D. 非居民企业在中国未设立机构、场所的，以扣缴义务人所在地为纳税地点

7. 根据企业所得税法的规定，下列表述中不正确的是（　　）。

A. 股息红利等权益性投资收益，除另有规定外，应以被投资企业股东会或股东大会做出利润分配或转股决定的日期确认收入的实现

B. 从事股权投资业务的企业，其股权转让收入，可以按规定的比例计算业务招待费扣除限额

C. 烟草企业的广告费，一律不得税前扣除

D. 航空企业实际发生的飞行训练费，可以作为航空企业运输成本在税前扣除

8. 居民企业以其拥有的资产或股权向其 100% 直接控股的非居民企业进行投资，其资产或股权转让收益如选择特殊性税务处理，可以在（　　）个纳税年度内均匀计入各年度应纳税所得额。

A. 5　　　　B. 10

C. 15　　　　D. 3

9. 经认定的高新技术企业，对其来源于境外所得可以按照 15% 的优惠税率缴纳企业所得税，在计算境外抵免限额时，按照（　　）的优惠税率计算境内外应纳税总额。

A. 12.5%　　　　B. 10%

C. 25%　　　　D. 15%

10. 甲公司自 2013 年 2 月 1 日起自行研究开发一项专利技术，当年发生研究费用 200 万元；开发阶段符合资本化条件前发生的支出为 300 万元，符合资本化条件后至达到预定用途前发生的支出为 800 万元，2014 年 4 月 2 日该项专利技术获得成功并取得专利权。专利权预计使用年限为 10 年，采用直线法进行摊销。甲公司发生的研究开发支出及预计年限均符合税法规定的优惠条件。甲公司 2014 年末因该项无形资产产生的暂时性差异为（　　）万元。

A. 600　　　　B. 300

C. 370　　　　D. 500

11. 下列项目中，不会产生可抵扣暂时性差异的是（　　）。

A. 计提产品保修费用确认的预计负债

B. 会计上计提的坏账准备

C. 本期取得的可供出售金融资产期末公允价值高于入账价值

D. 成本计量模式下，计提的投资性房地产减值准备

12. 2010 年 12 月 31 日，A 公司“预计负债——产品质量保证费用”科目贷方余额为 100 万元，2011 年实际发生产品质量保证费用 90 万元，2011 年 12 月 31 日预提产品质量保证费用 120 万元，税法规定相关支出在实际发生时准予税前扣除。2011 年 12 月 31 日，下列说法中正确的是（　　）。

A. 应纳税暂时性差异余额为 130 万元

B. 可抵扣暂时性差异余额为 130 万元

C. 应纳税暂时性差异余额为 120 万元

D. 可抵扣暂时性差异余额为 120 万元

13. 按照准则规定，下列各事项产生的暂时性差异中，不确认递延所得税的是（　　）。

A. 会计折旧与税法折旧的差异

B. 期末按公允价值调增可供出售金融资产

C. 因非同一控制下免税合并而产生的商誉

D. 计提无形资产减值准备

14. 甲公司 2011 年年末应收账款账面余额为 800 万元，已提坏账准备 100 万元，假定税法规定，已提坏账准备在实际发生损失前不得税前扣除。则 2011 年年末产生的暂时性差异为（　　）。

A. 应纳税暂时性差异 800 万元　　B. 可抵扣暂时性差异 700 万元

C. 应纳税暂时性差异 900 万元　　D. 可抵扣暂时性差异 100 万元

15. 甲公司拥有乙公司 70%的表决权股份，能够控制乙公司的生产经营决策。2016 年 9 月甲公司以 9 500 万元将自产产品一批销售给乙公司。该批产品在甲公司的生产成本为 8 500万元。至 2016 年 12 月 31 日，乙公司对外销售了该批商品的 50%。假定涉及商品未发生减值。两公司适用的所得税税率均为 25%，且在未来期间预计不会发生变化。税法规定，企业的存货以历史成本作为计税基础。为此在合并财务报表中应确认（　　）。

A. 递延所得税资产 125 万元　　B. 递延所得税负债 125 万元

C. 递延所得税资产 250 万元　　D. 递延所得税负债 250 万元

16. 甲公司自 2016 年 2 月 1 日起自行研究开发一项新产品专利技术，2016 年度在研究开发过程中发生研究费用 300 万元，开发阶段符合资本化条件前发生的支出为 400 万元，符合资本化条件后至达到预定用途前发生的支出为 600 万元，2017 年 4 月 2 日该项专利技术获得成功并取得专利权。甲公司预计该项专利权的使用年限为 10 年，采用直线法进行

摊销。甲公司发生的研究开发支出及预计年限均符合税法规定的条件，所得税税率为25%。甲公司2017年末因上述业务确认的递延所得税资产为（　　）万元。

A. 0　　　　B. 75

C. 69. 38　　　　D. 150

二、多项选择题

1. 根据企业所得税法的规定，下列关于境外所得抵免限额表述正确的有（　　）。

A. 超过抵免限额的部分，可以在当年的次年起连续5个年度内抵免

B. 居民企业来源于中国境外的应税所得，已经缴纳的所得税税额，可在抵免限额内抵免

C. 居民企业以间接持股方式持有外国企业10%以上股份，外国企业在境外实际缴纳的所得税税额中属于该项所得负担的部分，可以作为该居民企业的可抵免境外所得税税额

D. 抵免企业所得税税额时，应当提供中国境外税务机关出具的税款所属年度的有关纳税凭证

E. 抵免限额是指根据我国企业所得税法规定计算来源于境外的所得的应纳税额

2. 下列关于房地产企业所得税涉税处理的表述，正确的有（　　）。

A. 经济适用房开发项目，计税毛利率不得低于5%

B. 对开发、建造的住宅、商业用房以及其他建筑物、附着物、配套设施等开发产品，在未完工前采取预售方式销售取得的预售收入，暂不计算缴纳企业所得税

C. 房地产开发企业采取一次性全额收款方式销售开发产品，应于实际收讫价款或取得所取价款凭据之日，确定收入的实现

D. 企业发生的期间费用准予当期按规定扣除

E. 企业委托境外机构销售开发产品的，其支付境外机构的销售费用（含佣金或手续费）不超过委托销售收入10%的部分，准予据实扣除

3. 非居民企业间接转让财产企业所得税处理中，判断合理商业目的，应整体考虑与间接转让中国应税财产交易相关的所有安排，结合实际情况综合分析相关因素，下列属于应综合分析的相关因素的有（　　）。

A. 境外企业股权次要价值是否直接或间接来自中国应税财产

B. 境外企业资产是否主要由直接或间接在中国境内的投资构成，或其取得的收入是否主要直接或间接来源于中国境内

C. 境外企业及直接或间接持有中国应税财产的下属企业实际履行的功能和承担的风险是否能够证实企业架构具有经济实质

D. 境外企业股东、业务模式及相关组织架构的存续时间

E. 间接转让中国应税财产交易在境外应缴纳所得税情况

4. 下列关于跨地区经营汇总纳税企业所得税征收管理的表述中，不正确的有（　　）。

A. 总机构和具有主体生产经营职能的三级分支机构就地分摊缴纳企业所得税

B. 总机构应将本期企业应纳所得税额的 50%部分，在每月或季度终了后 15 日内就地申报预缴

C. 上年度认定为小型微利企业的，其二级分支机构不就地分摊缴纳企业所得税

D. 汇总纳税企业可以核定征收企业所得税

E. 新设立的二级分支机构，设立当年不就地分摊缴纳企业所得税

5. 下列关于企业重组的所得税处理的表述中，正确的有（　　）。

A. 企业重组的税务处理区分不同条件分别适用一般性税务处理规定和特殊性税务处理规定

B. 发生债权转股权的，应当分解为债务清偿和股权投资两项业务，确认有关债务清偿所得或损失

C. 适用一般性税务处理时，企业分立相关企业的亏损不得相互结转弥补

D. 资产收购，所得税要适用特殊性处理规定，其一是受让企业收购的资产必须不低于转让企业全部资产的 50%

E. 重组交易中，适用特殊性规定时，双方均不计算所得或损失

6. 下列各事项中，计税基础等于账面价值的有（　　）。

A. 支付的购货合同违约金

B. 计提的国债利息

C. 因产品质量保证计提的预计负债

D. 应付的税收滞纳金

7. 下列项目产生的递延所得税资产中，应计入所得税费用的有（　　）。

A. 企业发生可用以后年度税前利润弥补的亏损

B. 可供出售金融资产期末公允价值暂时性下降

C. 企业因计提产品质量保证费用确认的预计负债

D. 交易性金融资产期末公允价值下降

8. 在采用资产负债表债务法对所得税进行核算的情况下，当期发生的下列事项中，可能影响当期所得税费用的有（　　）。

A. 发生可抵扣暂时性差异产生的递延所得税资产

B. 发生应纳税暂时性差异产生的递延所得税负债

C. 税率变动对递延所得税资产或递延所得税负债余额的调整

D. 本期转回应纳税暂时性差异所产生的递延所得税负债

9. 下列表述方式正确的有（　　）。

A. 企业预计提供售后服务而确认预计负债，如税法规定，有关的支出应于发生时税前扣除，其计税基础为零，应确认递延所得税资产

B. 企业预计提供售后服务而确认预计负债，如税法规定对于费用支出按照权责发生制原则确定税前扣除时点，则所形成负债的计税基础等于账面价值，不应确认递延所得税资产

C. 企业涉及担保诉讼案件而确认预计负债，假定税法规定担保涉诉讼不得税前扣除，则所形成负债的计税基础等于账面价值，不应确认递延所得税资产

D. 企业涉及违约诉讼案件而确认预计负债，假定税法规定违约涉诉讼实际发生可税前扣除，其计税基础为零，应确认递延所得税资产

10. 下列项目中，应确认递延所得税负债的有（　　）。

A. 固定资产账面价值大于其计税基础

B. 可供出售金融资产账面价值大于其计税基础

C. 预计负债账面价值大于其计税基础

D. 预收账款账面价值大于其计税基础

三、计算题及业务题

1. 某工业企业，从业人员 80 人，资产总额为 2 500 万元，2016 年度相关生产经营业务如下：

（1）当年销售产品收入 700 万元，对外提供培训收入 120 万元。国债利息收入 250 万元、取得对境内居民企业的投资收益 100 万元。

（2）全年产品销售成本为 550 万元。

（3）全年发生财务费用 50 万元，其中 10 万元为资本化的利息。

（4）管理费用共计 98 万元，销售费用共计 50 万元，其中列支广告费、业务宣传费 30 万元。

（5）营业外支出通过政府部门向贫困地区捐款 40 万元，税收罚款支出 5 万元，滞纳金 2.73 万元。

（6）税金及附加 20 万元 。

（7）上年广告宣传费超支 20 万元。

要求：根据上述资料，按下列序号计算有关纳税事项，每问需计算出合计数。

①企业应税收入为（　　）万元。

②企业税前可扣除的财务费用和销售费用合计为（　　）万元。

③企业税前可扣除的营业外支出（　　）万元。

④企业应缴纳的企业所得税为（　　）万元。

2. 甲公司2017年年初递延所得税负债的余额为零，递延所得税资产的余额为30万元（系2013年年末应收账款的可抵扣暂时性差异产生）。甲公司2014年度有关交易和事项的会计处理中，与税法规定存在差异的有：

资料一：2017年1月1日，购入一项非专利技术并立即用于生产A产品，成本为200万元，因无法合理预计其带来经济利益的期限，作为使用寿命不确定的无形资产核算。2017年12月31日，对该项无形资产按照10年的期限摊销，有关摊销额允许税前扣除。

资料二：2017年1月1日，按面值购入当日发行的三年期国债1 000万元，作为持有至到期投资核算。该债券票面利率为5%，每年年末付息一次，到期偿还面值。2017年12月31日，甲公司确认了50万元的利息收入。根据税法规定，国债利息收免征企业所得税。

资料三：2017年12月31日，应收账款账面余额为10 000万元，减值测试前坏账准备的余额为200万元，减值测试后补提坏账准备100万元。根据税法规定，提取的坏账准备不允许税前扣除。

资料四：2017年度，甲公司实现的利润总额为10 070万元，适用的所得税税率为15%；预计从2018年开始适用的所得税税率为25%，且未来期间保持不变。假定未来期间能够产生足够的应纳税所得额用以抵扣暂时性差异，不考虑其他因素。

要求：

（1）分别计算甲公司2017年度应纳税所得额和应交所得税的金额。

（2）分别计算甲公司2017年年末资产负债表“递延所得税资产”“递延所得税负债”项目“期末余额”栏应列示的金额。

（3）计算确定甲公司2017年度利润表“所得税费用”项目“本年金额”栏应列示的金额。

（4）编制甲公司与确认应交所得税、递延所得税资产、递延所得税负债和所得税费用相关的会计分录。

第十一章　个人所得税核算

【学习目标】

知识目标

1. 了解个人所得税的相关知识。

2. 能正确进行个人所得税的计算，

能力目标

1. 熟悉企业扣缴个人所得税的会计处理和非企业法人单位个人个人所得税的会计处理。

2. 会填制企业扣缴个人所得税的纳税申报表。

第一节　个人所得税相关知识

一、个人所得税的概念和功能

个人所得税是以个人（自然人）取得的各项应税所得为征税对象所征收的一种税，是政府利用税收对个人收入进行调节的一种手段。

个人所得税收职能由税收的本质所决定，是税收作为一个经济范畴所具有的内在功能，具体表现在税收的作用。税收的功能具有内在性、客观性和稳定性特征。税收的基本功能具体为组织财政收入功能、收入分配功能、资源配置与宏观调控功能。个人所得税作为一个重要的税收范畴，其基本功能同样为组织财政收入功能、收入分配功能、经济调节功能（或资源配置与宏观调控功能）。

（一）个人所得税的组织财政收入功能

个人所得税以个人所获取的各项所得为课税对象，只要有所得就可以课税，税基广阔，因此个人所得税便成为政府税收收入的重要组成部分，是财政收入的主要来源。

（二）个人所得税的收入分配功能

市场经济是有效的资源配置方式，但由于在分配上是按照要素的质量和多少进行分配，往往会造成收入分配的巨大差距，从而影响社会协调和稳定，进而损害效率。个人所得税是调节收入分配，促进公平的重要工具。个人所得税调节收入分配主要是通过累进税率进行的，在累进税率下随着个人收入的增加，个人所得税适用的边际税率不断提高，从而低收入者适用较低的税率征税，而对高收入者则按较高的税率征税。这有利于改变个人收入分配结构，缩小高收入者和低收入者之间的收入差距。

（三）个人所得税的经济调节功能

微观上，个人所得税对个人的劳动与闲暇、储蓄与投资、消费等的选择都会产生影响。宏观上，个人所得税具有稳定经济的作用：其一，自动稳定功能或“内在稳定器”功能，指个人所得税可以不经过税率的调整，即可与经济运行自行配合，并借这种作用对经济发生调节作用；其二，相机选择调节，在经济萧条或高涨时，采取与经济风向相逆的税收政策，对个人所得税的税率、扣除、优惠等进行调整，实行减税或增税的政策，从而使经济走出萧条或平抑经济的过度繁荣，保持经济的稳定。

【知识拓展】

个人所得税法的修正

2018 年 8 月 31 日第十三届全国人民代表大会常务委员会第五次会议《关于修改〈中华人民共和国个人所得税法〉的决定》对个人所得税法进行了第七次修正，修正后的个人所得税分两步实施：第一步，自 2018 年 10 月 1 日至 2018 年 12 月 31 日，先将工资、薪金所得基本减除费用标准提高至 5000 元/月，并适用新的综合所得税率。第二步，新修正后的个人所得税法自 2019 年 1 月 1 日起全面施行。

二、个人所得税的纳税人

（一）纳税人的一般规定

中国公民、个体工商业户、个人独资企业、合伙企业投资者以及在中国有所得的外籍人员和港澳台同胞，为个人所得税的纳税义务人。包括具有自然人性质的企业，我国个人独资企业和合伙企业投资者应依法缴纳个人所得税。

个人所得税的纳税人按居住地和居住时间标准分为居民个人和非居民个人。

1. 居民个人

在中国境内有住所，或者无住所而一个纳税年度内在中国境内居住满一百八十三天的个人，为居民个人，其从中国境内和境外取得的所得，依照法律规定缴纳个人所得税。居民个人应当就其从境内、境外取得的全部所得缴纳个人所得税。承担无限责任义务的个体工商户、个人独资企业、合伙企业也是个人所得税的居民个人。个人独资企业以投资者为纳税人，合伙企业以每一个合伙人（自然人）为纳税人。

2. 非居民个人

在中国境内无住所又不居住，或者无住所而一个纳税年度内在中国境内居住不满一百八十三天的个人，为非居民个人，其从中国境内取得的所得，依照法律规定缴纳个人所得税。非居民个人只就其来源于中国境内取得的所得缴纳个人所得税，履行有限纳税义务。

【知识链接】

我国根据国际惯例，对居民个人和非居民个人的划分采用了国际上常用的住所标准和居住时间标准。

住所标准：以公民户籍所在地的居住地为住所。在中国境内有住所的个人，是指因户籍、家庭、经济利益关系而在中国境内习惯性居住的个人。

居住时间标准：居住时间是指个人在一国境内实际居住的日数。以一个纳税年度内在中国境内居住是否满一百八十三天为标准。

（三）个人所得来源地的确定

下列所得，不论支付地点是否在中国境内，均为来源于中国境内的所得：

（1）因任职、受雇、履约等而在中国境内提供劳务取得的所得；

（2）将财产出租给承租人在中国境内使用而取得的所得；

（3）转让中国境内的建筑物、土地使用权等财产或者在中国境内转让其他财产取得的所得；

（4）许可各种特许权在中国境内使用而取得的所得；

（5）从中国境内的公司、企业以及其他经济组织或者个人取得的利息、股息、红利所得。

【思考】某外籍个人受某外国公司委派于 2017 年 8 月开始赴中国担任其驻华代表处首席代表，截至 2017 年 12 月 31 日未离开中国。该外籍个人 2017 年取得的下列所得中，属于来源于中国境内所得的有（　　）。

A. 9 月出席境内某经济论坛做主题发言取得的收入

B. 因在中国任职而取得的由境外总公司发放的工资收入

C. 10 月将其拥有的境外房产出租给中国一公司驻该国常设机构取得的租金收入

D. 11 月将其拥有的专利技术许可一境外公司在大陆的分支机构使用取得的收入

【正确答案】ABD

三、个人所得税的征税范围

个人所得税的范围包括以下十项：

①工资、薪金所得；②劳务报酬所得；③稿酬所得；④特许权使用费所得；⑤经营所得；⑥利息、股息、红利所得；⑦财产租赁所得；⑧财产转让所得；⑨偶然所得。

居民个人按纳税年度合并计算个人所得税，非居民个人按月或者按次分项计算个人所得税；第⑤项至第⑨项所得，依照法律规定分别计算个人所得税。

（一）工资、薪金所得

工资、薪金所得，是指个人因任职或者受雇而取得的工资、薪金、奖金、年终加薪、劳动分红、津贴、补贴以及任职或者受雇有关的其他所得。

1. 不予征税项目

（1）独生子女补贴。

（2）执行公务员工资制度未纳入基本工资总额的补贴、津贴差额和家属成员的副食品补贴。

（3）托儿补助费。

（4）差旅费津贴、误餐补助。

2. 属于“工资、薪金所得”的其他项目

（1）公司职工取得的用于购买企业国有股权的劳动分红；

（2）出租汽车经营单位对出租车驾驶员采取单车承包或承租方式运营，出租车驾驶员从事客货营运取得的收入；

（3）解除劳动合同的经济补偿金、退休人员再任职、企业（职业）年金、股票期权的行权等。

（二）劳务报酬所得

劳务报酬所得，是指个人从事设计、装潢、安装、制图、化验、测试、医疗、法律、会计、咨询、讲学、新闻、广播、翻译、审稿、书画、雕刻、影视、录音、录像、演出、表演、广告、展览、技术服务、介绍服务、经纪服务、代办服务以及其他劳务取得的所得。

（三）稿酬所得

稿酬所得，指个人作品以图书、报刊形式出版、发表取得的所得。或与图书、报刊相关的翻译、审稿、书画所得。

（四）特许权使用费所得

特许权使用费所得，是指个人提供专利权、商标权、著作权、非专利技术以及其他特许权的使用权取得的所得。提供著作权的使用权取得的所得，不包括稿酬所得。

（五）经营所得

经营所得是指个体工商户、个人独资企业、合伙企业等非法人组织（不包括法人分支机构）从事工业、手工业、建筑业、交通运输业、商业、饮食业、服务业、修理业以及其他行业生产、经营取得的所得。包括个人经政府有关部门批准取得执照，从事办学、医疗、咨询以及其他有偿服务活动取得的所得；对企事业单位的承包经营、承租经营以及转包、转租取得的所得以及其他个人从事个体工商业生产、经营取得的所得。

（六）利息、股息、红利所得

利息、股息、红利所得，是指个人拥有债权、股权而取得的利息、股息、红利所得。

（1）免税的利息，如国债和地方政府债券利息、国家发行的金融债券利息、储蓄存款利息。

（2）除个人独资企业、合伙企业以外的其他企业的个人投资者，以企业资金为本人、家庭成员及其相关人员支付与企业生产经营无关的消费性支出及购买汽车、住房等财产性支出，视为企业对个人投资者的红利分配，依照“利息、股息、红利所得”项目计征个人所得税。企业的上述支出不允许在所得税前扣除。

（3）纳税年度内个人投资者从其投资企业（个人独资企业、合伙企业除外）借款，在该纳税年度终了后既不归还又未用于企业生产经营的，其未归还的借款可视为企业对个人投资者的红利分配，依照“利息、股息、红利所得”项目计征个人所得税。

（七）财产租赁所得

财产租赁所得，是指个人出租建筑物、土地使用权、机器设备、车船以及其他财产取得的所得。

个人取得的财产转租收入，属于“财产租赁所得”的征税范围，由财产转租人缴纳个人所得税。

（八）财产转让所得

财产转让所得，是指个人转让有价证券、股权、建筑物、土地使用权、机器设备、车船以及其他财产取得的所得。

（1）股票转让所得：目前对股票转让所得暂不征收个人所得税。

（2）量化资产股份转让。

（九）偶然所得

偶然所得，个人得奖、中奖、中彩以及其他偶然性质所得。如：企业向个人支付不竞争款项；企业对累积消费达到一定额度的顾客给予的额外抽奖。

四、个人所得税的减免规定

（一）下列各项个人所得，免征个人所得税：

（1）省级人民政府、国务院部委和中国人民解放军军以上单位，以及外国组织、国际组织颁发的科学、教育、技术、文化、卫生、体育、环境保护等方面的奖金；

（2）国债和国家发行的金融债券利息；

（3）按照国家统一规定发给的补贴、津贴；

（4）福利费、抚恤金、救济金；

（5）保险赔款；

（6）军人的转业费、复员费、退役金；

（7）按照国家统一规定发给干部、职工的安家费、退职费、基本养老金或者退休费、离休费、离休生活补助费；

（8）依照有关法律规定应予免税的各国驻华使馆、领事馆的外交代表、领事官员和其他人员的所得；

（9）中国政府参加的国际公约、签订的协议中规定免税的所得；

（10）国务院规定的其他免税所得，由国务院报全国人民代表大会常务委员会备案。

（二）有下列情形之一的，可以减征个人所得税，具体幅度和期限，由省、自治区、直辖市人民政府规定，并报同级人民代表大会常务委员会备案：

（1）残疾、孤老人员和烈属的所得；

（2）因自然灾害遭受重大损失的。

（3）国务院可以规定其他减税情形，报全国人民代表大会常务委员会备案。

【思考】下列项目中，属于劳务报酬所得的有（　　）。

A. 个人书画展取得的报酬

B. 提供著作的版权而取得的报酬

C. 将国外的作品翻译出版取得的报酬

D. 高校教师受出版社委托进行审稿取得的报酬

五、个人所得税的税目与税率

（1）综合所得，包括四项：分别为工资、薪金所得；劳务报酬所得；稿酬所得和特许权使用费所得。适用百分之三至百分之四十五的超额累进税率，见表 11-1 所示。

表 11-1　　个人所得税税率表一（综合所得适用）

级数	全月应纳税所得额含税级距	或全年应纳税所得额含税级距	税率（%）	速算扣除数	
				按月计算	按年计算
1	不超过 3 000 元的	不超过 36 000 元的	3	--	--
2	超过 3 000 元至 12 000 元的部分	超过 36 000 元至 144 000 元的部分	10	210	2 520
3	超过 12 000 元至 25 000 元的部分	超过 144 000 元至 300 000 元的部分	20	1 410	16 920
4	超过 25 000 元至 35 000 元的部分	超过 300 000 元至 420 000 元的部分	25	2 660	31 920
5	超过 35 000 元至 55 000 元的部分	超过 420 000 元至 660 000 元的部分	30	4 410	52 920

表11-1(续)

级数	全月应纳税所得额含税级距	或全年应纳税所得额含税级距	税率（%）	速算扣除数	
				按月计算	按年计算
6	超过 55 000 元至 80 000 元的部分	超过 660 000 元至 960 000 元的部分	35	7 160	85 920
7	超过 80 000 元部分	超过 960 000 元部分	45	15 160	181 920

注 1：本表所称全年应纳税所得额是指依照本法第六条的规定，居民个人取得综合所得以每一纳税年度收入额减除费用六万元以及专项扣除、专项附加扣除和依法确定的其他扣除后的余额。（以上数据来自截至笔者 10 月底完稿前的相关规定）。

注 2：非居民个人取得综合所得依照本表按月换算后计算应纳税额。

【知识拓展】

速算扣除数，是按全额累进税率计算的税额减去按超额累进税率计算的税额后的差额，其计算公式如下：本级速算扣除数=本级全额累进税率-本级超额累进税率

例：对个人所得税率表 7-1 中的第三级，求该级相应的速算扣除数。因为该级的最高所得税额为 25 000 元，税率为 20%，所以：

全额累进税率计算的税金=25 000×20%=5 000（元）

超额累进税率计算的税金=3 000×3%+（12 000-3 000）×10%+（25 000-12 000）×20%=3 590（元）

速算扣除数=5 000-3 590=1 410（元）

下列津贴和补贴项目不属于纳税人工资、薪金所得收入，不予征税：

独生子女补贴；执行公务员工资制度纳入基本工资总额的补贴、津贴差额和家属成员的副食补贴；托儿补助费；差旅费津贴、误餐补助；按国家规定，单位为个人缴纳的基本养老保险、基本医疗保险、失业保险和住房公积金。

（2）经营所得，适用百分之五至百分之三十五的超额累进税率，税率表见表 11-2 所示。

表 11-2　　个人所得税税率表二（经营所得适用）

级数	全年应纳税所得额含税级距（年）	税率（%）	速算扣除数
1	不超过 30 000 元的	5	--
2	超过 30 000 元至 90 000 元的部分	10	1 500
3	超过 90 000 元至 300 000 元的部分	20	10 500
4	超过 300 000 元至 500 000 元的部分	30	40 500
5	超过 500 000 元的部分	35	65 500

注：本表所称全年应纳税所得额是指依照本法第六条的规定，以每一纳税年度的收入总额减除成本、费用以及损失后的余额。

【知识链接】

个人独资企业和合伙企业为什么不交企业所得税

个人独资企业是依据个人独资企业法成立的，不属于法人企业，企业所得税是对法人企业征收的，个人独资企业不属于企业所得税的纳税人，征收个人所得税；财政部国家税务总局关于合伙企业合伙人所得税问题的通知财税〔2008〕159号《中华人民共和国企业所得税法》及其实施条例和《中华人民共和国个人所得税法》有关规定：合伙企业是指依照中国法律、行政法规成立的合伙企业，合伙企业以每一个合伙人为纳税义务人。合伙人是自然人的，缴纳个人所得税；合伙人是法人和其他组织的，缴纳企业所得税。

（3）利息、股息、红利所得；财产租赁所得；财产转让所得；偶然所得和其他所得，适用比例税率，税率为百分之二十。

第二节　个人所得税的计算

由于个人所得税采取综合计说和分项计税的方法，每项个人收入的扣除范围和标准不尽相同，应纳税所得额的计算方法存在差异，因此，应缴纳个人所得税的计算，应根据不同的情况进行计算。各项所得的计算，以人民币为单位。所得为人民币以外的货币的，按照人民币汇率中间价折合成人民币缴纳税款。

一、综合所得应纳税额的计算

综合所得包括工资、薪金所得；劳务报酬所得；稿酬所得和特许权使用费所得四项，合并为综合所得。劳务报酬所得、稿酬所得、特许权使用费所得以收入减除百分之二十的费用后的余额为收入额，其中稿酬所得的收入额按照所取得收入的百分之七十计算。以上这四项所得采用综合计算，适用5%~45%的超额累进税率。

居民个人的综合所得，以每一纳税年度的收入额减除费用六万元以及专项扣除、专项附加扣除和依法确定的其他扣除后的余额，为应纳税所得额。专项扣除包括居民个人按照国家规定的范围和标准缴纳的基本养老保险、基本医疗保险、失业保险等社会保险费和住房公积金等；专项附加扣除包括子女教育、继续教育、大病医疗、住房贷款利息或者住房租金、赡养老人等支出。个人将其所得对教育、扶贫、济困等公益慈善事业进行捐赠，捐赠额未超过纳税人申报的应纳税所得额百分之三十的部分，可以从其应纳税所得中扣除：国务院规定对公益慈善事业实行全额税前扣除的，从其规定。

计算公式：

居民个人的综合所得=年度收入额-60 000-专项扣除-专项附加扣除和依法规定的其

他扣除

居民个人应纳税额=居民个人的综合所得×适用税率-速算扣除数

说明：

（1）居民个人计算综合所得的应税收入中，工资、薪金所得全额计税；劳务报酬所得、特许权使用费所得扣除20%后计税；稿酬所得扣除20%后再扣减30%计税。

（2）居民个人计算综合所得的专项扣除是指三险一金或五险一金中个人交纳部分。

（3）居民个人计算综合所得的专项附加扣除包括以下六项：

第一，子女教育专项附加扣除。纳税人的子接受学前教育和学历教育的相关支出，按照每个子女每年12 000元（每月1 000元）的标准定额扣除。

【知识拓展】

学前教育包括年满3岁至小学入学前教育。学历教育包括义务教育（小学和初中教育）、高中阶段教育（普通高中、中等职业教育）、高等教育（大学专科、大学本科、硕士研究生、博士研究生教育）。受教育子女的父母分别按扣除标准的50%扣除；经父母约定，也可以选择由其中一方按扣除标准的100%扣除。具体扣除方式在一个纳税年度内不得变更。

第二，继续教育专项附加扣除。纳税人接受学历继续教育的支出，在学历教育期间按照每年4 800元（每月400元）定额扣除。纳税人接受技能人员职业资格继续教育、专业技术人员职业资格继续教育支出，在取得相关证书的年度，按照每年3 600元定额扣除。个人接受同一学历教育事项，符合税法规定扣除条件的，该项教育支出可以由其父母按照子女教育支出扣除，也可以由本人按照继续教育支出扣除，但不得同时扣除。

第三，大病医疗专项附加扣除。纳税人一个纳税年度内，在社会医疗保险管理信息系统记录的（包括医保目录范围内的自付部分和医保目录范围外的自费部分）由个人负担超过15 000元的医药费用支出部分，为大病医疗支出，可以按照每年80 000元标准限额据实扣除。纳税人发生的大病医疗支出由纳税人本人在办理汇算清缴时扣除。纳税人应当留存医疗服务收费相关票据原件（或复印件）。

第四，住房贷款利息专项附加扣除。纳税人本人或配偶使用商业银行或住房公积金个人住房贷款为本人或其配偶购买住房，发生的首套住房贷款利息支出，在偿还贷款期间，可以按照每年12 000元（每月1 000元）标准定额扣除。非首套住房贷款利息支出，纳税人不得扣除。纳税人只能享受一套首套住房贷款利息扣除。经夫妻双方约定，可以选择由其中一方扣除，具体扣除方式在一个纳税年度内不得变更。纳税人应当留存住房贷款合同、贷款还款支出凭证。

第五，住房租金专项附加扣除。纳税人本人及配偶在纳税人的主要工作城市没有住房，而在主要工作城市租赁住房发生的租金支出，可以按照以下标准定额扣除：①承租的住房位于直辖市、省会城市、计划单列市以及国务院确定的其他城市，扣除标准为每年

14 400元（每月 1 200 元）；②承租的住房位于其他城市的，市辖区户籍人口超过 100 万的，扣除标准为每年 12 000 元（每月 1 000 元）。③承租的住房位于其他城市的，市辖区户籍人口不超过 100 万（含）的，扣除标准为每年 9 600 元（每月 800 元）。

【知识拓展】

主要工作城市是指纳税人任职受雇所在城市，无任职受雇单位的，为其经常居住城市。城市范围包括直辖市、计划单列市、副省级城市、地级市（地区、州、盟）全部行政区域范围。夫妻双方主要工作城市相同的，只能由一方扣除住房租金支出。夫妻双方主要工作城市不相同的，且各自在其主要工作城市都没有住房的，可以分别扣除住房租金支出。住房租金支出由签订租赁住房合同的承租人扣除。纳税人及其配偶不得同时分别享受住房贷款利息专项附加扣除和住房租金专项附加扣除。纳税人应当留存住房租赁合同。

第六，赡养老人专项附加扣除。纳税人赡养 60 岁（含）以上父母以及其他法定赡养人的赡养支出，可以按照以下标准定额扣除：①纳税人为独生子女的，按照每年 24 000 元（每月 2 000 元）的标准定额扣除；②纳税人为非独生子女的，应当与其兄弟姐妹分摊每年 24 000 元（每月 2 000 元）的扣除额度，分摊方式包括平均分摊、被赡养人指定分摊或者赡养人约定分摊，具体分摊方式在一个纳税年度内不得变更。采取指定分摊或约定分摊方式的，每一纳税人分摊的扣除额最高不得超过每年 12 000 元（每月 1 000 元），并签订书面分摊协议。指定分摊与约定分摊不一致的，以指定分摊为准。纳税人赡养 2 个及以上老人的，不按老人人数加倍扣除。其他法定赡养人是指祖父母、外祖父母的子女已经去世，实际承担对祖父母、外祖父母赡养义务的孙子女、外孙子女。居民个人计算综合所得的依法规定和其他扣除是指符合税法要求的各项扣除，如捐赠支出的扣除等。

说明：

居民年度收入额，年度是指公历 1 月 1 日至 12 月 31 日，该四类收入类型收入合计。个人所得税专项附加扣除在纳税人本年度综合所得应纳税所得额中扣除，本年度扣除不完的，不得结转以后年度扣除。根据教育、住房、医疗等民生支出变化情况，适时调整专项附加扣除范围和标准。

【知识拓展】

纳税人首次享受专项附加扣除，应当提交相关信息，纳税人对所提交信息的真实性负责。信息发生变化的，应当及时提供相关信息。只取得一处工资薪金所得的个人，可在日常预缴环节缴纳全部税款的，不需办理汇算清缴。对于取得两处以上综合所得的个人，收入减除专项扣除（“三险一金”）后超过 6 万元的，应办理汇算清缴；对同一专项附加扣除项目，只能选择从其中一处扣除；有劳务报酬、稿酬、特许权使用费所得的个人，其收入减除“三险一金”后超过 6 万元的应办理汇算清缴；在汇算清缴时提供有关信息，办理专项附加扣除。

【例 11-1】居住在广州市的小刘和丈夫小张均是独生子女，需要赡养两位老人和养育一个小孩，小孩在读幼儿园，还有每月还房贷 2 500 元。每月月薪在扣除“三险一金”后，小刘收入 18 000 元，丈夫小张收入 26 000 元。夫妻商量后，子女教育和房贷利息支出由小刘丈夫一方计算扣除。则小刘可扣除赡养老人 2 000 元，小张可扣除的有：赡养老人 2 000 元，子女教育 1 000 元，房贷利息 1 000 元。夫妻二人除工资之外无其他收入。计算他们每月交的个人所得税是多少？

【解】

小刘月每月应税所得额＝18 000−5 000−2 000＝11 000（元）

小刘每月交税金额＝11 000×10%−210＝890（元）

小张月每月应税所得额＝26 000−5 000−2 000−1 000−1 000＝17 000（元）

小张每月交税金额＝17 000×20%−1 410＝1 990（元）

【例 11-2】小王在郑州市一家新媒体公司打工，租房居住，在某郑州某大学读在职研究生，且需要赡养老人。扣除“三险一金”后月薪 13 000 元，除工资之外无其他收入。计算公司每月应扣缴小王的个人所得税。

【解】小王可扣除的支出：房租 1 200 元、继续教育 400 元和赡养老人 2 000 元等三项专项附加支出。

其应税所得额＝13 000−5 000−1 200−400−2 000＝4 400（元）

每月应扣缴交的税额＝4 400×10%−210＝230（元）

【例 11-3】某单位职工李某全年收支情况如下：全年应发工资、奖金及各种补贴为 151 800 元。全年单位应扣缴住房公积金 18 200 元；基本养老保险 1 200 元；基本医疗保险 960 元；失业保险 240 元；工会会费 115 元。李某获得国家科学技术进步奖 200 000 元，取得稿收入 1 000 元，取得技术服务收入 5 000 元，取得非专利技术特许权使用费所得收入 30 000 元。李某当年支出儿子大学学费 12 000 元，自身学历学位继续教育费 20 000 元，住房贷款利息支出 8 000 元，参加技术培训支出培训费 3 800 元，各项支出均取得相关凭据。李某 1~11 月份工资已由工作单位累计代扣代缴个人所得税 3 300 元，计算李某全年应纳个人所得税及年终汇算清缴时应退或补的税款。

【解】

（1）工会会费 115 元不能作为专项扣除；

（2）国家科学技术进步奖 200 000 元免税；

（3）学历继续教育支出可扣 4 800 元；

（4）住房贷款利息支出可扣 12 000 元；

（5）技术培训支出培训费可扣 3 800 元。

年度应税收入总额＝151 800+1 000×（1−20%）×70%+ 5 000×（1−20%）+30 000×（1−20%）＝ 180 360（元）

专项扣除＝18 200+1 200+960+240＝20 600（元）

专项附加扣除=12 000+4 800+8 000+3 800=28 600（元）

李某的综合所得=年度应税收入额-60 000-专项扣除-专项附加扣除和依法规定的其他扣除=180 360-60 000-20 600-28 600=71 160（元）

查个人所得税税率表一（综合所得适用），知其适用税率为10%，速算扣除数2 520元。

李某全年应纳税额=居民个人的综合所得×适用税率-速算扣除数=71 160×10%-2 520=4 596（元）

李某应补交税额=4 596-3 300=1 296（元）

【知识拓展】

非居民个人的工资、薪金所得，以每月收入额减除费用五千元后的余额为应纳税所得额；劳务报酬所得、稿酬所得、特许权使用费所得，以每次收入额为应纳税所得额。

二、经营所得应纳税额的计算

经营所得，以每一纳税年度的收入总额减除成本、费用以及损失后的余额，为应纳税所得额。其中成本、费用，是指纳税义务人从事生产、经营所发生的各项直接支出和分配计入成本的间接费用以及销售费用、管理费用、财务费用；允许扣除的税金是指，个体工商户按规定缴纳的消费税、城市维护建设税及教育费附加费、资源税、环境保护税、土地使用税、土地增值税、房产税、车船税、印花税、耕地占用税，所说的损失，是指纳税义务人在生产、经营过程中发生的各项营业外支出。

【知识链接】

独资企业的投资者以其全部生产经营所得为应税所得额，合伙企业的投资者按照合伙企业的全部生产经营所得和合伙协议约定的分配比例确定应税所得额，没有约定比例的，以全部生产经营所得和合伙人数量平均计算每个投资者的应税所得额。

从事生产、经营的纳税义务人未提供完整、准确的纳税资料，不能正确计算应纳税所得额的，由主管税务机关核定其应纳税所得额。

根据个人所得税法及其实施条例和相关政策规定，个体工商户个人所得税税前扣除标准如下：

（1）对个体工商户业主投资者的生产经营所得依法计征个人所得税时，个体工商户业主投资者本人的费用扣除标准统一确定为600 000元/年（5 000元/月×12个月），投资者的工资不得在税前扣除。

（2）个体工商户向其从业人员实际支付的合理的工资、薪金支出，允许在税前据实扣除。

（3）个体工商户研究开发新产品、新技术、新工艺所发生的开发费用，以及研究开发“三新产品”而购置的单台价值在5万元以下的测试仪器和试验性装置的购置费，准予扣除；超出标准的，按固定资产管理。

其他关于利息、三项经费、租赁费、汇兑损益、从业人员工资、工会经费、职工教育经费支出、发生的职工福利费、广告及业务宣传费、业务招待费、亏损弥补等，均与企业所得税扣除规定相同。

【例 11-4】快捷酒家系个体工商户，账证比较齐全，某年 12 月份产品销售收入 180 000元，购料及生产用水电等共 50 000 元，支付工资 30 000 元，销售费用 10 000 元，销售税金 8 000 元，办公费用 12 000 元，缴纳其他税费合计 3 100 元，业主个人费用扣除标准5 000元/月。假定 1 ~ 11 月累计应税所得额为 757 000 元，累计已预缴个人所得税 210 000元。计算该个体户 12 月应纳的所得税。

【解】

（1）12 月份应税所得额 = 180 000-（50 000+30 000+10 000+8 000+12 000+3 100）-5 000 = 61 900（元）

（2）全年合计应纳税所得额 = 757 000+61 900 = 818 900（元）

（3）依据表 11-2 判断，适用税率 35%，速算扣除数 65 500（元）

（3）12 月应纳税额 = 818 900×35%-65 500-210 000 = 11 115（元）

三、财产租赁所得应纳税额的计算

财产租赁所得，以一个月内取得的收入为一次。每次收入不超过四千元的，减除费用八百元；四千元以上的，减除百分之二十的费用，其余额为应纳税所得额，税率为 20%。对个人出租房屋取得的收入减按 10%的税率征收个人所得税。

财产租赁所得应纳税额的计算公式为：

1. 每次（月）收入不足 4 000 元：

应纳税额 = 应纳税所得额×适用税率 = 【每次（月）收入额-准予扣除项目-修缮费用（800 元为限）-800】×20%

2. 每次（月）收入在 4 000 元以上：

应纳税额 = 应纳税所得额×适用税率 = 【每次（月）收入额-准予扣除项目-修缮费用（800 元为限）】×（1-20%）×20%

【例 11-5】王某按市场价格出租住房，2018 年 3 月取得租金收入 8 000 元，当月发生的准予抵扣项目金额合计 200 元，修缮费用 1 300 元，均取得合法票据。请计算王某当月应缴纳个人所得税税额。

王某当月应缴纳个人所得税 =（8 000-200-800）×（1-20%）×10% = 560（元）

【知识链接】

个人按市场价格出租居民住房，减按 10%税率征收。个人出租房产，在计算缴纳所得税时从收入中依次扣除以下费用：

（1）财产租赁过程中缴纳的税费（城建税、教育费附加、房产税、印花税）；

（2）向出租方支付的租金；

（3）由纳税人负担的该出租财产实际开支的修缮费用（每次800元为限，一次扣不完的下次继续扣除，直到扣完为止）；

四、财产转让所得应纳税额的计算

财产转让所得，按照一次转让财产的收入额减除财产原值和合理费用后的余额，计算纳税。两个或者两个以上的个人共同取得同一项目收入的，应当对每个人取得的收入分别按照税法规定减除费用后计算纳税。纳税义务人未提供完整、准确的财产原值凭证，不能正确计算财产原值的，由主管税务机关核定其财产原值。扣除的合理费用，是指卖出财产时按照规定支付的有关费用。

【知识链接】

财产原值，是指：①有价证券，为买入价以及买入时按照规定交纳的有关费用；②建筑物，为建造费或者购进价格以及其他有关费用；③土地使用权，为取得土地使用权所支付的金额、开发土地的费用以及其他有关费用；④机器设备、车船，为购进价格、运输费、安装费以及其他有关费用；⑤其他财产，参照以上方法确定。

一般情况下财产转让所得应纳税额的计算公式：

应纳税额=应纳税所得额×适用的税率=（收入总额-财产原值-合理税费）×20%

【例11-6】中国居民李某，为某一企业的职员，11月份，以每份218元的价格转让上年购入的企业债券500份，发生相关税费870元，债券申购价每份200元，申购时共支付相关税费350元，计算李某应缴纳的个税。

【解】

有价证券所得应缴纳的个人所得税=［（218－200）×500－870－350］×20%＝1 556（元）

【例11-7】王某出售一栋房屋获得53万元，原值28万元，有关交易费用和税金3万元，计算王某应缴纳的个税。

【解】

房屋应税所得＝5 300 000－280 000－30 000＝220 000（元）

应交所得税＝220 000×20%＝44 000（元）

五、利息[①]、股息、红利所得应纳税额的计算

利息、股息、红利所得，以支付利息、股息、红利时取得的收入为一次，以每次收入额为应纳税所得额。股息、红利所得应纳税计算公式：

---

① 储蓄存款利息适用税率，2007年8月15日前为20%，2007年8月15日起为5%，2008年10月9日起暂免征。

应纳税额=应纳税所得额×适用的税率=每次收入额×20%

【知识拓展】

企业对外投资分利分回的利息、股息、红利，不并入企业的收入，按“利息、股息、红利得”应税项目计缴个人所得税。

投资者兴办两个或两个以上企业（均为独资性质），所得税的汇算清缴应纳税款的计算公式如下：

应税所得额=各个企业的经营所得之和

应纳税额=应税所得税×税率-速算扣除数

本企业应纳税额=应纳税额×本企业的经营所得÷各个企业的经营所得之和

本企业应补缴的税额=本企业应纳税额-本企业预缴的税额

【例 11-8】王某持有某上市公司的股票 10 000 股，该上市公司某年度的利润方案为每 10 股送 3 股，并于次年 6 月份实施，该股票的面值为每股 1 元。计算上市公司应扣缴王某的个人所得税。

【解】对个人投资者从上市公司取得的股息、红利所得，自 2005 年 6 月 13 日起暂减按 50%计入个人应纳税所得额，依照现行税法规定计算个人所得税。

王某的个人所得税=10 000÷10×3×1×20%×50%=300（元）

六、偶然所得应纳税额的计算

偶然所得，以每次收入额为应纳税所得额，不扣除任何费用。除有特殊规定外，每次收入额，就是应纳税所得额，以每次取得该项收入为一次。计算公式：

应纳税额=应纳税所得额×适用的税率=每次收入额×20%

【例 11-9】陈某在参加商场的有奖销售过程中，中奖所得共计价值 20 000 元。陈某领奖时告知商场，从中奖收入中拿出 4 000 元通过教育部门向某希望小学捐赠。按照规定，计算商场代扣代缴个人所得税后，陈某实际可得中奖金额。

【解】（1）根据税法有关规定，陈某的捐赠额可以全部从应纳税所得额中扣除（因为 4 000÷20 000=20%，小于捐赠扣除比例 30%）。

（2）应纳税所得额=偶然所得-捐赠额=20 000-4 000=16 000（元）

（3）应纳税额（即商场代扣税款）应纳税所和额×适用税率=16 000×20%=3 200（元）

（4）陈某实际可得金额=20 000-4 000-3 200=12 800（元）

第三节 个人所得税的会计核算

一、账户设置

个人所得税的会计处理主要包括扣缴义务人代扣代缴所得税的会计处理和个体工商户（含个人独资企业、合伙企业）有关个人所得税的会计处理两个方面。

个人所得税设置“应交税费”一级会计科目进行核算，根据代扣代缴、自行申报税款情况，分别设置“应交个人所得税”“代扣代缴个人所得税”“代付个人所得税”三个明细会计科目。

二、扣缴义务人代扣代缴个人所得税的会计处理

（一）支付工资、薪金的代扣代缴所得税

个人所得税综合所得中的工资、薪金所得应纳的个人所得税，由支付工资、薪金所得的企、事业单位代扣代缴。支付单位代扣个人所得税时，借记“应付职工薪酬”账户，贷记“应交税费——代扣代缴个人所得税”账户。

实际核算时，企业为职工代扣代缴个人所得税有两种情况：第一，职工自己承担个人所得税，企业只负有扣缴义务；第二，企业既承担税款，又负有扣缴义务。

【例 11-19】某企业为张某、李某每月各发工资 8 700 元（已扣除专项扣除等）。但合同约定，张某自己承担个人所得税；李某个人所得税由该企业承担，即李某收入 8 700 元为税后所得，计算他们应缴纳的个人所得税。

【解】企业每月为张某扣缴个人所得税时，张某应纳个人所得税为：

（8 700-5 000）×10%-210＝160（元）

账务处理为：

借：应付职工薪酬	8 700	
贷：库存现金		8 540
应交税费——代扣代缴个人所得税		160

由于李某工资为税后所得，需要换算为税前所得，再计算个人所得。公式入下：

$$应纳税所得额=\frac{不含税收入额-费用扣除标准-速算扣除数}{1-税率}$$

应纳个人所得税＝应纳税所得额×适用税率-速算扣除数

企业应为李某承担税款为：

［（8 700-5 000-210）÷（1-10%）］×10%-210＝177.78（元）

计提个人所得税时：

借：管理费用等　177.78

　贷：应付职工薪酬　177.78

发放工资时：

借：应付职工薪酬　8 777.78

　贷：库存现金　8700.00

　　应交税费——应缴个人所得税　177.78

（二）向个人购买财产（财产转让）代扣代缴所得税

一般情况下，企业向个人购买财产属于购置固定资产项目。针对个人财产转让所得，应缴纳的个人所得税，由接受转让企业所支付款项中代扣代缴。企业向个人购买财产时应借记“固定资产”账户，贷记“应交税费——代扣代交个人所得税”“银行存款”等账户。实际缴纳时，借记“应缴税费——代扣代交个人所得税”账户，贷记“银行存款”等账户。

【例 11-11】张某向乙公司转让房屋一套，取得转让收入 600 000 元。该套住房购进时的原价为 350 000 元，转让时支付有关税费 30 000 元。计算乙公司支付转让费并代扣个人所得税以及实际缴纳的会计处理。

张某该项转让收入应纳税额 =（600 000-350 000-30 000）×20% = 44 000（元）

乙公司向张某支付财产转让费并代扣个人所得税时会计处理：

借：固定资产　600 000

　贷：银行存款　556 000

　　应交税费——应交个人所得税　44 000

乙公司上缴代扣的个人所得税时会计处理：

借：应交税费——应交个人所得税　44 000

　贷：银行存款　44 000

（三）向股东支付股利代扣代缴所得税

企业向个人支付现金股利时，应代扣代缴个人所得税。公司按应支付给个人的现金股利金额，借记“应付利润”账户，贷记“应交税费——应交个人所得税”“银行存款”等账户。实际缴纳时，借记“应缴税费——应交个人所得税”账户，贷记“银行存款”等账户。

【例 11-12】丙公司根据利润分配方案向其股东钟某支付现金股利 50 000 元，钟某就其取得的股利收入应缴纳个人所得税以及丙公司的会计处理。

应缴纳税额 = 50 000×10% = 5 000（元）

丙公司向钟某支付股利并代扣个人所得税时会计处理：

借：应付股利　50 000

　贷：银行存款　45 000

　　应交税费——代扣代交个人所得税　5 000

丙公司上缴代扣的个人所得税时会计处理：

借：应交税费——代扣代交个人所得税　　5 000

　贷：银行存款　　5 000

二、经营所得税会计核算

个体工商户（含个人独资企业、合伙企业）核算经营所得，应设置“本年应税所得”账户，本账户下设“本年经营所得”和“应弥补亏损”两个明细账户。年末，企业计算本年经营所得，应将“营业收入”账户的余额转入“本年应税所得——本年经营所得”账户的贷方；将“营业成本”“营业税金”“销售费用”账户余额转入“本年应税所得——本年经营所得”账户的借方。“营业外收支”账户如为借方余额，转入“本年应税所得—本年经营所得”账户的借方；如为贷方余额，转入“本年应税所得——本年经营所得”账户的贷方。

企业生产经营活动中发生的经营亏损，应由“本年经营所得”明细账户转入“应弥补亏损”明细账户。弥补亏损时，由“应弥补亏损”明细账户转入“本年经营所得”明细账户；超过弥补期的亏损，由“应弥补亏损”明细账户转入到“留存利润”账户。

【知识链接】

“本年经营所得”明细账户核算企业本年生产经营活动取得的收入扣除成本费用后的余额。如果收入大于应扣除的成本费用总额，即为本年经营所得，在不存在税前弥补亏损的情况下，即为本年经营所得，应由“本年应税所得——本年经营所得”账户转入“留存利润”账户；如果计算出结果为经营亏损，则应将本年发生的经营亏损由“本年经营所得”明细账户转入“应弥补的亏损”明细账户。

“应弥补的亏损”明细账户，核算企业发生的、可由生产经营活动所得税前弥补的亏损。发生亏损时，由“本年经营所得”明细账户转入本明细账户。生产经营过程中发生的亏损，可以由以后年度的生产经营所得在税前弥补，但延续弥补期不得超过5年。超过弥补期的亏损，不能再以生产经营所得税前弥补，应从“本年应税所得——应弥补的亏损”账户转入“留存利润”账户，减少企业的留存利润。

【例 11-13】某个体工商户个人所得税实行查账征收，全年取得经营收入总额120万元，经税务机关核定可扣除的成本、费用及损失等合计为60万元，全年每月预缴个人所得税7 000元，对个体工商户进行账务处理。

【解】

各月预缴个人所得税时：

借：应交税费——应交个人所得税　　7 000

　贷：库存现金　　7 000

年度终了，汇算清缴全年个人所得税，确定本年度经营活动应缴个人所得税为：（1 200 000−600 000−60 000）×30%−65 500＝123 500（元）

借：留存利润　　123 500

　贷：应交税费——应交个人所得税　　123 500

应补交的所得税＝123 500－7 000×12＝39 500（元）

补交税款时：

借：应交税费——应交个人所得税　　39 500

　贷：银行存款　　39 500

【例 11-14】某年，某独资企业年生产经营活动的结果如下：营业收入 50 万元，营业成本 40 万元，销售费用 20 万元，没有其他项目，对该企业进行账务处理。

【解】

结转本年的收入和成本费用时：

借：营业收入　　500 000

　贷：本年应税所得——本年经营所得　　500 000

借：本年应税所得——本年经营所得　　600 000

　贷：营业成本　　400 000

　　　销售费用　　200 000

该企业经营亏损 10 万元，应转入“应弥补亏损”明细账户：

借：本年应税所得——应弥补亏损　　100 000

　贷：本年应税所得——本年经营所得　　100 000

因该独资企业亏损，故不交个人所得税。

第四节　个人所得税纳税申报表的编制

一、个人所得税的征收管理

现行个人所得税的征收方法采用代扣代缴和自行申报纳税两种。

（一）代扣代缴

代扣代缴是指按照税法规定负有扣缴税款义务的单位和个人，在向个人支付应纳税所得时，应计算应纳税额，从其中所得中扣除并缴入国库。税法规定，居民个人取得综合所得，按年计算个人所得税；有扣缴义务人的，由扣缴义务人按月或者按次预扣预缴税款；居民个人向扣缴义务人提供专项附加扣除信息的，扣缴义务人按月预扣预缴税款时应当按照规定予以扣除，不得拒绝。

1. 扣缴义务人

凡支付个人应纳税所得的企业、事业单位、机关、社会团体、军队、驻华机构、个体工商户等单位和个人为扣缴义务人。扣缴义务人为纳税人办理汇算清缴退税的，税务机关审核后，按照国库管理的有关规定办理退税。对扣缴义务人按照所扣缴的税款，付给百分之二的手续费。扣缴义务人应当按照国家规定办理全员全额扣缴申报，并向纳税人提供其个人所得和已扣缴税款等信息。

2. 适用范围

工资、薪金所得；劳务报酬所得；稿酬所得；特许权使用费所得；经营所得；利息、股息、红利所得；财产租赁所得；财产转让所得；偶然所得等。

非居民个人取得工资、薪金所得，劳务报酬所得，稿酬所得和特许权使用费所得，有扣缴义务人的，由扣缴义务人按月或者按次代扣代缴税款，不办理汇算清缴。

（二）自行申报纳税

自行申报纳税，是由纳税人在税法规定的纳税期限内，自行向税务机关申报取得的应税所得项目和数额，如实填写个人所得税纳税申报表，并按照税法规定计算应纳税额，据此缴纳个人所得税的一种征收方法。

1. 自行申报纳税的纳税人

税法规定，凡有下列情形之一的，纳税人必须自行向税务机关申报所得并缴纳税款：

（1）取得综合所得需要办理汇算清缴；

（2）取得应税所得没有扣缴义务人；

（3）取得应税所得，扣缴义务人未扣缴税款；

（4）取得境外所得；

（5）因移居境外注销中国户籍；

（6）非居民个人在中国境内从两处以上取得工资、薪金所得；

（7）国务院规定的其他情形。

【思考】下列各项中，纳税人应当自行申报缴纳个人所得税的有（　　）

A. 取得综合所得需要办理汇算清缴

B. 从中国境外取得所得的

C. 取得应税所得没有扣缴义务人的

D. 从中国境内两处或者两处以上取得工资、薪金所得的

【答案】ABCD

二、个人所得税的征收管理

1. 纳税人首次享受专项附加扣除，应当将相关信息包括纳税人本人、配偶、未成年子女、被赡养老人等个人身份信息，以及国务院税务主管部门规定的其他与专项附加扣除相关信息，提交扣缴义务人或者税务机关，扣缴义务人应尽快将相关信息报送税务机关，纳税人对所提交信息的真实性负责。专项附加扣除信息发生变化的，应当及时向扣缴义务

人或者税务机关提供相关信息。

知识链接

有关部门和单位应当向税务部门提供或协助核实以下与专项附加扣除有关的信息：

（1）公安部门有关身份信息、户籍信息、出入境证件信息、出国留学人员信息、公民死亡标识等信息；

（2）卫生健康部门有关出生医学证明信息、独生子女信息；

（3）民政部门、外交部门、最高法院有关婚姻登记信息；

（4）教育部门有关学生学籍信息（包括学历继续教育学生学籍信息），或者在相关部门备案的境外教育机构资质信息；

（5）人力资源社会保障等部门有关学历继续教育（职业技能教育）学生学籍信息、职业资格继续教育、技术资格继续教育信息；

（6）财政部门有关继续教育收费财政票据信息；

（7）住房城乡建设部门有关房屋租赁信息、住房公积金管理机构有关住房公积金贷款还款支出信息；

（8）自然资源部门有关不动产登记信息；

（9）人民银行、金融监督管理部门有关住房商业贷款还款支出信息；

（10）医疗保障部门有关个人负担的医药费用信息；

（11）其他信息。

上述数据信息的格式、标准、共享方式，由国务院税务主管部门商有关部门确定。税务机关核查专项附加扣除情况时，有关部门、企事业单位和个人应当协助核查。核查时首次发现纳税人拒不提供或者提供虚假资料凭据的，应通报纳税人和扣缴义务人，五年内再次发现上述情形的，记入纳税人信用记录，会同有关部门实施联合惩戒。有关部门和单位拥有专项附加扣除涉税信息，但拒绝向税务部门提供的，由税务部门提请同级国家监察机关依法追究其主要负责人及相关人员的法律责任。

2. 纳税人向收款单位索取发票、财政票据、支出凭证，收款单位不得拒绝提供。

3. 扣缴义务人应当按照纳税人提供的信息计算办理扣缴申报，不得擅自更改纳税人提供的相关信息。扣缴义务人发现纳税人申报虚假信息的，应当提醒纳税人更正；纳税人拒不改正的，扣缴义务人应当告知税务机关。

知识拓展

父母，是指生父母、继父母、养父母。子女，是指婚生子女、非婚生子女、继子女、养子女。父母之外的其他人担任未成年人的监护人的，比照本办法规定执行。

外籍个人如果符合子女教育、继续教育、住房贷款利息或住房租金专项附加扣除条件，可选择按上述项目扣除，也可以选择继续享受现行有关子女教育费、语言训练费、住房补贴的免税优惠，但同一类支出事项不得同时享受。

三、申报纳税的期限

（1）扣缴义务人每月或者每次预扣、代扣的税款，应当在次月十五日内缴入国库，并向税务机关报送扣缴个人所得税申报表见表11-3。

（2）居民个人取得综合所得，需要办理汇算清缴的，应当在取得所得的次年三月一日至六月三十日内办理汇算清缴。

（3）纳税人取得利息、股息、红利所得，财产租赁所得，财产转让所得和偶然所得，按月或者按次计算个人所得税，有扣缴义务人的，由扣缴义务人按月或者按次代扣代缴税款。

（4）纳税人取得经营所得，按年计算个人所得税，由纳税人在月度或者季度终了后十五日内向税务机关报送纳税申报表，并预缴税款；在取得所得的次年三月三十一日前办理汇算清缴。

（5）纳税人取得应税所得没有扣缴义务人的，应当在取得所得的次月十五日内向税务机关报送纳税申报表，并缴纳税款。

（6）纳税人取得应税所得，扣缴义务人未扣缴税款的，纳税人应当在取得所得的次年六月三十日前，缴纳税款；税务机关通知限期缴纳的，纳税人应当按照期限缴纳税款。

（7）居民个人从中国境外取得所得的，应当在取得所得的次年三月一日至六月三十日内申报纳税。

（8）非居民个人在中国境内从两处以上取得工资、薪金所得的，应当在取得所得的次月十五日内申报纳税。

（9）纳税人因移居境外注销中国户籍的，应当在注销中国户籍前办理税款清算。

纳税人办理汇算清缴退税或者扣缴义务人为纳税人办理汇算清缴退税的，税务机关审核后，按照国库管理的有关规定办理退税。

知识拓展：

公安、人民银行、金融监督管理等相关部门应当协助税务机关确认纳税人的身份、金融账户信息。教育、卫生、医疗保障、民政、人力资源社会保障、住房城乡建设、公安、人民银行、金融监督管理等相关部门应当向税务机关提供纳税人子女教育、继续教育、大病医疗、住房贷款利息、住房租金、赡养老人等专项附加扣除信息。

个人转让不动产的，税务机关应当根据不动产登记等相关信息核验应缴的个人所得税，登记机构办理转移登记时，应当查验与该不动产转让相关的个人所得税的完税凭证。个人转让股权办理变更登记的，市场主体登记机关应当查验与该股权交易相关的个人所得税的完税凭证。

有关部门依法将纳税人、扣缴义务人遵守本法的情况纳入信用信息系统，并实施联合激励或者惩戒。

各项所得的计算，以人民币为单位。所得为人民币以外的货币的，按照人民币汇率中间价折合成人民币缴纳税款。

表 11-3

《扣缴个人所得税报告表》

税款所属期：　2018 年 10 月　1 日　至　2018 年　10 月 31　日

扣缴义务人名称：××汽车经济技术开发区××有限公司　扣缴义务人所属行业：□一般行业 □特定行业月份申报

扣缴义务人编码：×××××××××××××××××　金额单位：人民币元（列至角分）

序号	姓名	身份证件类型	身份证件号码	所得项目	所得期间	收入额	免税所得	税前扣除项目												减除费用	准予扣除的捐赠额	应纳税所得额	税率%	速算扣除数	应纳税额	减免税额	应扣缴税额	已扣缴税额	应补（退）税额	备注
								基本养老保险费	基本医疗保险	失业保险	住房公积金	财产原值	允许扣除	其他 15					合计											
														年金	商业健康险	投资抵扣	税延养老保险	其他扣除												
1	2	3	4	5	6	7	8	9	10	11	12	13	14						16	17	18	19	20	21	22	23	24	25	26	27
	王××	身份证	42010 61991 1××× ××××	工资薪金	2018 年 10 月	20 000		1 000	800	300	600	0	600	300	700	0	0	0	4 300	5 000		10 700	10	210	860		860		860	
合计																														

谨声明：此扣缴报告表是根据《中华人民共和国个人所得税法》及其实施条例和国家有关税收法律法规规定填写的，是真实的、完整的、可靠的。

法定代表人（负责人）签字：　刘××　2018 年 11 月 10 日

扣缴义务人公章： 经办人：	代理机构（人）签章： 经办人：　经办人执业证件号码：	主管税务机关受理专用章： 受理人：
填表日期：　年　月　日	代理申报日期：　年　月　日	受理日期：　年　月　日

国家税务总局监制

表单说明

本章小结

个人所得税是对中国居民来源于中国境内外的一切所得和非中国居民来源于境内的所得征收的一种税。它具有实行分类征收、累进税率与比例税率并用、费用扣除额较宽、计算简便的特点。

个人所得税采用住所标准和居住时间标准来确定居民个人和非居民个人。前者负担无限纳税义务，就其来源于中国境内、境外的全部应税所得缴纳个人所得税；后者负担有限纳税义务，仅就其来源于中国境内的应税所得缴纳个人所得税。

个人所得税包括工资、薪金所得等 10 个应税项目。采用 7 级、5 级超额累进税率和比例税率形式，按照不同的应税项目而适用。

个人所得税应纳税额的计算，核心是正确计算应纳税所得额，然后按照适用的税率计算。个人所得税的纳税办法主要有自行申报和代扣代缴两种。

个人所得税基础信息表（B）表

中华人民共和国个人所得税法

参考文献

［1］李杰，宋俊霞．税务会计［M］．沈阳：东北大学出版社，2015.
［2］杨敏茹，徐芳兰．税务会计［M］．西安：西北工业大学出版社，2015.
［3］赵晓燕．税务会计［M］．北京：北京邮电大学出版社，2016.
［4］兰丽丽，黄玉双．纳税实务［M］．北京：北京出版社，2016.
［5］宋剑茹．纳税会计实务［M］．北京：教育科学出版社，2016.
［6］盖地．税务会计与纳税筹划［M］．12版．大连：东北财经大学出版社，2016.
［7］王洁莉，林宏．税费计算与缴纳［M］．北京：中国财政经济出版社，2017.